蕭蔚雲論
港澳政治體制

蕭蔚雲論港澳政治體制

王禹 編

三聯出版（澳門）有限公司

責任編輯	俞 笛
封面設計	吳冠曼
版式設計	莫 迷

書　　名	蕭蔚雲論港澳政治體制
編　　者	王 禹
出　　版	三聯出版（澳門）有限公司
	Sociedade de Publicações Sam Lun (Macau), Limitada
	Joint Publishing (Macau) Co., Ltd.
	澳門荷蘭園大馬路 32 號 G 地下
	No. 32-G, Avenida do Conselheiro Ferreira de Almeida, Macau
發　　行	香港聯合書刊物流有限公司
	香港新界大埔汀麗路 36 號 3 字樓
印　　刷	陽光印刷製本廠
	香港柴灣安業街 3 號 6 字樓
版　　次	2015 年 1 月澳門第一版第一次印刷
規　　格	16 開（170 × 238 mm）304 面
國際書號	ISBN 978-99965-759-0-7

© 2015 Joint Publishing (Macau) Co., Ltd.

Published in Macau

目　錄

編者前言

香港基本法起草過程中，圍繞政治體制，尤其是行政長官和立法會兩個產生辦法，香港社會產生了激烈爭議，香港回歸以後爭議沒有平息，反而愈演愈烈。今年發生的佔中事件其直接起因就是政制發展問題。澳門基本法是在參考香港基本法的基礎上制定的，不過按照澳門的實際情況和回歸前的制度傳統，作了一些與香港政治體制不同的規定。香港方面的爭議主要包括怎樣從理論上看待政治體制中的行政主導原則、政治體制在實踐運作過程中某些條文的具體理解，以及政制發展問題。澳門前幾年一個較大的爭議是怎樣理解行政法規的性質與地位，以及法律、法令與行政法規的關係問題。這些爭議，都促使我們需要進一步深化對特別行政區政治體制的性質、特徵與基本原則的認識。

本書選編了蕭蔚雲教授有關港澳政治體制的主要學術論文，其中香港方面七篇，澳門方面四篇。我編這本書主要基於兩個原因：第一，明年是蕭蔚雲教授逝世十周年，想以此書做個紀念；第二，香港和澳門回歸以來，有關政治體制的爭議不斷，而要有效解決爭議，首先就必須探討基本法的立法原意。蕭蔚雲教授擔任過兩個基本法起草委員會政治體制小組的召集人，他的觀點對於我們正確理解基本法的立法原意有重要的參考價值。

關於行政主導，在香港基本法實施以後，是一個較大的爭議。香港有一種意見認為，行政主導不是基本法的立法原意，香港基本法根本就沒有提到"行政主導"這四個字，更不能斷定特別行政區政治體制是一種行政主導體制，甚至還認為內地學者回歸後有一個轉調，行政主導是後來附加上去的。這種看法是站不住腳的。1992 年 4 月 9 日蕭蔚雲教授在《人民日報》海外版發表文章《香港基本法政治體制及其銜接》，其中就有"行政主導"的提法，"將來的特區政府必須是一個高效率的政府，因此需要保持目前以行政為主導的做法"。1996年他寫成的《香港基本法講座》一書，其第二十四講即"以行政與立法相互制衡而又以行政為主導"。澳門基本法草委劉焯華先生曾回憶說："1990年5月的杭州會議上，大家就回歸後澳門的政制談得很熱烈，我見到蕭老在一張紙上寫下了四個字'行政主導'，後來政制小組都有共識，以此作為指導原則。"蕭蔚雲教授在1998年寫成的《論以行政為主導的香港特別行政區政治體制》論文裏，進而指出所謂行政主導，就是在行政與立法的關係中，行政長官的法律地位比立法機關的法律地位要高一些，行政長官的職權廣泛而大一些，行政長官在香港特別行政區政治生活中起主要作用。

關於行政與立法的關係，現在尤其是香港，行政主導的政治體制還不能說已經完全確立起來，一些反對派議員通過"拉布"和其他的手段，使得行政與立法經常陷入政治鬥爭的僵局。澳門回歸以來，立法與行政是配合的，然而若要在將來保證政治體制順暢有效的運作，還必須有賴於行政與立法在基本法上的進一步理順。蕭蔚雲教授在他的著作中多次指出，行政與立法的互相配合是基本法的一項重要立法原意，也是特別行政區政治體制的重要特點。關於這個觀點，我覺得研究者重視得還不夠。實際上他把互相配合作為與三權分立區別的重要標誌。他在的論文裏反復講到三權分立只講權力的制約，而不講權力的配合。如果只講權力的制衡而不講權力的配合，而"一國兩制"的架構使得中央對於特別行政區高度自治範圍內的事務又不能直接干預，這樣可能就會使行政與立法陷於僵局或無休止的爭論。他認為，互相配合的機制就是香港的行政會議和澳門的行政會。

蕭蔚雲教授在他最後一部主編的著作《論澳門特別行政區行政長官制》裏則論證了行政長官制是中國單一制國家結構形式下澳門特別行政區的地方政權組織形式，"行政長官制是以具有較高法律地位和較大決策權的行政長官為核心的特別行政區地方政權形式，也就是澳門特別行政區的政治體制"。這種政權組織形式只有在特別行政區才有,中國的其他地方不能建立這種政權組織形式。

蕭蔚雲教授有關政治體制的觀點還有其他方面。不過,以上三點,即行政主導是基本法主要的立法原意,行政會議和行政會是行政與立法互相配合的制度設置,以及行政長官制是中國澳門特別行政區的地方政權組織形式,在今天仍有較重要的啟迪意義。我們對於兩個特別行政區政治體制的研究,不僅要注意其政治體制的共同點,也要注意其不同的地方,而且還要進行理論上的總結和昇華。這就需要我們從理論上建立一套比較嚴密的論證邏輯,而且能夠從這套邏輯出發,既能理順香港特別行政區政治體制的各種關係,也能理順澳門特別行政區政治體制的各種關係,解決兩個特別行政區政治體制實際運作中的具體問題。

這裏有幾個問題尤其值得探討。第一,關於行政主導與三權分立的關係應當怎樣認識?第二,特別行政區政治體制的基本原則應當包括哪些?第三,如何看待港澳兩個特別行政區政治體制的差異?

第一,關於行政主導與三權分立。三權分立在中國憲法學有兩種含義,一種是特指美國典型的三權分立,另一種是泛稱,凡是立法、行政與司法等部門之間建立一種互相制約與互相平衡的機制,都屬於"三權分立"。除瑞士的委員會制外,美國式的總統制、英國式的議會內閣制和法國式的總統制,都屬於這種含義上的"三權分立"。不過,無論是上述何種涵義上的"三權分立",都是指國家層次上的政治制度,而香港和澳門回歸後是中國單一制國家結構形式下的地方行政區域,其政治體制在本質上屬於地方政治體制的範疇,因此我們不能將特別行政區的政治體制簡單稱為"三權分立":(1)特別行政區內部的行政管理權、立法權和司法權本身並非完整獨立的權力,這些權力本身來自國家的授權,國家對授出的權力本身還有監督的權力;(2)這裏不止"三權",中央對特別行政區具有全面的管治權,中央除授給特別行政區權力外,自己本身還行使一些必要的權力。

這些權力包括：（1）全國人大決定特別行政區的設立，制定基本法規定在特別行政區實行的制度，並有權修改基本法；（2）全國人大常委會有權解釋基本法，立法會制定的法律須報全國人大常委會備案，全國人大常委會如認為該法律不符合基本法關於中央管理的事務及中央和特別行政區的關係的條款，可發回使其立即失效。全國人大常委會有權決定特別行政區進入緊急狀態，對附件三的全國性法律作主增減，並對行政長官和立法會的產生辦法批准和予以備案；（3）行政長官在當地通過選舉或協商產生後，由中央人民政府任命，中央人民政府根據行政長官的提名和報請任命政府主要官員，並根據行政長官的建議免除政府主要官員職務。澳門特別行政區檢察長亦由行政長官提名報請中央人民政府任命。行政長官對中央人民政府負責，執行中央人民政府就基本法規定的有關事務發出的指令；等等。因此，不能將特別行政區的政治體制理解為僅僅只有特別行政區內部的行政管理權、立法權和司法權在相互運作，特別行政區政治體制恰恰是在國家政治制度下運作的。

行政主導是針對立法主導而言的，立法主導就是以立法為中心進行制度設計，立法具有淩駕於行政之上的優越地位。兩部基本法對政治體制的設計否定了這種以立法為中心的政制模式：（1）行政長官既是地區首長，也是行政首長，行政長官具有實權，行政長官須對中央人民政府和特別行政區負責，這是一種單頭制的政治體制；（2）行政長官和立法會採用不同的選舉方法選出，而不是由立法會選舉產生行政長官，政府主要官員由行政長官提名報請中央人民政府任命，而不必徵得立法會同意；（3）行政機關對立法機關的負責有嚴格界定，包括：執行立法會制定並已生效的法律，定期向立法會作施政報告，答覆立法會議員質詢，徵稅和公開開支須經立法會批准（澳門基本法則沒有列入徵稅和公開開支須經立法會批准這項內容），這就明確否定了將不信任投票作為負責的內容；（4）政府具有專屬提案權，立法會議員不得提出公共開支（澳門基本法為公共收支）、政治體制或政府運作的議案，立法會議員只有在得到行政長官書面同意的情況下，才能提出涉及政府政策的議案;(5)澳門基本法還規定行政長官有權委任部分立法會議員;香港基本法及其附件二還規定政府提出的議案須優先列入議程,議員提出的法案以及對政府法案的修正案必須舉行分組點票,然政府提出的法案則否;等等。

特別行政區政治體制雖然不能稱為"三權分立",但這不等於否定特別行政區政治體制內部的權力相互制約原則:(1)行政長官有權將立法會法案發回重議:行政長官如認為立法會通過的法案不符合特別行政區的整體利益,可在三個月(澳門基本法為九十日)內將法案發回立法會重議;(2)行政長官有權解散立法會:行政長官如拒絕簽署立法會再次通過的法案或立法會拒絕通過政府提出的財政預算案或其他重要法案(澳門基本法為行政長官認為關係到澳門特別行政區整體利益的法案),經協商仍不能取得一致意見,行政長官可以解散立法會;(3)立法會有權迫使行政長官辭職:行政長官因兩次拒絕簽署立法會通過的法案而解散立法會,重選的立法會仍以全體議員三分之二多數通過所爭議的原案,而行政長官仍拒絕簽署,或因立法會拒絕通過財政預算案或其他重要法案(澳門基本法為關係到澳門特別行政區整體利益的法案)而解散立法會,重選的立法會繼續拒絕通過所爭議的原案,則必須辭職;(4)立法會可以對行政長官提出彈劾案:如立法會全體議員的四分之一(澳門基本法為三分之一)聯合動議,指控行政長官有嚴重違法或瀆職行為而不辭職,經立法會通過決議,可委託終審法院首席法官(澳門為終審法院院長)負責組成獨立的調查委員會進行調查,調查委員會如認為有足夠證據構成上述指控,立法會以全體議員三分之二多數通過,可提出彈劾案,報請中央人民政府決定。

行政主導不能否定立法對行政的監督和制約作用。立法會是特別行政區唯一的立法機關,行政長官不享有立法權。立法會議員有權對政府工作提出質詢,立法會審核通過政府提出的財政預算,等等。行政主導也不能否定司法獨立,兩部基本法都明確規定法院獨立審判,不受任何干涉,司法人員履行審判職責的行為不受法律追究。只有接受更有力的監督,行政主導原則的意義才能進一步彰顯，行政主導的制度設置才能更加有效運作。

第二，關於特別行政區政治體制的基本原則。1990 年 3 月 28 日香港基本法起草委員會主任委員姬鵬飛在向全國人大作《關於〈中華人民共和國香港特別行政區基本法〉草案及其有關文件的說明》時，指出 "行政機關和立法機關之間的關係應該是既互相制衡又互相配合；為了保持香港的穩定和行政效率，行政長官應有實權，但同時也要受到制約。" 1993 年 3 月 20 日，姬鵬飛在《關於〈中華人民共和國澳門特別行政區基本法〉（草案）和有關文件及起草工作的說明》裏指出，"在政治體制方面，從有利於特別行政區的穩定發展，兼顧社會各階層的利益，循序漸進地發展民主制度的原則出發，制定行政機關、立法機關和司法機關之間既互相配合又互相制約的原則，規定了行政長官、行政機關、立法機關和司法機關的職權。"

根據起草者的指導思想和基本法的有關規定，我們可以把特別行政區政治體制的設計原則概括為以下四個：（1）地方政治體制；（2）行政主導；（3）行政與立法互相制約又互相配合（香港），行政與立法互相配合又互相制約（澳門）；（4）司法獨立。把這四個原則合起來，我們可以將香港特別行政區政治體制稱為這是一種實行行政主導、行政與立法互相制約又互相配合、司法獨立的地方政治體制；澳門特別行政區政治體制稱為這是一種實行行政主導、行政與立法互相配合又互相制約、司法獨立的地方政治體制。這樣的一種政治體制是以行政長官為核心而展開的，可以稱為行政長官制。以行政為主導的政治體制，其實質就是行政長官制。蕭蔚雲教授把行政長官制稱為是特別行政區的地方政權組織形式。

行政長官制具有以下三個鮮明特點：（1）行政長官在整個政治體制中處於核心地位，行政長官既是特別行政區的地區首長，又是特別行政區的行政首長，這是一種單頭制的政治體制，行政長官領導政府、負責執行基本法和其他適用於特別行政區的法律，行使廣泛職權；（2）行政長官實行雙重負責，行政長官既向中央人民政府負責，又向特別行政區負責，行政長官的產生辦法是行政長官在當地通過選舉或協商後由中央人民政府任命；（3）行政長官領導下的政府依法向立法會負責，行政長官不再行使立法權並受到立法會一定制約：行政長官有權將法案發回立法會重議，並在一定條件下解散立法會，立法會有權對行政長官提出彈劾案，並在一定條件下迫使行政長官辭職，但立法會沒有進行不信任投票的權力。

地方政治體制原則是特別行政區政治體制的首要原則。這是因為香港特別行政區與澳門特別行政區是中國單一制國家結構形式下的一個地方行政區域，而作為地方行政區域，首先要執行中央的意志，其政治首先是一種地方政治，其政治體制首先是一種地方政治體制。地方政治體制原則制約着政治體制的其他原則。行政主導原則、行政與立法既配合又制約原則、司法獨立原則都是從這一原則派生出來的。

地方政治體制原則在兩部基本法裏有深刻廣泛的體現：（1）行政長官在當地通過選舉或協商以後由中央人民政府任命，中央人民政府根據行政長官的提名任命政府主要官員，香港終審法院法官和高等法院首席法官的任命或免職、澳門終審法院法官和院長的任命或免職，須報全國人大常委會備案，中央人民政府根據澳門特別行政區行政長官的提名任命澳門檢察長；（2）行政長官對中央人民政府負責，必須執行中央人民政府對其發出的指令；（3）立法會制定的法律須報全國人大常委會備案審查；（4）全國人大常委會對基本法的解釋高於法院的解釋；（5）特別行政區法院對國防、外交等國家行為無管轄權，等等。

行政主導原則是地方政治體制原則的一個必然延伸。這是因為中央既然在特別行政區恢復行使主權，必然在特別行政區有管治的權力、意志和利益。那誰來執行？這必然是行政長官及其組成的管治團隊。中央人民政府有權任命行政長官，並根據行政長官的提名任命政府主要官員，而立法會由不同產生方式的議員組成，法院實行獨立審判，因此只能是行政長官向中央人民政府負責。既然行政長官向中央人民政府負責，就必須賦予行政長官以實權，實行行政主導，只有賦予行政長官領導下的政府有適當集中的權力，方能維護國家的主權利益和特別行政區的繁榮穩定。

行政與立法既要互相制約，也要互相配合，這是香港特別行政區政治體制的另一個重要原則和基本特點。而根據姬鵬飛先生在《關於〈中華人民共和國香港特別行政區基本法〉草案及其有關文件的說明》和《關於〈中華人民共和國澳門特別行政區基本法〉草案和有關文件及起草工作的說明》裏的說明，香港特別行政區政治體制是行政與立法互相制衡又互相配合，澳門特別行政區政治體制則是行政與立法互相配合又互相制衡。香港是"制衡"在前，"配合"在後，而澳門是"配合"在先，"制衡"在後。這裏都用了"互相制衡"和"互相配合"來指稱行政與立法的關係，我認為，制衡既包括制約，也包括平衡，是指通過制約達致平衡，"互相制衡"的說法不能準確體現出"行政主導"的意思，因此，我們可以使用"互相配合又互相制約"來指稱澳門特別行政區的行政與立法關係，反之，香港應該是"互相制約又互相配合"。

蕭蔚雲教授認為，行政與立法互相配合的重要機制就是行政會議和行政會。我們可以在這個觀點的基礎上，進一步思考行政會議和行政會在整個政治體制中的作用。行政會議和行政會的成員由行政長官委任政府主要官員、立法會議員和社會人士組成。香港基本法對行政會議成員沒有人數要求，而澳門基本法對行政會規定為七至十一人。然而，要想行政會議或行政會起到行政與立法互相配合的作用，還必須要求行政長官在委任立法會議員進入行政會議或行政會時，就必須照顧到立法會的政治生態和不同立場的議員。只有將立法會的基本觀點和基本立場帶入行政會議或行政會，行政與立法才能在此互相溝通，消除分歧。

第三，關於港澳政治體制的差異的問題。這種差異既表現在兩部基本法規定有所不同，也體現在兩地政治體制實踐運作的不同。澳門特別行政區行政長官制是在參考香港特別行政區行政長官制的基礎上建立起來的，不過，兩者也有一些較重要的差別：（1）澳門特別行政區行政長官有權制定行政法規並頒佈執行，有權委任部分立法會議員，香港基本法沒有這樣的規定；（2）香港基本法規定立法會根據政府提案，審核、通過財政預算，批准稅收和公共開支，而澳門基本法規定立法會審核通過政府提出的財政預算案，審議政府提出的預算執行情況報告，香港基本法並把徵稅和公共開支須經立法會批准作為政府向立法會負責的一項具體內容，而澳門基本法沒有這樣的規定；（3）香港基本法規定立法會同意終審法院法官和高等法院首席法官的任免，而澳門基本法規定行政長官在任命法官和各級法院院長時，不必徵得立法會同意，只有在終審法院法官免職時，才由行政長官根據立法會組成的審議委員會的建議決定，等等。

澳門特別行政區行政長官制的一個重點是立法會維持了回歸前的直選議員、間選議員和委任議員三種產生辦法。而香港從回歸前的立法局到回歸後的立法會，其結構組成發生了激烈變化。1984 年《中英聯合聲明》簽署時，香港立法局議員都是總督委任的，1985 年開始引入選舉，1991 年開始引入直接選舉，1995 年港英統治下最後一屆立法局 60 名議員全部選舉產生，其中 30 名由功能組別選舉產生，20 名由分區選產生，10 名由選舉委員會選舉產生。香港回歸後繼續延續了這種變化趨勢，直接選舉議員進一步增加，並佔到全體議席一半，2004 年為 30 人，2012 年為 35 人。反觀澳門，1987 年《中葡聯合聲明》簽署時，澳門立法會共有 17 名議員，其中直選 6 名，間選 6 名，委任 5 名。1990 年調整為 23 名議員，其中直選 8 名，間選 8 名，委任 7 名，其後此議員總數及其結構比例一直延續到澳門回歸後第一屆立法會。2001 年第二屆立法會調整為直選 10 名，間選 10 名，委任 7 名，共 27 名議員。2005 年第三屆立法會調整為直選 12 名，間選 10 名，委任 7 名，共 29 名議員，2009 年第四屆立法會維持第三屆結構不變。2013 年第五屆立法會則增加到 33 名議員，其中直選 14 名，間選 10 名，委任 7 名。香港立法會結構組成在短時期內的劇烈變化，對行政與立法關係的衝擊顯而易見。

　　行政長官制是中國單一制國家結構形式下特別行政區的地方政權組織形式。特別行政區的政制發展和制度建設必須圍繞行政長官制這一地方政權組織形式而展開，而且香港與澳門的行政長官制各有不同的表現特點，政制發展和制度建設應當圍繞自己的行政長官制而展開。

　　學術研究應當在前人積累的基礎上深入探討，後人應當在前人開拓的道路上繼續進步。基於此，我選編了這本《蕭蔚雲論港澳政治體制》一書。全書並在技術上作了統一處理，個別地方作了文字上的訂正，一些篇幅較短的論文和文章不再收入。本書出版得到了蕭師母鍾韻娟女士的同意和授權。澳門中聯辦陳斯喜副主任和研究室陳永浩主任對編者給予熱心鼓勵與支持，香港三聯書店常務副總編輯侯明女士精心策劃，澳門理工學院一國兩制研究中心楊允中教授提出了修改意見。在此一併感謝。

王禹

二〇一四年十二月二日

第一章

論香港特別行政區
基本法規定的政治體制

中華人民共和國香港特別行政區基本法起草委員會於 1988 年 4 月舉行了第七次全體會議，公佈了《香港特別行政區基本法（草案）徵求意見稿》（以下簡稱徵求意見稿），關於政治體制的條文包括第四章的六節：第一節行政長官，第二節行政機關，第三節立法機關，第四節司法機關，第五節區域組織和第六節公務人員。本文現就徵求意見稿的條文對香港特別行政區的政治體制作些扼要的探討。

一

研究香港特別行政區的政治體制，首先要探討香港現行的政治結構，以瞭解現狀，保留一些行之有效的制度，使香港將來能繼續繁榮穩定，殖民主義制度應當去掉，但完全離開現實，構想一套全新的政治機構，也不利於香港未來的發展。

香港現行政治結構的一個主要特點是權力高度集中於港督。"港督是英女王在香港的代表，具有指導香港政務的最高權力，名義上又是香港的三軍總司令。港督以政府首長的身份，主持行政及立法兩局的會議。"[1] 中華人民共和國香港特別行政區基本法諮詢委員會執行委員會於 1987 年 8 月 8 日通過的《行政機關的組成與職權》（最後報告）中也指出，現時港督的職權主要有：主持行政局會議，提名行政局與立法局非官守議員，提名按察司及各部門首長，並交英國外交及聯邦事務部任命，直接或間接委任高級公務員等 15 項。[2] 都說明港督集許多職權於一身。

---

① 《香港》（1986），第 13 頁。

② 參看《行政機關的組成與職權》（最後報告），1987 年 8 月 8 日經執行委員會通過，第 1 頁，香港特別行政區基本法諮詢委員會政制專責小組。

　　從法律上說，雖然香港一些重大問題的最後決定權屬於英國外交及聯邦事務部，但英國外交及聯邦事務部較少行使最後決定權。例如，按照《英皇制誥》的規定，法例草案經立法局通過後呈交港督批准時，港督須根據英皇指令，或透過其中一位主要國務大臣，自行決定批准該草案，或不予批准，或保留由英皇決定是否批准。英皇雖然有此權力，但多年來並不行使。實際上港督集香港的行政、立法大權於一身。因為立法局主席由港督兼任，所有立法局通過的法案，必須經港督簽署方為有效。所以，立法局並不享有完全的立法權，它的名稱和實際情況是不相符的。港督有權向行政局提出議案，徵詢議員意見並做出決定，所以行政局實質上也只是港督的諮詢機構。

　　香港的這種集權的政治結構對於英國管理香港是有利的，但是對於將來的香港特別行政區要逐步建立和發展一個民主制度，這樣的政治結構則是不適宜的，香港特別行政區行政長官不應享有像現在港督這樣大的權力。

　　從世界各國的政治制度發展情況來看，從一定的意義上說，行政機關應當有適當的權力，才能適應經濟發展和行政管理的需要，行政工作才有效率。如果行政機關沒有適當的權力，就會影響經濟的發展和行政工作應有的效率。香港的情況也大體相同，所以未來的香港特別行政區行政長官、行政機關的權力如果很小，也不利於香港的繁榮和穩定。

　　香港現在有一個長期形成的公務人員制度，公務人員的招聘、僱用、考核、紀律、培訓和管理，都有一套適合於香港的辦法，能夠保持公務人員的穩定性和政策的連續性。對於香港特別行政區來說，將來可以基本上保留這樣的制度。

　　香港的廉政機構在近年來的反對貪污中起了一定的作用。區議會、市政局、區域市政局在負責提供文化、康樂、環境衛生等服務方面，在就有關地區管理和其他事務的諮詢方面也發揮了它們的作用。在 1997 年後，這些機構和組織都是可以繼續保留的。

　　香港政治結構中還有一個特點，就是有三百多個諮詢組織，這些組織大體上可分為五類：向部門首長提供意見的法定組織和非法定組織，向政府提供意見的法定和非法定組織，以及負責執行某項事務的委員會。這些組織雖不是行政組織，但是它們有利和適應於高度集權的香港政府的工作。未來的香港特別行政區要逐步發展民主的政治體制，保留這種諮詢制度也是適當的。

總之，從香港的現有政治結構看，其最主要的機構應當加以改變，港督制改為行政長官制，立法局、行政局也應在不同程度上加以改變。其他機構能不變的則盡可能的不改變或不作大的改變，保持一些行之有效的制度。這既可以去掉殖民主義的機構，又有利於香港的繁榮與穩定，符合中國政府對香港問題的方針、政策。

二

制定香港特別行政區基本法的法律、政策依據主要是中華人民共和國憲法、中英關於香港問題的聯合聲明中中國對香港的基本方針政策和對這些方針政策的具體說明。[3]起草這樣一部基本法是史無前例的，沒有現成的法律可以參考，中英聯合聲明中關於政治體制部分又寫得非常概括，加以香港各界人士對政治體制中某些問題還存在較大的分歧。因此，以什麼指導思想和原則來起草政治體制這部分條文就顯得非常重要了。

根據基本法起草委員會政治體制專題小組的討論，作者認為下列這些指導思想和原則是必須遵循的：

1. 要符合"一國兩制"的方針和中英關於香港問題的聯合聲明的精神。

---

③　參看《中華人民共和國政府和大不列顛及北愛爾蘭聯合王國政府關於香港問題的聯合聲明》，北京外文出版社，1984 年，第 5、7 頁。

中英聯合聲明中中國對香港的基本方針政策的第一至第四點、附件一的第一至第四段闡明了關於香港特別行政區政治體制的問題和"一國兩制"的方針：建立香港特別行政區，制定基本法，香港直轄於中央人民政府與享有高度自治權，自治權包括行政管理權、立法權、獨立的司法權和終審權，香港特別行政區政府和立法機關的產生和組成原則，行政機關對立法機關負責等，這些內容許多都是關於政治體制的重要原則，必須認真貫徹這些原則。

2. 要維護國家的統一和領土完整，要體現高度自治。

維護國家的統一和領土完整是建立香港特別行政區、實行高度自治的前提，這一點也體現在中英聯合聲明的精神和中英談判中。彭真同志在 1982 年所作《關於中華人民共和國憲法修改草案的報告》中談到憲法第 31 條時指出："在維護國家的主權、統一和領土完整的原則方面，我們是絕不含糊的。"④ 同時又必須充分重視香港特別行政區的高度自治權，忽視這一點也不能實現"一國兩制"的方針。所以彭真同志又指出："台灣可作為特別行政區，享有高度的自治權。這種自治權，包括台灣現行社會經濟制度不變，生活方式不變，同外國的經濟、文化關係不變等等。"⑤ 這也是中國憲法的一個重要原則。

3. 要有利於香港的經濟繁榮與社會穩定，有助於香港的資本主義經濟發展，同時兼顧各階層的利益。

保持香港的經濟繁榮與社會穩定是起草香港特別行政區基本法所要達到的目的之一。中英聯合聲明中確認香港現行的資本主義制度和生活方式五十年不變，也是為了使香港能繼續保持繁榮與穩定。所以，設計香港未來的政治體制時，必須以此為基礎，離開這一點來談政治體制，對香港是很不利的。

---

④ 《中華人民共和國憲法》(1982)，人民出版社，1982 年，第 72 頁。

⑤ 《中華人民共和國憲法》(1982)，人民出版社，1982 年，第 72 頁。

當然繁榮經濟不只是保護某一個階層的利益，而是要兼顧香港的工商界、專業人士和勞工界各個階層的利益，香港的繁榮也離不開各個階層的共同努力。妥善地處理不同利益階層之間的利益和相互關係，才能保持香港社會的穩定。所以設計政治體制必須同時兼顧社會各階層的利益。

４．保持香港原有政治體制中的一些優點，並逐步發展適合於香港情況的民主參與。

香港的經濟能夠發展到現在的規模和速度，有各方面的原因，但是在政治體制上有一些適應於經濟發展的特點，也是應當繼續予以吸取和保留的。本文前面提到的公務人員制度、諮詢制度和某些機構現在適合於英國人對香港的管理，促進了經濟的發展，當然將來香港特別行政區也可以利用它來為發展香港的經濟服務，對原有政治體制中的某些優點還要加以利用和保留。

發展民主的政治是當代世界的潮流，香港在中國恢復行使主權後，當然也應逐步發展適合於香港情況的民主，這種民主要從香港的實際情況出發，循序漸進，既不能停滯不前，也不能操之過急，而應當有利於香港的繁榮和穩定。

三

在研究香港現有政治結構和明確建立未來政治體制的指導思想的基礎上，應當設計一個什麼樣的香港特別行政區的政治體制？如何將考慮現有政治結構、立法指導思想和未來的政治體制三者結合起來，如何將立法指導思想具體落實到未來的政治體制？這些問題都需要進一步明確。

考慮和研究現狀，並不等於對原有政治結構原封不動。香港現在的政治結構是在上一世紀英國佔領香港後建立和逐步發展起來的，但是它又與英國的議會制不同，它既沒有議會，沒有政黨，更談不上由議會中的多數黨組織內閣向議會負責。它也不是三權分立制，也沒有擁有立法權的立法機構，更談不上三權互相制衡。它是適應於英國佔領下的政治結構。所以中國在恢復對香港行使主權時，對香港現在的最主要的機構要加以改變，對一些次要的其他機構不作大的變動，但從總體上說它是一種新的政治體制。在 1997 年前後政治體制完全原封不動的說法是不符合中英聯合聲明的精神，不符合主權原則的，中英聯合聲明並未說政治制度不變，相反地聯合聲明規定了政治體制中的主要改變。當然，有人說保留現在的一些次要機構和制度、優點，就是保存殖民主義，這也是從形式上看問題，是不實事求是的。

考慮到上述立法指導思想和香港的現狀，就不能照搬別的國家和地方的政治體制。有人主張在香港實行西方的責任內閣制，如上所述香港現在並沒有實行這種制度，在 1997 年也沒有實行這種制度的條件，香港不是一個國家，現在就規定香港要實行責任內閣制是不適當的。有人認為香港可採用美國式的三權分立制，這也是不完全適宜的，香港作為一個特別行政區，享有高度自治權，如果只有行政、立法、司法的相互制衡，就很難避免在一些問題上行政立法之間形成僵局，各執其詞，難以解決，在一個不大的城市實行這一制度是需要慎重對待的。有人認為香港可採用人民代表大會制，這也是困難的，現在香港的司法體制、檢察機構與內地不同，法律體系也不同，中英聯合聲明確定這些內容在 1997 年後香港特別行政區仍繼續保留，基本不變，如果將來香港也實行人民代表大會制，這些矛盾就很難解決。

作者認為，正確的做法是：遵照“一國兩制”的方針和中英聯合聲明的精神，以上述思想、原則為指導，考慮香港的現狀，設計出香港特別行政區的政治體制。香港特別行政區基本法政治體制專題小組就是在這種情況下確定：未來香港政治體制的模式應當是“司法獨立，行政機關和立法機關既互相制衡，又互相配合”。有人說，這種政治模式有些三不像，既不像英國的，也不像美國的，又不是香港現有的。這種說法是對的。因為徵求意見稿體現的行政和立法的關係不是英國議會制的關係，不是責任內閣制的關係。徵求意見稿體現的不僅是行政與立法之間的制衡，而且強調二者的相互配合，這又與美國的三權分立制不同，也不同於將行政、立法大權集於一身的港督制。當然這種設計也不是人民代表大會制，雖然徵求意見稿規定香港特別行政區居民中的中國公民有權在香港選出香港特別行政區的全國人民代表大會代表，參加最高國家權力機關的工作。[6]但在香港特別行政區並不建立本特別行政區的人民代表大會。那麼香港將來的這一政治模式究竟是一種什麼樣的政治模式？概括地說，它是"一國兩制"下的適合於香港特別行政區的地方政權形式。

　　這一地方政權形式在徵求意見稿中得到了具體的體現。

　　首先，徵求意見稿在參考現有機構的基礎上，設立了一個行政與立法可以互相配合的機構，這也是香港特別行政區政治體制的一個特點。對於香港特別行政區來說，政治體制中的行政與立法二者，配合與制衡都是不可缺少的。只講制衡，不講配合，將使香港特別行政區的行政機關和立法機關的工作經常陷於停頓或無休止的爭論之中，香港特別行政區享有高度自治權，中央人民政府不處理特別行政區自己管理的事務，行政、立法之間的僵局將不利於香港特別行政區的工作和繁榮、穩定。

　　徵求意見稿的第 54、55、56 條所規定的行政會議，就是參考現有行政局的情況而寫的。第 54 條規定行政會議是協助行政長官決策的機構。第 55 條規定行政會議的成員由行政長官從行政機關的主要官員、立法會議成員和社會人士中委任。第 56 條規定行政長官在做出重要決策、向立法會議提交法案、制訂附屬法規和解散立法會議前，須徵詢行政會議的意見，但人事任免、紀律制裁和緊急情況下採取的措施除外。

　　這些規定貫穿着一個精神，就是希望行政和立法機關能互相配合。因為

---

[6]　參見《中華人民共和國香港特別行政區基本法（草案）徵求意見稿》第 20 條。

在行政會議中有來自行政機關的主要官員，也有來自立法機關的成員，可以使行政長官在決定問題時，既能夠聽到來自立法機關與行政機關相同的意見，也能夠聽到來自立法機關與行政機關的不同意見，這樣，既可以使行政機關和立法機關之間能夠互相溝通情況，又可以對行政機關與立法機關之間的不同意見進行磋商和協調，使兩機關能互相配合。在行政會議中還有一些社會人士，他們不屬於行政、立法兩機關，這樣就能使行政長官在決定問題的時候也能聽到社會人士所帶來的社會上各種意見，社會人士也可以對行政機關與立法機關之間的不同意見進行協調，促進行政、立法兩機關的互相配合。

其次，行政機關與立法機關之間的互相制衡也體現在徵求意見稿的許多條文中，其中主要體現在第 49、50、52、64 條以及第 72 條的第 9 項。

1．行政長官在一定的法律程序下可以解散立法機關。如第 49 條規定："香港特別行政區如認為立法會議通過的法案不符合香港特別行政區的整體利益，可在三個月內將該法案發回立法會議重議，立法會議如以不少於全體三分之二多數再次通過原案，行政長官必須在一個月內簽署公佈或按本法第 50 條的規定處理。"第 50 條則進一步規定了如行政長官拒絕簽署立法會議再次通過的法案，或立法會議拒絕通過政府提出的財政預算法案或其他重要法案，經協商仍不能取得一致意見時，行政長官可解散立法會議。

2．依照一定的法律程序，立法機關有使行政長官辭職的權力。這一內容在徵求意見稿第 52 條的第 2、3 項中作了規定。

3．行政機關對立法機關負責。這主要是指行政機關要執行立法會議通過並已生效的法律，定期向立法會議作施政報告，答覆立法會議成員的質詢，徵稅和公共開支須經立法會議批准。這些內容都規定在第 64 條中。

4．立法機關有依照法律彈劾行政長官的權力。彈劾的內容和程序在第 72 條第 9 項中作了規定。

徵求意見稿規定這些制約的內容，其目的是使行政、立法兩機關能正確地行使自己的職權，合理地進行分工，以各得其所。對於解散與辭職都作了嚴格的法律程序限制，使行政、立法兩機關都不能輕易地行使這些權力，以利於香港的穩定與繁榮。

再次，徵求意見稿對司法獨立也作了具體的規定。如第 84 條規定："香港特別行政區法院獨立進行審判，不受任何干涉，司法人員履行審判職責的行為不受法律追究。" 第 2 條、第 18 條第 1 款都規定香港特別行政區享有 "獨立的司法權和終審權"，這些條文可以說反覆地強調了司法獨立的原則。

徵求意見稿第 79 條還規定 "香港特別行政區各級法院是香港特別行政區的司法機關，行使香港特別行政區的審判權"。這又從另一方面強調，審判權只屬於香港特別行政區各級法院，行政機關、立法機關沒有這一權力。

由此可見，"司法獨立，行政機關和立法機關既互相制衡，又互相配合" 的設想在徵求意見稿中得到了具體體現。

以上僅是作者對香港特別行政區的政治體制的幾個主要問題的認識和探討，隨着徵求意見稿的修改，某些具體條文也會加以修改，對某些問題也許需要重新認識或做更深入的探討。

（原載《法律科學》1989 年第 1 期）

第二章

對未來香港特別行政區政治體制的探討

　　1988 年 4 月 28 日，中華人民共和國香港特別行政區基本法起草委員會第七次全體會議公佈了基本法（草案）徵求意見稿，有些人士提出：政治體制這一章是按照什麼原則起草的？對 1997 年以後的香港政治體制是如何設計、構思的？這些都是涉及香港特別行政區政治體制的重大理論問題。現根據 "一國兩制" 的方針和基本法起草委員會政治體制專題小組的討論，對這些問題進行一些初步的探討。

一

起草政治體制條文的
幾項立法原則

　　制定香港特別行政區基本法的法律、政策依據是什麼？主要是中國憲法和中英聯合聲明中中國對香港的基本方針政策及其具體說明。中英聯合聲明已經明確地指出了這一點："中華人民共和國全國人民代表大會將根據中華人民共和國憲法制定並頒佈中華人民共和國香港特別行政區基本法"，"關於中華人民共和國對香港的上述基本方針政策和本聯合聲明附件一對上述基本方針政策的具體說明，中華人民共和國全國人民代表大會將以中華人民共和國香港特別行政區基本法規定之，並在五十年內不變。" 這也是起草基本法政治體制條文的依據。但是起草這樣一部基本法是史無前例的，沒有現成的法律可以參考，中英聯合聲明中關於政治體制部分除司法體制和公務人員外，又規定得非常概括，不很具體。加以現在香港各界人士對政治體制問題還存在許多不同的意見，所以起草政治體制這一章又存在一定的難度。因此，遵循什麼原則來指導起草香港特別行政區基本法政治體制部分的條文，就顯得非常重要了。

　　政治體制專題小組於 1986 年 11 月第四次小組會上專門討論了起草政治體制部分的立法原則問題，根據專題小組會上的討論，作者認為下述這些原則是起草香港未來政治體制條文所應當遵循的：

（一）要符合“一國兩制”的方針和中英關於香港問題的聯合聲明的精神

　　“一國兩制”的方針是中國實現國家統一和解決歷史遺留問題的偉大創造，並且以根本法的形式規定在第 31 條，這是全國必須要遵守的。中英聯合聲明中中國政府對香港的方針政策將“一國兩制”的方針進一步具體化，中國承擔了將這些方針政策寫入基本法的義務。因此，政治體制條文應當符合“一國兩制”的方針與聯合聲明的精神。

　　聯合聲明本文的第三點中的（一）至（四）項和附件一的第一至四段都對香港未來的政治體制作了規定，例如聯合聲明附件一第一段規定：“香港特別行政區享有行政管理權、立法權、獨立的司法權和終審權”。“香港特別行政區政府和立法機關由當地人組成。香港特別行政區行政長官在當地通過選舉或協商產生，由中央人民政府任命。香港特別行政區政府的主要官員（相當於‘司’級官員）由香港特別行政區行政長官提名，報請中央人民政府任命。香港特別行政區立法機關由選舉產生。行政機關必須遵守法律，對立法機關負責。”這就規定了高度自治、“港人治港”、行政長官和立法機關的產生辦法、行政長官和主要官員由中央人民政府任命、行政機關對立法機關負責等內容。政治體制的條文應當體現這些精神。

（二）既要維護國家的統一和領土的完整，又要體現高度自治

在 1982 年 11 月 26 日第五屆全國人民代表大會第五次會議上，彭真代表憲法修改委員會作《關於中華人民共和國憲法修改草案的報告》時對憲法第 31 條作了詳細的說明，他指出："在維護國家的主權、統一和領土完整的原則方面，我們是絕不含糊的。"同時他又指出：特別行政區"享有高度的自治權。這種自治權，包括台灣現行社會、經濟制度不變、生活方式不變、同外國的經濟、文化關係不變等等。……在具體政策、措施方面，我們又有很大的靈活性，充分照顧台灣地方的現實情況和台灣人民以及各方面人士的意見。這是我們處理這類問題的基本立場。"這就是說，在"一國兩制"方針中既要維護國家統一和領土完整，又要堅持高度自治，二者不可偏廢。在中英聯合聲明中中國仍然堅持了這一原則立場，基本法的政治體制條文當然也要遵守和反映這一原則。

（三）要有利於香港的經濟繁榮與社會穩定，有助於香港的資本主義經　　濟的發展，同時兼顧各階層的利益

保持香港的經濟繁榮與社會穩定是香港特別行政區基本法要達到的目的之一。在中英聯合聲明中已經指明，香港的社會、經濟制度不變。保持香港原有的資本主義制度是為了使香港的經濟進一步繁榮、香港居民不斷提高其生活水平、繼續保持香港社會的穩定。這也有利於中國內地的經濟建設。所以政治體制的設計必須有利於香港的繁榮與穩定。

當然繁榮經濟不是保護某一階層的利益而忽視另一個階層的利益，而是要兼顧各個階層的利益，妥善地處理不同利益階層之間的利益和相互關係，以保持香港的經濟繁榮和社會穩定。

維持香港的繁榮與穩定，中英兩國都承擔了義務，取得了一致的看法。這在中英聯合聲明中也有明確的記載：中英兩國政府“一致認為通過協商妥善地解決歷史上遺留下來的香港問題，有助於維持香港的繁榮與穩定，……”“自本聯合聲明生效之日起至1997年6月30日止的過渡時期內，聯合王國政府負責香港的行政管理，以維護和保持香港的經濟繁榮和社會穩定；對此，中華人民共和國政府將給予合作”。1997年後香港特別行政區基本法當然更要維持香港的繁榮與穩定。

（四）保持香港原有政治體制中的一些優點，並逐步發展適合於香港情況的民主參與

香港的經濟能夠發展到現在的規模與速度，有各方面的原因，但是在政治體制上有一些適應於經濟發展的特點，也是應當繼續汲取和保留的。例如，香港現在有一個長期形成的公務人員制度，公務人員的招聘、僱用、考核、紀律、培訓和管理，都有一套適合於香港的辦法，能夠保持公務人員的穩定性和政策的連續性。又如，香港現有三百多個諮詢組織，大體可分為五大類：向部門首長提供意見的法定組織和非法定組織，向政府提供意見的法定和非法定組織，以及負責執行某項事務的委員會，這些組織雖然不是行政組織，但是它們有利於和適應於香港政府的工作。這些制度有利於香港政府的管理，促進了經濟的發展，將來香港特別行政區也可以利用它們來為發展香港的經濟服務。

香港有自己的具體情況和特點，應當依照聯合聲明的精神循序漸進地發展適合於香港實際的民主制度，應當體現香港各階層都能參與和“港人治港”的原則。

保持香港原有政治體制中的一些優點，對那些在政治結構上屬於殖民主

義的內容、與中英聯合聲明精神相違背的當然要去掉，聯合聲明中中國對香港的方針政策和附件一體現了中國堅持國家主權的立場，反映了中國人民的意志，堅持這些方針政策，其目的之一是為了堅持國家主權。這也是分清殖民主義和保持香港原有政治體制中的一些優點的界限。

要從香港的實際情況出發設計香港特別行政區政治體制的條文，就不能照搬、照抄別的國家或地區的政治結構。不能完全照抄歐美一些國家實行的"議會制""總統制"的政權形式，因為香港特別行政區不是一個國家，不應照抄這些形式。

搬用內地的人民代表大會制，可不可以？當然也不可以。人民代表大會制是中國人民在長期的革命和建設中發展形成的，它主要是適應於內地的情況，也不能搬用於香港，例如，在內地各省、自治區、直轄市的人民法院都是由這些地方的人民代表大會選舉產生，對這些地方的人民代表大會負責，人民檢察院也是這樣，這和香港現在的司法體制不同，和香港的律政司署中設有檢控部門也不相同，如果照搬內地的人民代表大會制就要改變現在香港的司法體制和檢控部門的設置，而聯合聲明又規定"除因香港特別行政區法院享有終審權而產生的變化外，原在香港實行的司法體制予以保留"。

香港是否可以原封不動地保留其政治結構到 1997 年 7 月 1 日以後？當然也不能這樣。要維護香港的經濟繁榮和社會穩定，要便於 1997 年 7 月的平穩過渡和權力交接，要從香港的實際情況出發，香港特別行政區基本法對香港原有的政治機構盡可能不作大的變動。但是中英聯合聲明規定要改變的內容還必須加以改變，特別是涉及國家主權的內容或者屬於殖民主義的體制。

二

行政、立法、司法
三機關的相互關係

　　香港特別行政區應當採取什麼樣的政治體制？行政、立法、司法三機關之間應當是什麼樣的關係？對於這一點在 1986 年 11 月政治體制專題小組的第四次小組會上，委員們曾經達成一個共識，這就是："司法獨立，行政機關和立法機關既互相制衡、又互相配合的原則。"

　　司法獨立是指司法機關即法院獨立地行使審判權，不受行政機關即政府、立法機關即立法會議、社會團體和個人的干涉。這是香港現行司法體制的重要原則，1997 年後當然應予保留。基本法（草案）徵求意見稿第 84 條對此作了明確的規定："香港特別行政區法院獨立進行審判，不受任何干涉，司法人員履行審判職責的行為不受法律追究。"第 79 條還規定："香港特別行政區各級法院是香港特別行政區的司法機關，行使香港特別行政區的審判權。"這又從另一方面說明，審判權只屬於香港特別行政區各級法院，行政機關、立法機關沒有這一權力。

　　同時基本法（草案）徵求意見稿第 2 條、第 18 條第 1 款都規定：香港特別行政區享有"獨立的司法權和終審權"。這就將司法獨立的原則全面地反覆地規定在基本法（草案）徵求意見稿中，以確保司法機關能公平執行法律。雖然在法律條文上有些重複，但從基本法的整體上看還是可以的。

　　行政機關和立法機關都具有一定的權力，權力過大地集中於某一機關，將不利於香港特別行政區的發展。在"一國兩制"的方針下，行政機關和立法機關的權力如果能互相有所制衡，使兩機關能依照法律正確行使自己享有的職權，並起着互相監督的作用，這將有利於香港特別行政區的政治體制的運行，有利於香港特別行政區的經濟的發展。

　　行政長官、行政機關與立法機關的相互制衡關係主要體現在基本法（草案）徵求意見稿的第 49 條、第 50 條、第 52 條、第 64 條以及第 72 條第（9）項。這些條文規定的內容是：

　　一、在法律規定的條件和程序下，行政長官對立法機關有解散權。基本法（草案）徵求意見稿第 49、50 條規定："香港特別行政區行政長官如認為立法會議通過的法案不符合香港特別行政區的整體利益，可在三個月內將該法案發回立法會議重議，立法會議如以不少於全體成員三分之二多數再次通過原案，行政長官必須在一個月內簽署公佈或按本法第 50 條的規定處理。"（此引文為第 49 條）"如行政長官拒絕簽署立法會議再次通過的法案或立法會議拒絕通過政府提出的財政預算法案或其他重要法案，經協商仍不能取得一致意見，行政長官可解散立法會議。行政長官在解散立法會議前，須徵詢行政會議的意見。行政長官在其一屆任期內只能解散立法會議一次。"（此引文為第 50 條）可見行政長官對立法會議有相對的解散權，現在港督對立法局則有無條件的解散權。

　　二、在法律規定的條件和程序下，立法機關有使行政長官辭職的權力。基本法（草案）徵求意見稿第 52 條規定："香港特別行政區行政長官如有下列情況之一者必須辭職：（一）……（二）因兩次拒絕簽署立法會議通過的法案而解散立法會議，重選的立法會議仍以全體成員三分之二多數通過所爭議的原案；（三）因立法會議拒絕通過財政預算法案或其他重要法案而解散立法會議，重選的立法會議繼續拒絕通過所爭議的原案"。可見立法會議在法定條件下可以迫使行政長官辭職，現在香港則沒有這種規定。

　　三、行政機關對立法機關負責。基本法（草案）徵求意見稿第 64 條規定："香港特別行政區行政機關必須遵守法律，對香港特別行政區立法會議負責：執行立法會議通過並已生效的法律；定期向立法會議作施政報告；答覆立法會議成員的質詢；徵稅和公共開支須經立法會議批准"。這裏所說的"負責"的含義，大體類似香港現行的做法和包含的內容，根據一些參加中英談判的起草委員的說明，這就是當時所指的"負責"的含義。由於基本法（草案）徵求意見稿第 59 條、第 60 條的規定，香港特別行政區政府是香港特別行政區行政機關，政府的首長是行政長官，政府設政務司、財政司、律政司和各局、處、署。所以行政機關對立法機關負責，當然包括行政長官和他所提名並經中央人民政府任命的主要官員在內，都要對立法機關負責。

對"負責"一詞在香港存在着不同的理解和分歧，現在這樣規定是比較適當的，第一，條文完全按照中英聯合聲明的內容，如實地作了明文規定；第二，條文對"負責"的內容作了符合中英談判時的實際情況的規定；第三，更為重要的是這一條文正確地規定了行政機關和立法機關的分工與制約的關係。政權機關的工作是複雜而繁重的，應當有明確和恰當的分工，行政機關主管行政管理工作，立法機關制定和修改法律，本文明確地體現了這種正確的分工，而且從執行法律、作施政報告、答覆質詢、徵稅與公共開支須經立法會議批准等四個方面說明了立法機關對行政機關的制約，這種制約關係也是正確的、適當的。

四、立法機關有權彈劾行政長官。基本法（草案）徵求意見稿第 72 條第（9）項規定："行政長官如有嚴重違法或瀆職行為，由立法會議全體成員的四分之一聯合動議，經立法會議通過，可組成獨立的調查委員會，其主席由終審法院首席法官擔任，負責進行調查並向立法會議提出報告。如該委員會認為有足夠證據構成上述指控，立法會議以全體成員三分之二多數通過，可提出彈劾案，報請中央人民政府決定。"行政長官具有重要的政治地位，掌握着一定的權力，其行為對特別行政區的影響甚大，因此賦予立法會議以彈劾權，對行政長官進行監督和制約。但香港現在並無此制度。

從以上所引的第 49、50 和 52 條等條文看，行政長官有解散權、立法會議有要求辭職權，都是為了使二者能正確地行使自己的職權；合理地進行分工，各得其所，這是互相制衡的目的。而行政長官要行使解散權，立法會議要迫使行政長官辭職，都是很不容易、受到法律嚴格限制的。行政長官在行使解散權的時候，還要考慮到可能帶來被要求辭職的後果，立法會議再次通過行政長官發回重議的法案或拒絕通過政府提出的財政預算法案或其他重要法案的時候，還要考慮到可能帶來被解散的後果。所以這種互相制衡又是希望行政長官不要輕易地行使解散權，立法會議不要輕易地通過發回重議的法案或拒絕通過財政預算法案或其他重要法案，而是二者既要互相制衡、又要互相配合。

　　基本法（草案）徵求意見稿規定的行政與立法機關的相互制衡關係是從香港的實際情況出發的。如本文前面所述，沒有照搬別的國家的做法，沒有採取通常的責任內閣制的做法，即議會可以對內閣投不信任票，內閣首相或總理可以解散議會。這樣做的結果，在實行多黨制的國家而又沒有一個政黨能在議會中佔有多數議席時，常常造成內閣的頻繁變更，政府非常不穩定，影響國家經濟的發展和社會的安定。現在西歐有的國家就有此情況。香港特別行政區是中華人民共和國的一個享有高度自治權的地方行政區域，不是一個國家，而且它的面積很小，所以不宜採取類似一個國家的責任內閣制的制度，不宜採取投不信任票的辦法，也不能輕易地解散立法機關。這樣的制度容易造成香港特別行政區局勢的動盪，不利於香港居民的生活和經濟繁榮，香港特別行政區這樣小的地方是經受不起這樣動盪的。對於這一點政治體制專題小組有少數委員尚有不同意見，有的主張應增寫投不信任票的內容。

　　行政機關與立法機關之間除了互相制衡的關係以外，基本法還要強調行政與立法二者之間的互相配合，這應當是起草基本法政治體制方面條文的一個重要出發點。這也是香港特別行政區政治體制的一個特點，它與三權分立的觀點只講制約與平衡不同，它非常重視互相配合。

　　對香港特別行政區政治體制來說，在制衡與配合中，缺少任何一點都是不適當的。只講制衡，不講配合，將不利於香港特別行政區的工作和繁榮、穩定，將使香港特別行政區的行政與立法機關的工作經常陷於停頓或無休止的爭論之中。行政機關與立法機關之間的關係也不應是上下級的關係，不是領導與被領導的關係，不是誰大誰小、誰能制服誰的關係，而是二者要互相配合，使工作比較協調，有利於香港的繁榮與穩定。

行政長官、行政機關和立法機關的相互配合主要體現在基本法（草案）徵求意見稿第 55 條。第 54 條規定香港特別行政區行政會議是協助行政長官決策的機構。第 55 條規定：“行政會議的成員由行政長官從行政機關的主要官員、立法會議成員和社會人士中委任。”根據基本法（草案）徵求意見稿的規定，除人事任免、紀律制裁和緊急情況下採取的措施以外，行政長官在做出重要決策、向立法會議提交法案、制訂附屬法規和解散立法會議前，須徵詢行政會議的意見。由此可見，行政會議對行政長官、行政機關和立法機關起着互相配合的重要作用。

因為行政會議中有來自立法機關的成員，有來自行政機關的主要官員，可以使行政長官在決定問題時，既能聽到來自立法機關與行政機關的相同意見，也能聽到立法機關與行政機關的不同意見，便於行政機關和立法機關之間互相溝通情況，對兩機關間的不同意見進行磋商和協調，使兩機關能互相配合。在行政會議中還有社會人士，使行政長官在決定問題時經常能聽到社會人士的意見，便於行政長官瞭解社會上各方面的意見和情況，而且社會人士還可以對行政和立法機關二者之間的分歧意見，進行協調，促進行政機關和立法機關的互相配合。

行政會議在行政、立法機關之間所起的互相配合作用是政治體制專題小組要在基本法（草案）徵求意見稿中建立行政會議這一機構的一個重要原因。

三

行政長官的地位、產生和職權

　　行政長官在香港特別行政區佔有重要的地位。從基本法（草案）徵求意見稿對行政長官地位的規定看，行政長官既是香港特別行政區的首長，又是香港特別行政區行政機關的負責人。就是說香港特別行政區行政長官具有兩重身份。作為香港特別行政區的首長，他一方面代表香港特別行政區與中央聯繫，依照基本法的規定對中央人民政府負責，在某些外事禮儀上的活動也可以代表香港特別行政區；另一方面他又要對香港特別行政區負責，對香港居民負責。他作為行政機關的首腦，領導香港特別行政區政府。這樣，有利於加強對行政工作的統一領導，有利於提高行政工作的效能，有利於中央與香港特別行政區的工作聯繫。

　　關於行政長官的產生，中英聯合聲明及其附件一中只規定"在當地通過選舉或協商產生，由中央人民政府任命"。但是如何具體進行選舉或協商，中英聯合聲明中並無規定。香港各界人士對行政長官產生的方式存在很大的分歧。作者在 1986 年 8 月收集香港各界人士的意見向政治體制專題小組報告時，一共歸納了二十六種方案和意見，基本法諮詢委員會在 1987 年的《行政長官的產生》（最後報告）和《行政長官的產生方法方案歸納報告》兩份文件中共收集了三十多種建議。基本法（草案）徵求意見稿附件一並列了五種方案，這些方案都是政治體制專題小組中的一些委員各自提出的，基本上反映了香港社會上各界對行政長官的產生的分歧意見。

　　附件一並列的五種方案是：（一）行政長官在當地通過一個有廣泛代表性的選舉團選舉產生；（二）行政長官由不少於十分之一的立法機關成員提名，經由全港性的普及而直接的選舉產生；（三）行政長官由功能選舉團一人一票選舉產生；（四）除第一屆另有規定外，開始幾屆（約二、三屆）行政長官由顧問團協商產生；（五）行政長官由"香港特別行政區行政長官提名委員會"經協商或協商後投票程序提名三人，全港選民一人一票普選產生。如何解決這些不同方案的分歧？這就需要慎重地找出一個符合中英聯合聲明精神、能為多數人接受的方案，這個方案應該有利於香港的繁榮與穩定，體現各階層的民主參與、"港人治港"、平穩過渡和循序漸進等原則。現在基本法（草案）徵求意見稿用附件一的形式並列公佈了行政長官產生的五種方案，廣泛聽取香港各界人士的意見，通過諮詢、討論和協調，希望大家能以香港的繁榮、穩定和前途為重，互諒互讓，找出一個能為各方人士所接受的可行的方案。基本法起草委員會這種做法是好的、比較穩妥的。

基本法（草案）徵求意見稿對行政長官的職權一共提出了十三項，這十三項大體上可歸納為三大類：（一）政治法律方面，如領導香港特別行政區政府，公佈和執行法律，決定政策和發佈行政命令，批准向立法會議提出有關財政收支的動議，決定政府官員是否向立法會議作證和提供證據，赦免或減輕刑事罪犯的刑罰，處理請願申訴事項；（二）任免各類人員方面，如報請中央人民政府任免主要官員，依照法定程序任免各級法院法官、公職人員；（三）執行中央交辦或授權處理的事務，如執行中央發出的指令，處理中央授權的對外事務和其他事務。

行政長官的職權是根據什麼來確定的？主要有三點：（一）依據行政長官的地位。因為行政長官具有特別行政區首長和行政機關的首長兩重身份，他的這種身份決定他負有重大的政治和行政責任，應有相應的職權作為履行職責的保證，要有一定的行政權和決策權，以保證行政工作的效率和協調各方面的關係。（二）政治體制專題小組的意見。1986 年 11 月政治體制專題小組第四次小組會在討論到行政長官應當有哪些職權時指出：行政長官"應有實權，但又應受到一定的監督"。基本法（草案）徵求意見稿第 48 條所列行政長官的職權就是保證有一定的實權。第 52 條、第 64 條、第 72 條等就是保證對他的監督。（三）參考了現在香港的實際情況。香港現行政治結構的一個特點是權力高度集中於港督，1986 年的《香港》（年報）指出："港督是英女王在香港的代表，具有指導香港政務的最高權力，名義上又是香港的三軍總司令。港督以政府首長的身份主持行政及立法兩局會議。"香港特別行政區基本法諮詢委員會執行委員會於 1987 年 8 月 8 日通過的《行政機關的組成與職權》（最後報告）中也指出，現時港督的職權主要有：主持行政局會議，提名行政局和立法局非官守議員、按察司及各部門首長，交英國外交及聯邦事務部任命，直接或間接委任高級公務員、批准或不批准條例草案第 15 項。行政長官保留了一些原來由港督行使的權力，寫入了基本法（草案）徵求意見稿第 48 條。但是行政長官又與港督不同，他沒有港督享有的一些重要權力。行政長官不能無條件否決立法機關通過的法案和解散立法機關，不能委任立法機關成員，按照第 70 條方案一的規定也不能兼任立法機關的主席，行政長官不是中央人民政府的代表，也不是當地駐軍的負責人。

　　從行政長官的上述職權來看，這些規定是比較適當的。第一，行政長官既有權獨立決定問題，發揮行政工作的效能，又有行政會議作為協助他進行決策的機構，起着諮詢和集體討論、甚至某些監督的作用，行政長官如不採納行政會議多數成員的意見，應將具體理由記錄在案。從各國的政治制度發展來看，從一定的意義上說，作為一個地方的行政長官應有這樣適當的職權，才能適應經濟發展和行政管理的需要。如果行政長官沒有適當的權力，就會影響經濟的發展和行政工作應有的效率。行政長官的權力如果很小，不利於香港的繁榮和穩定。第二，行政長官又不能集行政、立法權於一身。香港特別行政區享有高度的自治權，1997 年後屬於香港特別行政區自治範圍內的事務，中央不加干預，而行政長官又有較高的地位，如果行政長官權力過大，則可能為所欲為，導致走向專權，對香港特別行政區將極為不利。基本法（草案）徵求意見稿沒有賦予行政長官以過大的職權是比較適當的。第三，如前所述，行政長官和立法機關之間有一定的制衡關係，也可以防止行政長官濫用職權和一意孤行。

當然，現在還有人認為行政長官權力較大，對這一點還可以進一步研究。

行政長官一節中為什麼要設立行政會議？因為政治體制專題小組在 1986 年 11 月第四次小組會上曾經有一個共識，這就是："委員們認為可以考慮設立類似目前行政局的組織，作為協助行政長官進行決策的機構。"基本法（草案）徵求意見稿是根據政治體制專題小組的這一共識而產生第 54 條 "行政會議是協助行政長官決策的機構"。政治體制專題小組是從香港的實際情況出發來設計這一機構的，對於現在一些機構將來還有用處而不必改變或不必作重大改變的，就不作改變或不作大的改變，這有利於平穩過渡和減少政治動盪，而不是保留殖民制度，而且如前所述，這有利於行政與立法之間的互相配合。至於將行政會議列在行政長官一節中，是因為行政會議的性質和作用是協助行政長官進行決策，行政會議不能代替行政長官或自己獨立決策，它從屬於行政長官，所以應寫在行政長官一節中。

設立行政會議是不是與中英聯合聲明的精神不符？顯然不能這樣看，聯合聲明中沒有行政會議的內容，我們在本文前面已經分析了行政會議的性質、作用和必要性，沒有任何內容是不符合聯合聲明的，相反地行政會議的設立正是為了進一步貫徹聯合聲明的精神。判斷一個機構是不是符合聯合聲明，不能簡單地僅以聯合聲明中是否有此機構為標準，而要看是否對國家的統一和領土完整、香港的繁榮和穩定有利，是否有利於香港特別行政區的高度自治、"港人治港" 等原則，正因為這樣，基本法（草案）徵求意見稿又規定 "廉政機構"、"區域組織" 等機構和內容，這些機構是現在香港已經有的、而又是聯合聲明中所沒有的，因為繼續保留這些機構對香港未來的繁榮、穩定和高度自治是有利的，基本法規定這些內容，並不違反聯合聲明的精神，更談不上是保留殖民主義制度。否則，基本法就只能照抄聯合聲明的內容，而不能多寫一點內容了。當然，基本法也應當宜粗不宜細，而不是越寫得多越好。

行政機關的地位、組成和職權，
立法機關的地位、產生和職權

　　什麼是行政機關？它的地位如何？基本法（草案）徵求意見稿對此作了明確的規定。行政機關就是香港特別行政區政府，管理基本法規定的應當由它管理的各項行政事務。這樣，它的性質和法律地位就明確了。它還要對立法機關負責。

　　香港特別行政區政府如何組成？應當設立哪些機構？基本法（草案）徵求意見稿對此也作了規定。第 60 條規定行政長官是香港特別行政區政府的首長，政府中設政務司、財務司、律政司和局、處、署。這就是香港特別行政區政府的組成。為了香港的繁榮、穩定以及平穩過渡，盡可能保持類似現在以布政司為首的香港行政機關體制。不同於現在的情況是：行政長官兼政府首長，布政司改名為政務司，因為布政司是清朝時候的官職名稱，辛亥革命以後就不用了；由於保留現在的三個大司的"司"的名稱，並區別 1997 年後三個大司與其他的現在的"司"的不同地位，第 60 條將現在其他的"司"改稱為"局"，"局"的地位還是和現在的"司"以及聯合聲明中的"司級"相同。從香港的現實出發，基本法（草案）徵求意見稿還規定"原由行政機關設立諮詢組織的制度繼續保留"。

　　第 62 條規定了香港特別行政區政府的五項職權，這就是：制定並執行政策；管理行政事務；辦理中央人民政府授權的對外事務；編制並提出財政預算、決算；擬定並提出法案、議案和附屬法規。這樣概括地列明了政府的職權，有利於實現高度自治和提高行政工作效率。

　　還應指出，基本法（草案）徵求意見稿第 61 條規定香港特別行政區的主要官員由在香港通常居住連續滿十五年的香港永久性居民中的中國公民擔任。這裏充分體現了"港人治港"的精神，排除了中央國家機關和內地各省、自治區、直轄市的中國公民參加香港特別行政區行政機關（也包括立法機關和司法機關）的工作，貫徹了聯合聲明中中國對香港的基本方針政策，體現了香港特別行政區享有高度自治權。

香港特別行政區的立法機關是立法會議，基本法（草案）徵求意見稿第66條明確地指出了這一點，說明香港特別行政區的立法會議是真正享有高度自治權的立法機關的性質和法律地位。它與香港現在的立法局不同，現在香港立法局的多數議員是委任的，其主席由總督兼任，總督參照立法局的意見及得該局同意制定法律，總督有權批准或拒絕批准法律或留待英王批准。所以香港特別行政區立法會議比現在香港立法局的權力要大得多，性質和法律地位亦不相同。現在總督及立法局制定任何法律時，都必須符合及遵守英王指令中的有關規則、規例及指示。根據《王室訓令》規定，除特殊情況外有十類條例草案總督不能以英王名義批准。而香港特別行政區立法會議則由香港永久性居民選舉產生，它制定的法律只須報全國人民代表大會常務委員會備案，備案不影響法律的生效。這些也體現了立法會議享有高度自治權的精神。立法會議比香港立法局這種重大變化是必要的、適當的。它有利於香港各階層的民主參與和繁榮穩定。

無論基本法起草委員會或諮詢委員會委員，多數都主張由直接選舉和間接選舉相結合的混合選舉方式產生立法機關，基本法（草案）徵求意見稿第67條第1款已規定了這一點。但是對於立法機關產生的具體辦法在香港各界長期以來存在着分歧，基本法諮詢委員會政制專責小組在它的關於立法機關的最後報告中歸納香港各界人士關於立法機關的產生和比例共有二十一種建議，根據基本法起草委員會政治體制專題小組中一些委員提出的方案並由基本法起草委員會今年四月決定公佈的有四種：（一）香港特別行政區立法機關由八十人組成，由功能團體選出50%，按地區直接選出25%，選舉團選出25%；（二）立法機關由不少於50%的普及而直接的選舉、不多於25%的功能團體選舉、不多於 25% 的區域組織選舉產生；（三）立法機關成員共六十人，30% 由顧問團推選非顧問、40% 由功能團體選舉、30% 由各地直接選舉產生；（四）立法機關由工商界佔 30%、專業人士佔 25%、基層組織佔 20% 和地區性普選佔 25% 產生，選舉辦法由法律規定。

以上四種辦法顯然存在着較大的分歧，主要的分歧在於直接選舉和間接選舉的比例的大小、選舉團或顧問團是否參加立法機關選舉。因此，如何解決這些分歧，需要進行研究和討論，採取慎重的態度。現在基本法起草委員會把這四種辦法公佈出來，廣泛徵詢意見，通過協調再作決定，找出一種能為多數人接受的可行的辦法，是比較適宜的。

為了有助於解決這些分歧，政治體制專題小組提出在立法機關產生的條文中增加一款："附件二規定的立法會議的產生辦法可根據香港特別行政區的實際情況和循序漸進的原則予以變更。此項變更須經香港特別行政區立法會議全體成員三分之二多數通過，行政長官同意，並報全國人民代表大會常務委員會批准"（在行政長官的產生辦法中也增加了與此相同內容的一款）。這是考慮到現在香港各界人士在選舉辦法上有分歧，暫時難以取得完全一致的意見，增加這一款以便在將來適當的時候可以修改選舉辦法，而修改的程序又不是很困難，使分歧的意見逐步更加接近些，這就有可能促進不同意見將來得到進一步解決。所以在基本法（草案）徵求意見稿的第 45 條、第 67 條中都有一項如上述內容的第 3 款。

根據基本法（草案）徵求意見稿第 72 條，立法會議的職權有九項，大體上可歸納為五類：（一）立法權。根據基本法的規定並依照法定程序制定、廢除和修改法律；（二）審核財政預算和公共開支權。根據行政機關的提案，審核、通過財政預算、決算，批准稅收和公共開支；（三）聽取施政報告、進行辯論和質詢權。聽取行政長官的施政報告並進行辯論，對行政機關的工作提出質詢，就任何有關公共利益的問題進行辯論；（四）任免權。同意終審法院和高等法院首席法官的任免；（五）彈劾權。行政長官如有嚴重違法或瀆職行為，立法會議可以依照法定程序進行彈劾。

立法會議的這些職權是根據立法會議的性質和地位、它和行政機關的相互關係、並參考香港現在的情況而訂的。立法會議是立法機關，這一性質決定了它應享有立法權。同時立法機關與行政機關應當互相制衡，行政機關應對立法機關負責，所以立法會議有權審查行政機關提出的財政預算和決算、稅收和公共開支，有權聽取行政長官的施政報告、進行辯論和質詢，有權彈劾行政長官。加上立法會議還可以依法迫使行政長官辭職。所以立法機關是能夠實現對行政機關的制衡的。它的職權是比較適當的。

對於主要官員，基本法（草案）徵求意見稿沒有規定可以被彈劾。因此主要官員由行政長官提名，應對行政長官負責，他們是公務人員，還有廉政機構對他們進行監督，他們的違法、瀆職行為應按照一般的法律程序處理。

五

司法體制、區域組織、
公務人員制度基本不變

基本法（草案）徵求意見稿規定香港特別行政區設立終審法院，除因設立終審法院而產生的變化外，原在香港實行的司法體制，予以保留。所以說它是基本不變。因為有了終審法院，故將現在的最高法院改名為高等法院，地方法院改名為區域法院亦較適宜。

基本法（草案）徵求意見稿從多方面體現了保留原在香港實行的司法體制的內容：（一）原高等法院以下的法院、法庭體系不變；（二）法官的任用和免職的制度基本不變；（三）法官以外的其他司法人員的任免制度不變；（四）原在香港任職的法官和其他司法人員均可留用，其年資予以保留，薪金、津貼、福利待遇和服務條件不低於原來的標準；（五）退休或符合規定離職的法官和其他司法人員，包括香港特別行政區成立前已退休或離職者，不論其所屬國籍或居住地點，香港特別行政區政府都按不低於原來的標準，向他們或其家屬支付應得的退休金、酬金、津貼及福利費；（六）法院獨立審判和陪審制度不變；（七）保留原在香港適用的刑事訴訟和民事訴訟中的原則和當事人享有的權利；（八）法院依法審判案件，其他普通法適用地區的司法判例可作參考。以上這些規定也體現了香港特別行政區在司法方面的高度自治權。終審權在香港特別行政區而不在北京的最高人民法院，這在世界各國包括聯邦制國家可以說是一個創舉。

香港特別行政區法院的司法管轄權應當加以明確規定，審判權屬於香港特別行政區法院，中央、香港特別行政區的行政機關和立法機關都不能加以干涉。但是香港特別行政區法院管轄的案件的範圍也應加以規定，使法院在審判案件時有所遵循，知道哪些案件屬於它所管轄的範圍，哪些案件不屬於它所管轄的範圍。因此基本法（草案）徵求意見稿第 18 條規定："香港特別行政區法院除繼續保持香港原有法律對法院審判權所作的限制外，對所有的案件均有審判權"。這就對原有的司法管轄範圍保持不變。

應該指出，司法管轄權和終審權有聯繫，又有區別。司法管轄權是指管轄審判哪些案件的權力，指管轄案件的範圍。終審權是指對所管轄的案件有最終一級判決的權力，不需要再到別的地方的法院去上訴。違背了這個原則，就是損害了終審權。如何正確地劃分管轄範圍，說明法院能夠審判、不能夠審判哪些案件，這就不屬於終審權範圍。基本法對香港特別行政區法院的司法區管轄權作了維持原來範圍的規定，是比較適當的。

基本法（草案）徵求意見稿還規定香港特別行政區可與全國其他地區的司法機關通過協商依法進行司法方面的聯繫和相互提供協助；在中央人民政府的協助或授權下香港特別行政區政府可與外國就司法互助關係做出適當安排。這些規定反映了香港特別行政區法院和全國其他地方的法院間的互不隸屬和平等關係，也體現了香港特別行政區在司法方面的高度自治。

　　兩年來政治體制專題小組多次討論過區域組織。大家認為現在的市政局、區域市政局、區議會都是非地方政權性的區域組織，基本法應當加以肯定。至於對兩個市政局和十九個區議會這兩層架構是否需要合併或進行調整，由於香港各界人士現在存有各種不同的意見，政治體制專題小組認為這個問題應當由香港特別行政區將來自己解決，現在還是維持和承認現狀，因此第 96 條寫得比較概括和靈活，其中將兩層架構及其職能都包括在內，沒有寫明是一層或兩層為好，這就給將來的特別行政區政府和居民留下自己決定問題的餘地。

　　關於香港的公務人員制度，政治體制專題小組參考現在的情況將中英聯合聲明中的有關內容完全寫在公務人員一節中，主要的內容是保留原有的公務人員制度，第 102 條規定：「香港原有關於公務人員的招聘、僱用、考核、紀律、培訓和管理的制度，包括負責公務人員的任用、薪金、服務條件的專門機構，除有關給予外籍人員特權待遇的規定外，予以保留。」

　　此外，基本法（草案）徵求意見稿還規定在香港特別行政區政府各部門任職的公務人員必須是香港特別行政區永久性居民；原香港政府的包括警察部門任職的公務人員均可留用，其年資予以保留，待遇和服務條件不低於原來的標準。基本法（草案）徵求意見稿還對退休或符合規定離職的公務員的退休金、酬金、津貼和福利費作了規定，對可任用原香港公務員中的或持有香港特別行政區永久性居民身份證的英籍和其他外籍人士擔任政府部門的各級公務人員作了規定，還可聘請外籍人士擔任政府部門的顧問，只有主要政府部門的正職或某些主要政府部門的副職必須是香港特別行政區永久性居民中的中國公民。

　　對公務人員的這些規定有利於香港的繁榮和穩定，有利於作為國際金融城市的香港的發展。

　　總之，政治體制一章經過兩年來政治體制專題小組十五次會議、總體小組一次會議和基本法起草委員會三次全體會議的討論，雖然在許多條文上達到了共識，取得了可喜的成果，但其中還存在一些分歧，還不夠完善，需要我們深入探討、協調分歧和不斷加以完善，使香港未來的政治體制設計得更好，更加符合香港的實際和未來，能為香港多數人所滿意。

（原載《北京大學學報》哲學社會科學版 1989 年第 1 期）

第三章

香港特別行政區政治體制的建立及其與現狀的比較

香港特別行政區基本法第四章政治體制包括六節：第一節行政長官、第二節行政機關、第三節立法機關、第四節司法機關、第五節區域組織和第六節公務人員。本文所要論述的內容是香港特別行政區基本法第四章所包括的內容。

一

建立香港特別行政區
政治體制的指導原則

1990 年 4 月 4 日第七屆全國人大第三次會議在通過基本法的時候，又通過了《關於設立香港特別行政區的決定》，決定自 1997 年 7 月 1 日起設立香港特別行政區。

建立什麼樣的香港特別行政區政治體制是一個重大的理論和實踐問題。現在香港的政治結構是殖民制度下的產物，1997 年 7 月 1 日中國對香港恢復行使主權，實行"一個國家，兩種制度"的方針，香港特別行政區應當建立什麼樣的政治體制？這是一個嶄新的問題。這一問題的解決，將導致"一個國家，兩種制度"下第一個特別行政區的政治體制的建立，對香港特別行政區的政治、經濟、文化以及將來中國建立的其他特別行政區都將產生重大影響，有着重大的理論和實踐意義。

設計這樣一個新的香港特別行政區的政治體制應當先確立一些指導原則。因為這樣的政治體制是史無前例的，沒有現成的模式可以照搬。中英聯合聲明中中國對香港的基本方針政策和附件一對 1997 年 7 月 1 日後的政治體制雖然有一些規定，但規定得比較簡要，不很詳細具體。中英聯合聲明中中國政府聲明："香港的現行社會、經濟制度不變；生活方式不變"[①]，而沒有規定採取什麼樣的政治體制。幾年來香港各界人士對 1997 年後的政治體制的看法又存在很大的分歧，在 1986 年 8 月香港基本法起草委員會政治體制專題小組會上，小組負責人歸納香港各界人士對行政長官產生的辦法有二十六種方案和意見[②]，香港基本法諮詢委員會在 1987 年提出的《行政長官的產生（最後報告）》和《行政長官的產生方法方案歸納報告》兩份文件中共收集了三十多種建議。[③]這些情況都說明沒有一些正確的指導原則是不能設計一個較好的政治體制的，也難以解決分歧。

在起草香港特別行政區基本法的過程中，持有各種不同意見的人士大都提出設計政治體制要有一些指導原則[④]，雖然他們所提出的原則不完全相同，強調的重點不同，但對有些原則的看法是相同的，所以設計香港特別行政區 1997 年 7 月以後的政治體制時，第一步應當研究一些指導原則，先取得一些共識，再討論具體法律條文。

香港特別行政區基本法起草委員會政治體制專題小組在起草第四章政治體制的條文時，也正是這樣謹慎地進行的。在 1986 年 6 月 29 日至 7 月 1 日舉行的第 2 次專題小組會上先研究了香港的現行政治體制，在 1986 年 8 月 24 至 26 日舉行的第 3 次專題小組會上又研究了香港各界人士對 1997 年後政

---

① 參見《中華人民共和國政府和大不列顛及北愛爾蘭聯合王國政府關於香港問題的聯合聲明》，北京外文出版社，1984 年，第 4 頁。

② 參見《香港特別行政區起草委員會第三次全體會議文件彙編》第 30 頁，香港特別行政區基本法起草委員會秘書處編，1986 年。

③ 參見《行政長官的產生（最後報告）》、《行政長官的產生方法方案歸納報告》，香港特別行政區基本法諮詢委員會政制專責小組編，1987 年。

④ 參看《草擬政制的原則》，香港特別行政區基本法諮詢委員會秘書處編，1986 年。陳宏毅：《特別行政區政制模式初探》，見 1986 年 1 月 25 至 27 日香港《明報》。鄭宇碩：《對特別行政區政制模式的初步意見》，見《參閱資料》第 13 期，香港特別行政區基本法起草委員會秘書處編。1986 年。冼銘倫：《政制討論中的一些原則問題》，見《參閱資料》第 15 期。57 名諮委聯署：《未來香港特別行政區政府架構芻議》，見《參閱資料》第 24 期。19 名諮委聯署：《對政體模式的初步意見》，見《參閱資料》第 24 期。何鍾泰、唐一柱、曹宏威：《未來香港特別行政區政制的建議》，見《參閱資料》第 24 期。香港專上學生聯合會：《對政制改革的意見》，見《參閱資料》第 24 期。

治體制的意見，在 1986 年 11 月 6 日至 8 日舉行的第 4 次專題小組會上討論
了設計香港特別行政區政治體制的原則⑤，以取得一些共識，初步消除專題
小組內的意見分歧，再轉入起草第四章政治體制的條文。雖然後來這一章的
起草工作幾經波折，歷時三年有餘，但是事實證明這樣的做法是必要的正確
的。我們認為政治體制專題小組提出的一些指導原則是設計 1997 年後香港
特別行政區政治體制所應當遵循的。這些原則是：

（一）要符合 "一個國家，兩種制度" 方針和中英聯合聲明中關於政治
　　　體制的精神

　　憲法將 "一個國家，兩種制度" 的方針以根本法的形式規定在第 31 條，
這是全國都要遵守的。中英聯合聲明中中國對香港的基本方針政策及附件一
將憲法第 31 條的規定進一步具體化，在中英聯合聲明中中國承擔了將這些
基本方針政策寫入香港特別行政區基本法的義務。因此，政治體制的條文應
當符合 "一個國家，兩種制度" 的方針和中英聯合聲明中中國對香港的基本
方針政策和聯合聲明附件一的內容。
　　具體地說，中英聯合聲明本文的第三點中的（一）至（四）項和附件一
的一、二、三、四部分對香港特別行政區的政治體制都作了一些規定，這些
規定和內容是設計政治體制時所應當遵循的：（1）中英聯合聲明中中國對香
港的基本方針政策規定，"為了維護國家的統一和領土完整，並考慮到香港
的歷史和現實情況"，根據 "憲法第 31 條的規定，設立香港特別行政區"，
"香港特別行政區直轄於中華人民共和國中央人民政府"，中央人民政府管理

⑤　參見《香港特別行政區基本法起草委員會第三次全體會議文件彙編》，第 31 頁，1986 年。

外交和國防，任命行政長官和主要官員（相當於“司”級官員）。[⑥] 這些規定體現了國家主權原則，所以國防、外交由中央人民政府管理，行政長官和主要官員要由中央人民政府任命，同時也體現了中央與香港特別行政區的關係是單一制下的中央與地方的關係，香港特別行政區直轄於中央。（2）中國對香港的基本方針政策還規定，香港特別行政區“享有高度自治權”，“現行的法律基本不變”[⑦]。中英聯合聲明附件一規定，“中央人民政府授權香港特別行政區自行處理本附件一第十一節所規定的各項涉外事務”，“香港特別行政區政府和立法機關由當地人組成”，主要官員由“行政長官提名”[⑧]，除因“終審權而產生的變化外，原在香港實行的司法體制予以保留”，香港原有關於公務人員的制度也基本上予以保留[⑨]。這些規定體現了香港特別行政區享有高度自治權、“港人治港”的原則。（3）中英聯合聲明附件一規定，“行政長官在當地通過選舉或協商產生”，“立法機關由選舉產生。行政機關必須遵守法律，對立法機關負責”。這些規定說明了行政長官、立法機關的產生方法，以及行政機關與立法機關之間的關係。

中英聯合聲明的其他部分也涉及一些與政治體制有關的精神，我們將在下面有關原則中說明。

---

⑥　參見《中華人民共和國政府和大不列顛及北愛爾蘭聯合王國政府關於香港問題的聯合聲明》，北京外文出版社，1984 年，第 3、4 頁。

⑦　參見《中華人民共和國政府和大不列顛及北愛爾蘭聯合王國政府關於香港問題的聯合聲明》，北京外文出版社，1984 年，第 3、4 頁。

⑧　參見《中華人民共和國政府和大不列顛及北愛爾蘭聯合王國政府關於香港問題的聯合聲明》，北京外文出版社，1984 年，第 8 頁。

⑨　參見《中華人民共和國政府和大不列顛及北愛爾蘭聯合王國政府關於香港問題的聯合聲明》，北京外文出版社，1984 年，第 9、11 頁。

（二）要有利於香港的經濟繁榮與社會穩定，有助於香港的資本主義經
　　濟的發展，同時兼顧各階層的利益

　　保持香港的經濟繁榮與社會穩定是中國簽署中英聯合聲明和香港特別行
政區基本法要達到的目的之一。鄧小平在 1984 年 10 月 3 日會見港澳同胞國
慶觀禮團時說："這說明大家都贊成中央恢復對香港行使主權，贊成中英兩
國政府達成的協議的內容，這就是說，我們有了一個共同的大前提，一個共
同的目標，即在今後十三年和十三年以後要保持香港的繁榮和穩定。"⑩ 國
務院向第六屆全國人大第二次會議提出的政府工作報告中也指出："為了繼
續保持香港的穩定和繁榮，我們在恢復行使主權後，對香港將採取一系列特
別政策，並在五十年內不予改變。"⑪ 中國外交部長在 1984 年 11 月 6 日就
提請審議中英關於香港問題協議文件向全國人大常委會作報告和說明時也明
確指出："中國解決香港問題的基本方針是：（1）一定要在 1997 年收回香港，
恢復行使主權，不能再晚；（2）在恢復行使主權的前提下，保持香港的繁榮
和穩定。"⑫ 這些談話和報告清楚地說明了簽署中英聯合聲明的目的，也是
制定香港特別行政區基本法的目的。

　　在中英聯合聲明中中國對香港的基本方針政策的十二項中，有四處規定
"不變"（如現行社會、經濟制度不變，……），四處規定"保持"（如保持自
由港和獨立關稅地區的地位，……），兩處規定"繼續"（如繼續開放外匯、
黃金、證券、期貨等市場，……）。在中英聯合聲明的附件一中，有十處規
定"保持"，九處規定"保留"，七處規定"自行"（如香港特別行政區自行
管理財政事務，……）。這些規定也說明了中英聯合聲明中中國對香港的基
本方針政策的精神。為了香港的繼續繁榮和穩定，就要保持香港原有的資本

⑩ 《香港問題文件選輯》，人民出版社，1985 年，第 7 頁。
⑪ 《香港問題文件選輯》，人民出版社，1985 年，第 14 頁。
⑫ 《香港問題文件選輯》，人民出版社，1985 年，第 18 頁。

主義制度，保留許多的具體制度，在不損害國家主權的原則下，盡可能不作大的變動。這對香港居民有利，也有利於內地的經濟建設。所以，政治體制的設計必須有利於香港的繁榮和穩定。

不但中英聯合聲明中中國對香港的基本方針政策和附件一表明保持香港的繁榮與穩定是中國的基本方針之一，而且在中英聯合聲明正文的其他部分中也清楚地指明：維持香港的繁榮與穩定，中英兩國都承擔了義務，取得了一致的意見。在中英聯合聲明正文的第一段就指出：中英兩國政府"一致認為通過協商妥善地解決歷史上遺留下來的香港問題，有助於維持香港的繁榮與穩定"[13]。在中英聯合聲明正文的第四點中又指出："中華人民共和國政府和聯合王國政府聲明：自本聯合聲明生效之日起至 1997 年 6 月 30 日止的過渡時期內，聯合王國政府負責香港的行政管理，以維護和保持香港的經濟繁榮和社會穩定。對此，中華人民共和國政府將給予合作。"[14] 中國政府十分重視香港的繁榮與穩定，並且在中英聯合聲明中也承擔了這一義務。設計"基本法"的政治體制時當然也要以維持香港的繁榮與穩定為原則，保持和促進香港資本主義經濟的發展。

香港的資本主義經濟的發展，固然有工商業者的努力，離開工商業者的努力經營，就很難有今日香港的經濟繁榮。香港的廣大工人和其他各階層也為香港的繁榮和穩定做出了貢獻，沒有他們的貢獻，香港的經濟也很難得到發展。過去由於工商業者、工人和其他階層共同努力促進了香港的繁榮和穩定，今後仍然需要這種共同努力。在政治上、經濟上需要兼顧各階層的利益，政治體制的設計必須兼顧各階層的利益，妥善地處理好政治權力的分配，以達到合理地分享所創造的財富。在香港特別行政區基本法的起草過程

---

[13] 《中華人民共和國政府和大不列顛及北愛爾蘭聯合王國政府關於香港問題的聯合聲明》，北京外文出版社，1984 年，第 3 頁。

[14] 《中華人民共和國政府和大不列顛及北愛爾蘭聯合王國政府關於香港問題的聯合聲明》，北京外文出版社，1984 年，第 5 頁。

中香港各界所表現出的對政治體制一些問題的分歧，主要的原因也在於此。不慎重地解決政治體制中的這些問題，香港的經濟繁榮和社會穩定也難以較好地實現。

（三）保持香港原有政制的一些優點，並逐步發展適合於香港情況的民
　　主參與

設計香港特別行政區的政治體制，必須從香港的實際情況出發，使將來香港的政治體制能符合香港的實際，而不能完全割斷歷史。香港的經濟能夠發展到現在的規模與速度，其中有許多原因，但是在政治體制上也有一些適應於經濟發展的特點和優點，這些在 1997 年後香港特別行政區也是可以汲取和保留的。例如，香港現在有一個長期形成的公務人員制度，公務人員的招聘、僱用、考核、紀律、培訓和管理，都有一套適合於香港的辦法，能夠保持公務人員的穩定性和政策的連續性。又如香港現在許多諮詢機構，大體可分為五大類：（1）向部門首長提供意見的法定組織（如保護稀有動植物諮詢委員會）；（2）向政府提供意見的法定組織（如教育委員會）；（3）向部門首長提供意見的非法定組織（如機場服務促進委員會）；（4）向政府提供意見的非法定組織（如交通諮詢委員會）；（5）負責執行某項事務的委員會（如華人廟宇委員會）。[15] 這些組織雖然不是行政組織，但是它們有利和適應於香港政府的工作。既然實踐證明這些制度能夠適應香港政府的管理，1997 年後香港特別行政區也可以利用它們來為發展香港的經濟服務。

保持香港原有政治體制中的一些優點，對那些在政治結構上屬於殖民主

---

[15] 參見《香港（一九八六）》，第 24 頁。

義的內容、與中英聯合聲明的精神相違背的內容當然要去掉，中英聯合聲明中中國對香港的基本方針政策和聯合聲明的附件一體現了中國堅持國家主權的立場，反映了中國人民的意志，堅持這些方針政策，其目的之一是為了堅持國家主權。這也是分清殖民主義與保持香港原有政治體制中的一些優點的界限。

要從香港的實際情況出發設計香港特別行政區政治體制，就不能照搬、照抄別的國家或地區的政治結構，不能完全照抄歐美一些國家實行的"議會制"、"總統制"的政權形式，因為香港特別行政區不是一個國家，不應照抄這些形式。

在香港特別行政區也不能搬用內地的人民代表大會制，因為人民代表大會制主要適應於內地的情況。例如，在內地各省、自治區、直轄市的高級人民法院都是由這些地方的人民代表大會選舉產生，對這些地方的人民代表大會負責，人民檢察院也是這樣，這和香港現在的司法體制不同，和香港的律政司負責檢察工作也不同。如果照搬內地的人民代表大會制就要改變現在香港的司法體制和檢察制度，而中英聯合聲明附件一又規定"香港特別行政區成立後，除因香港特別行政區法院享有終審權而產生的變化外，原在香港實行的司法體制予以保留。"

香港是否可以原封不動地保留其政治結構到 1997 年 7 月 1 日以後？當然也不能這樣。要維護香港的經濟繁榮和社會穩定，要便於 1997 年的平穩過渡和權力交接，要從香港的實際出發，香港特別行政區基本法對香港一些原有的政治機構盡可能地不作大的變動，但是中英聯合聲明規定要改變的內容，特別是涉及國家主權的內容或者屬於殖民主義的體制必須加以改變。

1997 年後在香港特別行政區實行民主的政治體制。由香港人自己管理香港，這是中國的一項重要政策。鄧小平同志說："要創造條件，使香港人能順利地接管政府。""我們相信香港人能治好香港，不能繼續讓外國人統治。"[16]1984 年 11 月 6 日，國務院就提請審議中英關於香港問題協議檔，向全國人大常委會報告時，也指出，中英聯合聲明中中國對香港的基本方針政策之一是"香港特別行政區高度自治，由香港當地人自己管理。""他們完全有能力把香港管好。中央不派人去管理，有利於充分發揮香港同胞當家作主的精神。""居民可以像過去一樣生活。香港現在法律所規定的各種權利和自由仍然享有。"[17]在中英聯合聲明中，中國政府對這些內容作了明文規定。所以 1997 年中國對香港恢復行使主權，既是維護國家的統一、領土的完整，解決民族矛盾和歷史遺留問題，同時也實現了"一個國家，兩種制度"下的民主。否認這一民主制或認為中國政府阻礙在香港特別行政區實行民主，這些看法都是不對的。

許多香港人士都指出："我們看英國的歷史，她在任何殖民地中一直不會推行代議政制或民主選舉，直至決定退出時才籌劃代議政制。"[18]英國統治香港的一百多年來，過去是聽不到民主的聲音的，讚美香港目前政制的人，也只是說它"沒有民主，但有自由。"[19]"至於香港人將來政制改革的目標，一是取消殖民地制度。我們長期生活在殖民地制度下，並非真正獨立國的國民，將來九七年後香港屬於中國的一部分，香港人便是堂堂正正的中國公民，本港政治制度應與這個目標配合。"[20]這些話指出了一個事實和真理，在現在的香港殖民制度下連資本主義的民主制也沒有，民主制只能存在於 1997 年以後。

香港特別行政區應逐步發展民主制，這種民主制的發展要適合於香港的實際情況。不建立民主制當然是錯誤的，發展民主制的步驟太快或太慢也是

---

⑯ 鄧小平：《建設有中國特色的社會主義（增訂本）》，人民出版社，1987 年第 2 版，第 49、50 頁。

⑰ 《香港問題文件選輯》，人民出版社，1985 年，第 20 頁。

⑱ 見《參閱資料》第 18 期，第 3、4 頁，中華人民共和國香港特別行政區基本法起草委員會秘書處編，1986 年。

⑲ 見《香港政制與港人治港》，廣角鏡出版社，1984 年，第 9 頁。

⑳ 見《參閱資料》第 18 期，第 3、4 頁，中華人民共和國香港特別行政區基本法起草委員會秘書處編，1986 年。

不合適的。為什麼要逐步發展？

第一，民主制應當服務於香港的穩定與繁榮。1997 年，香港的政權將移交給中國，中國對香港恢復行使主權，這是一個巨大的變化，是解決 1842 年留下來的重大歷史問題。為了保持香港的穩定、繁榮，其他方面的變化應盡可能小一些，政制發展的步驟也要適當，盡可能避免香港社會的劇烈震動，採取寧穩勿亂的方針，力求實現平穩交接。

第二，香港的經濟近二十多年來雖然發展很快，但統治權在英國人手中，主要官員多為英國人，立法局的議員，到 1985 年才開始有一小部分由選舉產生。香港的永久性居民中的中國公民對行政管理、選舉制度等還不是很熟悉，不很有經驗。香港各界人士對政治體制和選舉制度的看法，還存在很大的分歧。所以逐步發展政制是比較穩妥的，這種穩妥不是保守，而是為了更好地發展和前進。而且實行"一個國家，兩種制度"的方針，這在香港特別行政區是嶄新的問題，在政制的發展上必須謹慎從事，穩步前進。

第三，民主的實質是由誰來管理香港，是由香港永久性居民管理香港的事務，還是由非香港永久性居民中的外國人管理香港。這是區分香港有否民主制的標誌，這是香港特別行政區實行民主政制首先要解決的問題。離開這一點，就談不上民主制。至於實行直接選舉還是間接選舉、功能團體選舉，直接選舉的比例大一些、進程快一些，還是比例小一些、進程慢一些，這也是民主制的組成部分，但不能籠統地說有間接選舉、功能團體選舉就不是民主或沒有民主，這要看香港的具體情況和條件而定，符合香港實際情況的民主制和選舉制度才是比較好的制度。如上所述，香港在 1997 年實行直接選舉和間接選舉相結合，逐步完善選舉制是比較適當的。

第四，選舉制的歷史發展證明它本身也有一個發展過程。以英、美為例，從英國 1688 年"光榮革命"實行資本主義選舉制算起，1948 年才實行一人一票，1969 年才規定年滿 18 歲的英國居民，依法都有選舉權；美國於 1787 年通過憲法，規定了選舉制度，1971 年才規定 18 歲和 18 歲以上的合眾國公民都有選舉權，美國總統的選舉從法律上看現在還是間接選舉。由此可見，英國的選舉制經過近 300 年的發展過程，美國的選舉制經過近 200 年的發展過程，都不是一蹴而就的。香港的經濟和文化當然比 20 世紀以前的英、美要發達得多，選舉制的發展也不要經歷幾百年的過程。但是香港現有的選舉制是從 1985 年開始的，應該說這種選舉僅是剛剛開始。在 1997 年後立法機關全部成員由選舉產生，單從選舉制度來看，也應當有一個逐步發展過程，而不是全部或大部分立法機關成員一開始就由一人一票按地區直接選舉產生。這樣既符合選舉制度發展的規律，又可以協調香港各界人士在選舉制度上所存在的分歧。

二

香港現行政治體制的特點和它在 1997 年後的主要變化

（一）香港現行政治體制的特點

1．殖民主義的政治體制

1840 年鴉片戰爭時香港是中國新安縣（民國時改保安縣）的一部分，香港島上居民約 5000 人，英國佔領香港後，按照英國殖民地的基本模式建立香港的政治體制。[21]19 世紀，英國殖民地部（Colonial office）直接管轄下的殖民地的政制可分三類：第一類是由殖民地部派遣總督為殖民地的首長，全權負責該地，不設任何議局。屬於這類殖民地的有直布羅陀，多為軍事要地。第二類是在總督之下設一個議局，或者設行政、立法兩個議局，輔助總

㉑　參見《香港（一九八五年）》，第 42 頁；《香港（一九八六年）》，第 14 頁。

督工作，議局的成員都是委任的。屬於這類殖民地的有錫蘭、毛里求斯。第三類是在總督之下設行政、立法兩個議局，議局的部分或全部成員由選舉產生。屬於這類殖民地的有馬耳他、塞浦路斯。這些殖民地的總督都是由英國政府直接委任，對英國政府負責。英國最初在香港建立的政制則屬於第二類模式。[22]

1842 年 8 月 29 日，英國強迫清朝簽訂《南京條約》，1843 年 4 月 5 日，英國向其任命的香港總督砵甸乍（Henry Pottinger）頒發《英王制誥》（Letters Patent），這是關於香港政治體制的最早的文件，《英王制誥》規定總督是香港的首長，下設行政局、立法局協助總督工作，總督有權制定法律，任免政府官員和法官，處置土地。但香港制定的法律不能違反殖民地部的訓令，英王對香港制定的法律有否決權，英王會同樞密院、英國議會都可為香港制定法律。

1843 年 4 月 6 日，英國向香港總督頒發的《王室訓令》（Royal Instructions）規定了行政局、立法局的組成和運作，規定了總督在兩局中的權力，立法局的成員為 3 人，由總督提名，英王任命，總督為立法局會議主席，立法局討論的事項，只能由總督提出，總督有權否決立法局全體成員的意見。行政局的成員亦為 3 人，由總督提名，英王任命。行政局會議的主席為總督，總督決定會議的召開和討論的事項，有權拒絕接受會議的意見。[23]

此外，英國還頒佈了一個《殖民地規例》，1977 年進行了新的修訂，它適用於英國的一切殖民地，是一個重要文件，但規例在法律上對總督沒有約束力，香港政府一般都遵守這些規例。

從《英王制誥》、《王室訓令》所規定的內容可以清楚地看到，香港政制具有殖民主義的特色。第一，在香港，總督有很大的權力，行政、立法兩局

[22]　參見鄭宇碩編：《香港政制及政治》，天地圖書有限公司，1987 年，第 1、2 頁。

[23]　參見鄭宇碩編：《香港政制及政治》，天地圖書有限公司，1987 年，第 3 頁。

的權力非常有限，只是協助總督進行工作；兩局的成員也很少，而且由總督提名，總督獨攬行政、立法大權。第二，最終權力集中於倫敦。《英王制誥》強調要維護英國政府對香港的各項權益，凡授予總督的一切權力，總督必須認識到他只能按照倫敦給予他的指示去行使這些權力，而且英國政府明確有剩餘權力為香港制定法律，有權駁回香港立法局通過的法例。英國政府是權力的最終集中者。[24] 第三，行政、立法兩局成員都是委任的，後來有太平紳士和總商會選派出的兩三名成員，但在法律上並未實行選舉制，仍然是總督提名，英王委任。第四，開始行政、立法兩局成員中沒有華人，到 1884 年立法局才有一名華人成員，到 1926 年行政局才有一名華人成員。這一情況從下列兩表中即可看出 [25]：

（1）立法局議員組成

年份	官守議員（不包括總督）	非官守議員
1884 年	6 名	5（華人 1 名）
1896 年	7 名	6（華人 2 名）
1929 年	9 名	8（華人 4 名）
1946 年	9 名	7（華人 4 名）
1951 年	9 名	8（華人 4 名）
1966 年	12 名	13（華人 9 名）
1973 年	14 名	15（華人 11 名）
1976 年	19 名	22（華人 17 名）
1977 年	20 名	24（華人 19 名）
1980 年	22 名	27（華人 19 名）

[24] 參見 N. J. Miners, The Government and Politics of Hong Kong, Oxford University Press, 1982, Chapter Ⅴ。

[25] 參見鄭宇碩編：《香港政制及政治》，天地圖書有限公司，1987 年，第 10、11 頁。N. J. Miners, The Government and Politics of Hong Kong, Oxford University Press, 1982, Chapter Ⅵ and Chapter Ⅷ。

（2）行政局議員組成

年份	官守議員（不包括總督）	非官守議員
1926 年	6 名	3（華人 1 名）
1928 年	6 名	3（華人 1 名）
1946 年	7 名	4（華人 1 名）
1948 年	6 名	6（華人 2 名）
1950 年	6 名	6（華人 3 名）
1966 年	5 名	8（華人 4 名）
1976 年	5 名	8（華人 6 名）
1982 年	5 名	9（華人 5 名）

　　現在的《英王制誥》和《王室訓令》是經過修訂後於 1917 年重新公佈的，1917 年後又有一些修改，但許多條款仍保留了 19 世紀時的原文。現在香港政制雖然比以前有一些改變，如從 1985 年開始有了民選議員，華人議員的數目也增加了，但香港政治體制的殖民主義特色基本沒有改變。正如香港一位學者所說："這種中央集權式的政制安排是基於管治上方便和要確保宗主國的意願能夠充分體現而設的。可以使到任何人只要控制到港督，就可以控制整個政府的大動脈。而港督的任命是從英國來，那麼控制力就大大確保了。如果港督是仁慈的獨裁者，從現實抽空來看，管理效率就非常高。"[26] 這些話深刻地指出了香港政制的殖民主義特色。

2．港督的高度集權

　　香港政制的另一特點是權力高度集中於總督。香港和英國的學者對這一點都有論述。一位香港學者說："最終的權力繫於一身，就是港督。他是憲法內本港國政大權之總攬者，其他港府的機關和單位，包括立法、行政、司法、軍隊等都是港府的輔弼，是他的從屬。""在香港內部事務而言，他可

---

[26] 鄭宇碩編：《香港政制及政治》，天地圖書有限公司，1987 年，第 90 頁。

以獨當一面，大可成為一個小型的獨裁者。行政局是他的政策諮詢機關，是議事的局；立法局是協助他定例的機關。其下以布政司為首的公務機構都是他的辦公室，他的胳臂。"[27] 香港政府編輯出版的香港年報也基本上承認這一點："港督是英女王在香港的代表，具有指導香港政務的最高權力，名義上又是香港的三軍總司令。港督以政府首長的身份，主持行政及立法兩局的會議。行政局負責向港督提供意見，以備港督發出指示。立法局通過的條例草案，須經港督同意才成為法律。"[28]

從《英王制誥》、《王室訓令》這兩個確立香港政制的法律中可以具體看到港督的巨大權力：

第一，享有英國王室授予的一切權力，即"王室授權並指令港督兼總司令行使在他職權範圍內之一切權力"。他的權力來自英王制誥、英王經常頒發給他的王室訓令、樞密院敕令、英王通過一句重要國務大臣傳達的指令、香港現行及日後制定的法律，香港一切文武官員及平民須順從、協助及支持港督。

第二，享有軍權。港督兼任三軍總司令，在平時這個職務是名義上的，港督不得直接與下級軍官通訊，但英軍司令應向他提供其部隊的兵力和情況，以及香港的防務情況。在緊急時期，他可以下令出動軍隊協助維持香港的安全，不需要事先請示英國政府，只在國際事務中動用軍隊則須得到英國政府的同意。

第三，享有巨大的行政權。港督奉王室透過一名重要國務大臣諭，委任行政局議員，在等待王室批准行政局議員期間港督可以暫時中止任何議員行使其職責，有權委任臨時的行政局官守議員或非官守議員，並向行政局立即傳達王室之訓示；港督是惟一有權召開行政局會議者；港督認為有必要時，

---

[27]　鄭宇碩編：《香港政制及政治》，天地圖書有限公司，1987 年，第 88 頁。並參見 N. J. Miners, The Government and Politics of Hong Kong, Oxford University Press, 1982, Chapter VI。

[28]　《香港（一九八六年）》，第 13 頁。並參看《香港（一九八五年）》，第 42 頁。

得徵召非議員出席行政局會議；只有港督有權向行政局提出議案、徵詢行政局議員意見並做出決定；港督有權否決行政局議員之意見，要盡快把其否決理由呈報王室；有關任免、紀律制裁、緊急事項、致令王室蒙受不利等事項，港督有權不同行政局商議，但須把對緊急事項採取的措施盡快通知行政局；港督依法任命法官、太平紳士及其他官員；除最高法院按察司及地方法院外，港督可根據王室之訓示及有足夠理由，有權開除官員或中止其職權，或給予紀律處分；根據英王的訓令或王室透過一名重要國務大臣諭委任立法局議員；港督在等待王室批准期間暫時中止在任的官守或委任立法局議員行使其職責；除當然官守議員或民選議員外，港督遇有議員辭職或死亡等情況時有權委任臨時立法局議員，並須即時呈報王室；港督有權以書面公佈由於某些情況而使委任議員的席位空缺並使其停任；港督可接受官守或委任立法局議員的辭職；港督代表王室或以王室名義決定並履行租讓及處置香港之官地，並可指派人或機構行使此項權力；港督得指令公職人員按照《英王制誥》提及之法令進行效忠宣誓，以及按現行法律之規定進行其他宣誓。

第四，享有立法權。港督參照立法局的意見及得該局同意制定法律；對立法局通過之法案，港督得批准或拒絕之，或留待王室批准；港督主持立法局會議；立法局的開始和結束日期由港督公佈；港督有權於立法局一個年度的休會期間召開立法局特別會議；立法局表決議案時，港督投普通一票，若票數相等時再投決定性一票；港督可隨時在《香港政府憲報》刊登政令解散立法局，在立法局解散後及在立法局進行議員選舉之前，港督若要處理緊急事務可召開立法局會議。

第五，享有一定的司法權。港督有權赦免刑事案之共同犯，令其提供證據，把首犯或其他犯人繩之以法；有權將罪犯釋放或有條件釋放、赦免或減刑、緩刑及減免罰款、怠金或沒收物；港督不得以犯人自行離境或被驅逐出境作為赦免之條件，但沒有涉及嚴重刑事案之政治犯除外；港督不應對判處死刑的罪犯實行赦免或緩刑，除非在得到行政局意見之後他認為這樣做是適當的，但港督有權根據他自己的判斷，決定是否赦免罪犯或緩刑，無須顧及行政局議員之意見，只將其決定之理由詳細記錄在行政局記事冊。由此可見，港督實際上也享有一定的司法權。

3.缺乏資產階級的民主制

第一，從制度上看，港督代表英王，與其諮詢機構及少數英國高級官員統治華人佔絕大多數的香港。這是典型的殖民主義制度，而不是資產階級民主制。資產階級反對封建專制時即提出主權屬於國民的主張，法國 1789 年的人權宣言第 3 條規定："整個主權的本原主要是寄託於國民。"第 6 條規定："全國公民都有權親身或經由其代表去參與法律的規定。"1791 年的法國憲法規定："主權屬於國民。"1946 年法國憲法第 3 條還規定："國家主權屬於法國國民全體。任何一部分人或任何個人不得擅自行使國家主權。"香港被英國強佔以後，殖民主義者即將香港的中國人作為其被統治者，英國駐華全權欽使兼商務總監義律即發佈告示稱："凡爾香港居民，歸順英國為女王之赤子，自應恭順守法，勉為良民。"㉙《英王制誥》中後來亦明文規定香港一切文武官員及平民都必須順從英王委任之港督。一百多年來中國對香港的主權中斷，香港的統治者是外國殖民主義者，在香港不可能有資產階級的民主制。

現在香港的政制既不是英國式的資產階級議會民主制，也不是美國式的資產階級總統制，而是典型的缺乏資產階級民主的殖民主義制度。港督集大權於一身，但他只是英王的代表，其權力來自英王室，王室保留有為香港立法、批准或拒絕批准香港立法局通過的法案之權，港督依法任免法官、太平紳士及其他官員，但須得王室同意。總之，香港總督的任免及處理問題的最終決定權在倫敦，法院的最終上訴審也在倫敦。

㉙《香港與中國 ——歷史文獻資料彙編》（第一集），廣角鏡出版社，1984 年，第 164 頁。

在香港的議員和高級公務人員中，長期不准華人擔任或很少華人擔任，1880 年伍廷芳被委認為第一個立法局華人代理非官守議員，1926 年周壽臣被委任為第一個行政局華人非官守議員。在政府中的高級官員中，華人與外籍官員的比例也是懸殊的，從下表中即可看出：

高級官員　　　　年份　官級	1960 年 1 月			1970 年 1 月			1980 年 1 月		
	華人	海外	華人 %	華人	海外	華人 %	華人	海外	華人 %
首長級（超級）	16	148	9.7	62	262	19.0	252	391	39.2
政務官級	7	65	9.7	40	71	36.0	129	143	49.0
警察長及督察	267	410	39.4	573	551	50.9	1055	874	54.7

從此表中可以看到華人在政府的高級職務中增長數字是很慢的。從 1947—1960 年只有 7 位華人被委任為政務官，而外籍官員則達 65 人[30]，這也表現了在香港缺乏資產階級的民主制。

第二，現在香港的立法局沒有完全的立法權，真正享有立法權的是港督。因為《英王制誥》第 7 條規定："總督參照立法局之意見及得該局同意制訂法律，以確保本殖民地之和平、秩序及良好管理。"這一規定的主語是"港督"，制定法律的是港督而不是立法局。[31] 港督可批准或拒絕批准立法局通過的法案，王室保留駁回經港督批准的法律的絕對權力，王室保留為香港立法的權力。《王室訓令》第 26 條還規定有 10 項內容的法案，總督不得以王室名義批准，總督還可隨時解散立法局。所以香港一些學者認為：立法局是

---

[30]　參見 N. J. Miners, The Government and Politics of Hong Kong, Oxford University Press, 1982. Chapter VII。

[31]　參看《辛維思政論集》，明報出版社，1987 年，第 169 頁。

港督的諮詢機構、輔弼機構、協助定例機構。[32]

行政局也是港督的諮詢機構，從《王室訓令》即可清楚地看到這一點。《王室訓令》的第 11 條規定："只有總督有權向行政局提出議案，徵詢意見並決定之。"第 10 條規定："總督在行使英王制誥授予之權力時，應就一切事項同行政局商議。"從這些規定中可以看到行政局的性質是諮詢機構。《王室訓令》第 12 條還規定："總督有權否決行政局議員之意見。"這就更加清楚地說明法律賦予了總督決定權，而行政局只是備總督的諮詢。在香港政府 1987 年出版的刊物中也可以看出這一點[33]，刊物明確指出："行政局的任務是向港督提供意見。根據王室訓令，凡制定重要政策，港督均須諮詢該局。……港督具有特權決定何種事項應向行政局提出諮詢。""根據某些條例所賦予的法定權利而提出的上訴、請願或反對，亦由港督會同行政局考慮，即港督諮詢行政局後行事。"這裏也說明了行政局只是港督的諮詢機構，會同行政局就是諮詢行政局的意思。

布政司署以前名為輔政司署，乃是輔弼港督的殖民地秘書處，是幕僚性的機構，負責人事、財務等方面的統籌協調工作和總務工作，其屬下的公務員都是王室的僕人，一定要效忠英王。[34]布政司署的主管官員是布政司，布政司是港督的首席政策顧問，香港政府的行政首長，與財政司、律政司同為有權直接晉見港督的 3 位行政人員。布政司署是政府的中央機構，其成員有主決策各科的司級人員和它所屬的工作人員。港督離港期間由布政司代理港督職務。布政司和他總管的各政府部門對港督負責。由此也可見香港總督的高度集權。

香港現行的殖民主義政制可以圖表具體說明如下：

──────────

[32] 　參看鄭宇碩編：《香港政制及政治》，天地圖書有限公司，1987 年，第 88、95 頁。香港大學學生會社
　　　會科學學會編著：《政治參與在香港》，廣角鏡出版社，1984 年，第 16 頁。

[33] 　參看《香港（一九八六年）》，第 13、14 頁。

[34] 　參考鄭宇碩編：《香港政制及政治》，天地圖書有限公司，1987 年，第 101 頁。

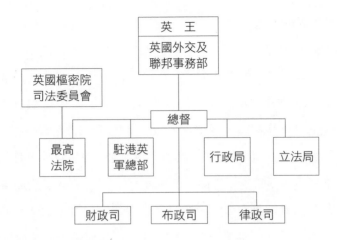

香港政府行政系統略圖

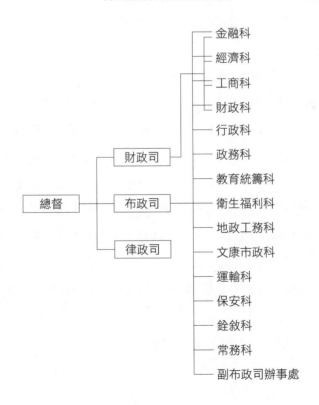

資產階級的選舉制是其民主制的一個組成部分，但是正如許多香港人士所指出，英國佔領香港 140 多年，沒有實行選舉制和推行代議制，只是到中英聯合聲明將要簽訂時，英國外交大臣於 1984 年 4 月 20 日才在香港宣佈實行代議制，其用意是非常明顯的。香港政府於 1984 年 7 月 18 日發表了《代議政制在香港的進一步發展》綠皮書，1984 年 11 月 21 日又發表了《白皮書》，建議"逐步建立一個政制，使其權力穩固地立根於香港，有充分權威代表香港人的意見，同時更能直接向港人負責"㉟。這裏可以看到英國匆忙要在香港推行代議制的真實目的。1985 年修改後的《英王制誥》第 6 條規定："立法局有 24 名依照本殖民地現行法律經由選舉產生的議員（他們稱為'民選議員'）。"這樣，1985 年香港立法局 57 名議員中第一次有了一部分由功能團體和區議會、市政局、區域市政局選舉產生的議員。香港立法局一百多年的發展史也說明了香港政制的長期殖民主義性。

4．長期形成的英國式的公務人員制度

英國的公務人員制度，又稱常任文官制度。1853 年。斯坦福·諾斯科特和查理·屈維廉對英國的文官制度狀況提出了改革意見，在他們寫的《諾斯科特 —— 屈維廉報告》中對當時的文官制度進行了尖銳的批評，提出通過考試擇優錄用文官。1855 年，帕麥斯頓內閣發佈了關於文官制度改革的樞密院令，1870 年，格萊斯頓內閣又頒佈了樞密院令，進一步規定了文官制度的改革，建立了英國的近代文官制度。隨着政府管理的複雜化、多樣化，1966 年又強調文官制度應由通才走向專業化，文官制度得到進一步發展，對文官的選拔、任用、考核、訓練、待遇、獎勵、提升、退休等都作了系統、詳細的規定。

英國的文官制度和一些西方國家一樣，有以下一些共同的特點：

㉟《香港（一九八五年）》，第 33 頁。

（1）公開考試，擇優錄用，嚴格考核，論功行賞。其目的是杜絕"任人唯親"。通過公開的或非公開的競爭考試，選拔錄用有用人才；有時還採用招聘、招募的方式，以便有針對性錄用人才。實行論功行賞的功績制是為了打破資歷、不論工作好壞、人人都晉升的弊病，而是由公務人員先做出年度工作總結，由部門的負責人擇優秀者推薦，送交有各級公務人員代表出席的聯席會議討論後，向文官委員會提出晉升申請。這種考核可以提高各級公務人員的服務效率。

（2）以法律、法規規定公務人員的地位、職責、權利、義務，公務人員依照法律、法規行使其應當行使的權利，執行其應當完成的任務，使公務人員的工作法治化。公務人員只要嚴格依照法律辦事，就不用害怕來自各方面的強權和壓力，也不用對某政黨、壓力團體或議會負責。如果他們沒有過失，就可以長期任職。這樣有利於工作的連續和穩定性。

（3）要求公務人員專業化，實行科學化管理。第二次世界大戰以後，隨着科學技術的日益發展，電子計算機等科學技術的廣泛應用於政府部門，社會事務日益複雜，政府干預經濟日益增多，愈來愈要求公務人員具有專業化知識。1966年，英國的富爾頓委員會經過調查後提出的報告指出了這一點，過去的公務人員制度偏重通才，未賦予專家、工程師以應有的職位和權利，未發揮他們應有的作用，公務人員要實行專業化，以提高行政的效率。從此以後，在英國政府中，專家和科技人員大為增加。

（4）公務人員在政治上要保持中立，不得參加某些政治活動和經濟活動。英國的政務官可以參加黨派活動並同內閣共進退；文官則不行，執行級以上的文官及某些官員可參加地方的政黨活動，但不能參加全國性的政黨活動；打字員、辦事員可參加全國性和地方的政黨活動，但不准競選議員。

（5）薪、酬、福利待遇比較優厚。為了建立一個有效率的穩定的文官制度，英國文官的待遇較優厚，文官的俸給比科學技術專門人員的俸給要高，經常參考工商企業人員薪酬和生活指數加以調整，發給額外的津貼，而且規定制度保證中下級文官的薪酬待遇比工商企業人員的薪酬高。高級文官如各部的常務次官的薪酬一般都比部長高，有的薪酬甚至和首相相接近。

香港的公務人員制度是英國文官制度的海外伸延。"雖然香港公務體系有其獨立的本地編制，但在制度上基本仿效英國的文官制度，並受到英國政府和國會名義上的控制。"⑯ 所以香港公務人員制度與英國有許多相同之處。例如，香港長俸制公務員的僱用，一般都經過公開招聘、面試或筆試，體現了公開考試、擇優錄用的原則；在試用 2 年或 3 年後，再轉為長俸制公務員；除犯有盜竊、貪污或較嚴重過失外一般不被解僱。公務人員的晉升，也有具體的規定，要經過考核，實行功績制。香港政府還對公務員經常進行訓練，以提高公務員的服務素質和工作效率。訓練方法一是在香港的高等學校或有關專業機構進行培訓，另一種方法是派往海外接受訓練，主要是就讀於牛津大學、劍橋大學。公務員的薪酬比較高，福利待遇也比較好。但是香港的公務人員制度又與英國的典型文官制度不完全相同。在英國，政黨與選舉存在於近代文官制度以前，由於"政黨分贓"的弊病和政府事務的多元複雜化等原因才產生設立專職文官體系的必要，這種文官制度的改革是從屬於政治制度的變化和改革的。香港沒有政黨，沒有由選民產生的立法機構，香港的公務人員不向選民機構負責，所以香港公務人員制度的改革主要來源於行政內部改革的需要。⑰ 如在 70 年代香港政府對中央決策和資源管理結構的改革，加強公務人員的管理訓練，都是基於這種原因。

5．名目眾多的諮詢機構

設立各種諮詢委員會是香港政制的一個特點。幾乎所有政府部門都設立了各類諮詢組織，現在香港有幾百個諮詢委員會，有幾千各界社會人士在其

---

⑯　張炳良：《香港公共行政與政策》，廣角鏡出版社有限公司，1988 年，第 19 頁。

⑰　參看張炳良：《香港的公共行政與政策》，廣角鏡出版社有限公司，1988 年，第 3—36 頁。

中服務。香港的諮詢機構為什麼這樣眾多和發展，一位香港學者分析："把本地精英分子委進政府的各部門諮詢委員會以至行政局立法局這兩個最高顧問機構，……令文官既可以維持其壟斷地位，也同時安撫精英階層，用受控制的諮詢方式，去補充政府決策隊的不足。" ㊳ 可見英國為了統治香港、維護其在香港的利益，比較巧妙地建立和利用了諮詢機構這一形式和方法。

　　儘管諮詢委員會對許多重要問題的解決，不能起決定性作用，但在尊重和聽取香港居民的意見、溝通政府與香港居民的看法、使政府做出比較能為香港居民接受的決定等方面，能給香港居民以較好的印象，能緩和政府與居民在某些問題上的矛盾，能穩定英國人對香港的管理。所以香港政府對於諮詢機構的建立和發展，也是非常滿意的。一位英國學者曾經指出了這一點："政府對自己培植的那一大堆委員會感到自豪。最近的一份白皮書誇口說：'公眾參與管理公共事務業已實現，而且在很大程度上是通過一個高度發展的諮詢機構來實現的，這是香港舞台的一個重要和典型的特色。'" ㊴

　　但是這位學者同時又指出，對這些諮詢機構的作用不能估計過高，他說："這種說法未免誇大其辭，這些委員會都有重大的局限性。" ㊵ 他認為香港各界人士對這些諮詢機構都有一些批評：如諮詢委員會的成員大多數是由港督委任的，這實際上是由有關的政府司或部門首腦決定的人選，這樣的人選對政府的提案表現非常馴順，而那些對政府的政策能提出有見識的批評意見的人就可能不被挑選，許多高層非官守成員則同時在幾個諮詢委員會任職；許多重要的諮詢委員會是由政府部門的首腦主持並掌握會議的議程，通常都是根據政府部門準備好的文件進行討論；委員會不經常開會，幾個月才開一次；對於政府部門已經考慮過或否決過的計劃，諮詢委員會沒有發表意

㊳　參看張炳良：《香港的公共行政與政策》，廣角鏡出版社有限公司，1988 年，第 11 頁。

㊴　N. J. Miners, The Government and Politics of Hong Kong, Oxford University Press, 1982, Chapter Ⅶ .

㊵　N. J. Miners, The Government and Politics of Hong Kong, Oxford University Press, 1982, Chapter Ⅶ .

見的機會。這些批評也說明在殖民主義的統治下，在諮詢機構中這些問題是
必然產生而難以完全解決的。諮詢機構的形式和方法對維護英國在香港的管
治是需要的，不少人讚美這種形式，而問題的存在也是與這一形式同時誕生
的孿生子。

（二）1997 年香港政制的主要變化

1997 年 7 月 1 日，根據中英聯合聲明中國對香港恢復行使主權，鴉片戰
爭以來英國對香港一百多年的強佔宣告結束，中華民族洗雪了歷史上的一個
恥辱，這將是香港在政治上的根本變化，香港的現行政治體制也將隨之發生
根本性質的變化，這些主要的變化是：

1．結束以港督為標誌的殖民主義政治體制

（1）港督的統治宣告結束。如前所述，香港的現行政治體制是英國按照
其對殖民地進行統治的模式建立的，其目的是為了維護英國殖民主義的利
益。中國對香港恢復行使主權時，當然要結束這一殖民主義的政制，建立一
個維護國家統一、主權、領土完整和香港的穩定與繁榮的新政治體制。港督
是鴉片戰爭後英國佔領香港的殖民主義產物和象徵，也是香港殖民主義政治
體制的標誌。港督是英女王在香港的代表，是香港政府的首長，掌握香港地
區的行政、立法大權和一定的司法權，又是香港的三軍總司令，是香港殖民
主義政治體制這個三角塔形的頂端。要結束香港現行的殖民主義政治體制，
就必須結束這個殖民主義地區的標誌 —— 港督的統治。

有些香港人士認為香港現行政制不一定要改變，這是不正確的。因為
1997 年中國對香港恢復行使主權，英國必須把香港交還中國，這是權力的交
接，是一個重大的政治問題。從政治上和法律上說，1997 年中國不能原封

不動地將香港舊政權接受下來並加以保持，而必須加以改變。這一點在中英聯合聲明中中國對香港的基本方針政策已作了明確的規定。中國只說明現行社會、經濟制度不變、生活方式不變、法律基本不變，沒有規定政治體制不變；相反地中國對香港的基本方針政策規定了 1997 年香港政制新的主要機構。為了維持香港的穩定與繁榮，中國對現行香港的政治體制主要是改變那些不符合中英聯合聲明精神和屬於殖民主義的體制，其他能不作更多更大變動的就不作大的改變，但是不等於完全不變。

也有的香港人士認為可以用"總督"的名稱，這也是不合適的。"總督"在香港來說不僅是一個名稱，更不僅是指一個人，而是一種職位、官職，是代表英王在香港實行殖民主統治的官職，是一種制度，也可以說現在香港實行的是殖民主義的總督制。對於這樣一種以總督為標誌的政治制度在 1997 年中國是不能全盤接受的。港督這個殖民主義政制的標誌和最主要的組成部分，已具有一百多年的歷史，不是一個單純的名稱問題，而必須加以改變。按照中英聯合聲明中中國對香港的基本方針政策，香港特別行政區基本法已規定香港特別行政區行政長官是香港特別行政區的首長，行政長官的性質、地位、職權與現在的港督有根本的不同，這不僅是一個名稱的改變。

香港也有人認為，對現行香港政制不作比香港特別行政區基本法第四章規定的政治體制更大的改變，就是保留殖民主義。這也是不對的。按照中英聯合聲明的內容，把其中有關政治體制的規定全部寫入了香港特別行政區基本法，這就是為了清除殖民主義的內容，結束殖民主義的政制。如果要作比"基本法"更大的改變或將香港現行政制完全改變，則有可能引起香港的劇烈震動，有損於香港的繁榮穩定，不符合聯合聲明的精神。

（2）英國在香港的軍事和外交機構宣告結束，中國人民解放軍必須進駐香港特別行政區。英國在香港駐有軍隊，港督兼任三軍總司令，但另設有英軍司令，實際負責軍事指揮，由國防部委任，由英國政府直接派駐香港的這支軍隊是維持其佔領地的主要力量，1997 年必須撤離香港。

　　按照中英聯合聲明及其附件一的規定："國防事務屬中央人民政府管理。"㊶ "中央人民政府派駐香港特別行政區負責防務的部隊不干預香港特別行政區的內部事務，駐軍軍費由中央人民政府負擔。"㊷ 從這些規定可以清楚地看到：第一，香港特別行政區的防務由中央人民政府管理，而不屬於香港特別行政區的自治權；第二，中央人民政府有權向香港特別行政區派駐部隊，要求不在香港駐軍是不符合中英聯合聲明的精神的；第三，駐在香港特別行政區的中國人民解放軍部隊不能干預香港特別行政區的內部事務，任何干涉香港特別行政區內部事務的行為，都是不符合中英聯合聲明的精神的；第四，中央人民政府派駐香港特別行政區的軍隊的軍費，完全由中央人民政府負責，而不由香港特別行政區負擔。

　　中英聯合聲明及其附件一中的這些規定是適當的。人民解放軍部隊於1997 年進駐香港特別行政區是國防的需要。世界上任何一個國家都有自己的國防，要防備和抵抗外來的侵略，保衛自己的國土，這就須要在自己的國土上駐守軍隊，特別是軍事要地和邊防地區更是如此。香港特別行政區是中國的南大門，是通向東南亞及世界其他許多地區的重要港口，無論在商業上還是軍事上都有重要價值，中國在此駐軍是完全必要的，對於保衛香港、保衛祖國大陸和南海的諸島嶼都有重要意義。何況香港遠離英國，百餘年來英國一直在香港駐軍，幾十年來香港一直要負擔英國駐軍的部分軍費。1997 年後如果要求中國不在香港駐軍，是沒有道理的。

　　為了嚴格遵守中英聯合聲明中中國對香港的基本方針政策，香港特別行政區基本法不但規定駐軍不干預香港特別行政區的地方事務，軍費由中央人民政府負擔，而且規定駐軍人員除須遵守中國全國性的法律外，還須遵守

㊶ 《中華人民共和國政府和大不列顛及北愛爾蘭聯合王國政府關於香港問題的聯合聲明》，北京外文出版社，1984 年，第 4、8 頁。

㊷ 《中華人民共和國政府和大不列顛及北愛爾蘭聯合王國政府關於香港問題的聯合聲明》，北京外文出版社，1984 年，第 17 頁。

香港特別行政區的法律，香港特別行政區政府在必要時，可向中央人民政府請求駐軍協助維持社會治安和救助災害。這也體現了中央充分尊重香港特別行政區的高度自治權，除了有關防務外，駐軍不能干預屬於香港特別行政區自治範圍內的事務。駐軍要協助香港特別行政區去做的事情，嚴格地限於兩個方面：即維持社會治安和救助災害。治安和災害的內容是明確的，不能做出別的解釋。而且駐軍協助進行這些工作，還須香港特別行政區政府認為有必要，並且向中央人民政府提出請求時，經中央人民政府批准後駐軍才能協助。"基本法"規定的對駐軍的要求是嚴格的，駐軍既要遵守全國性的法律，還要遵守香港特別行政區的法律。

　　駐軍香港特別行政區，是 1997 年中國對香港恢復行使主權的象徵。中國是一個主權國家，一個主權國家在對外關係中要相互尊重主權和主權平等、遵循國際法的基本原則。為了維護和實施其獨立自主地處理對內對外事務的權力，主權國家必須在自己的國土上擁有軍隊。所以軍隊是主權國家的象徵之一。中國要對香港恢復行使主權，管理防務，理所當然地要在 1000 多平方公里的香港土地上駐有軍隊。香港特別行政區還有海域和領空，如果不能派駐軍隊，恢復行使主權也將成為一句空話。是否在香港派駐中國人民解放軍部隊，這是一個政治和法律問題，而不是一個理論或方式、方法問題。

　　幾十年來，香港的經濟有很大的發展，香港的經濟繁榮和社會穩定，有許多因素存在，這主要是香港居民長期的辛勤經營和共同努力取得的成果，這一成果是來之不易的。1997 年中國對香港恢復行使主權，在實現國家統一和領土完整的前提下，一個極其重要的任務是維護香港的社會穩定與經濟繁榮。做到這一點要靠國家從政治、經濟、法律各方面給予保證和支持，但是國家在香港特別行政區駐軍也是一個重要的保證。現在國際軍事對峙雖然有所緩和，有利於各國人民爭取和平和發展經濟，但是局部的軍事行動、超級大國的武裝干涉仍然存在，經濟上的競爭在激烈加劇。因此，為了堅持"一個國家，兩種制度"的方針和維護香港的繁榮和穩定，也應當在香港特別行政區駐軍。

　　按照英國的規定，香港的對外關係由英國政府直接負責，例如，英國政府須負責向各國保證香港政府遵守多項與香港和英國有關的國際公約和協議。但香港有權處理某些日常對外事務和對外貿易方面的事務。

　　政治顧問是英國外交部的高級官員，借調在香港政府任職，負責就香港對外關係的政治問題向香港政府提供意見。政治顧問曾協助港督參與中英關於香港問題的談判。中英聯合聲明簽署後並繼續參與實施中英聯合聲明方面的工作。政治顧問辦事處是香港政府與外國及英聯邦政府駐香港代表溝通的主要途徑，是向香港政府提供意見，在某些情況下協調香港政府各部門一些日常事務工作，與中國各有關方面聯繫。大量的工作是促進香港各政府部門與廣東省各有關部門的聯繫，如開設新的邊境檢查站及交通聯繫設施，處理環境污染，以及人民入境、海關與電訊等問題。[43]

　　1997 年後，按照中英聯合聲明中中國政府對香港的基本方針政策和香港特別行政區基本法的規定，外交事務由中央人民政府管理，中央人民政府負責管理與香港特別行政區有關的外交事務，授權香港特別行政區依照"基本法"自行處理有關的對外事務，中國外交部在香港設立機構處理外交事務。這樣，香港現在所設立的政治顧問辦事處和政治顧問的工作，理所當然地應當宣告結束。

　　（3）香港現行立法局宣告結束。立法局是港督的主要諮詢機構之一。按照《英王制誥》的規定，立法權在港督。但是立法局卻給一些香港人士以印象，似乎立法局真正享有立法權。《英王制誥》這種精巧的規定就是要使立法局成為港督統治香港的一個有力助手，從立法方面協助港督，既使港督能夠集權，又使人們感到在香港似乎不是港督高度集權統治，而是在實行公平

---

[43]　參見《香港（一九八九年）》，第 55、56 頁，《香港（一九八六年）》，第 21、22 頁。

的法治。所以立法局可以說是香港殖民主義政治體制的巧妙組成部分。1997年，立法局應當宣告結束，建立新的香港特別行政區的立法機關。

有人認為，香港立法局的名稱可以不變，甚至機構也可以不變，直接成為香港特別行政區的立法機關。實際上，長期以來香港立法局的議員多為外籍人士，而且是委任的，只是 70 年代以來華人才逐漸增多，80 年代中才有少部分議員由選舉產生，即使現在的立法局的成員大多數還是委任的，這怎能說它是代表機構？

香港立法局是在《英王制誥》、《王室訓令》的規定下建立和發展起來的，也就是在英國的殖民統治和法律規定下組成的。1997 年，中國對香港恢復行使主權，當然不能承認一個按照英國法律由英國人成立的立法機關。這裏涉及的是國家的主權和法律問題，而不是一簡單的立法局名稱問題。中國當然要按照中國的法律也就是香港特別行政區基本法來建立新的香港特別行政區立法機關，而不能原封不動地將香港立法局直接變為香港特別行政區的立法機關。

1997 年宣告香港立法局的結束是中國莊嚴的主權和法律問題，也是中英聯合聲明中中國對香港的基本方針政策和附件一的精神。附件一第一部分說明："香港特別行政區立法機關由選舉產生。"這裏說的是：第一，要"產生"立法機關，而不是原封不動地將香港立法局變成新的立法機關；第二，要產生的是"香港特別行政區立法機關"，而不是"香港立法局"；第三，立法機關由"選舉"產生，而不是委任，所以，按照中英聯合聲明的精神，香港立法局也應該於 1997 年宣告結束。

有人認為，堅持結束立法局是一種狹隘的民族主義立場，不符合香港是一個國際金融和商業城市的情況。這種觀點是不正確的。消除殖民主義的政治體制，這是一個被壓迫民族的正義立場，結束香港的殖民主義政治體制，是中國人民正義的行為和應有的品德，這與狹隘的民族主義毫無共同之處。香港是一個國際金融城市和自由港，有少數外國人在香港定居，所以香港特別行政區基本法並未規定香港永久性居民中的外國人不能擔任香港特別行政區立法機關的議員，也沒有規定香港特別行政區的公務人員、法官不能由香港特別行政區永久性居民中的外國人擔任，只是規定了立法會議員的一定比例和少數公職必須由在外國無居留權的香港永久性居民中的中國公民擔任。

1997 年宣告香港立法局的結束，並不等於排斥香港特別行政區第一屆立法機關可能與香港立法局之間的銜接，只要中英雙方能夠合作，香港立法局雖然結束，但它與香港特別行政區第一屆立法機關的銜接，還是可以實現的。

（4）香港的行政局及布政司署宣告結束。行政局是港督的主要諮詢機構之一。按照《王室訓令》的規定，除了有關任免、紀律制裁及緊急事項外，港督決定的一切事情都要同行政局商議。港督與行政局成員的關係是商量、諮詢的關係。但是有人認為行政局是行政機關，這是不夠確切的。所謂行政機關是指執行法律、管理行政事務的機關。香港的行政局與此並不一致，它在法律上只是起一種諮詢的作用。有權向行政局提出議案的只有港督一人，能否決議員意見的是港督，主持行政局會議的也是港督。所以確切地說，不能認為行政局就是行政機關。但行政局的組成人員是有權力和地位的，它商議的是香港的一些重要事項，起了重要的參謀作用和集體決策作用，對港督有重要影響。香港政府向立法局提出的法案，通常先要經過行政局。所以行政局仍然是香港殖民主義政制的重要組成部分，必須宣告結束。

1997 年後，在香港特別行政區政治體制中原封不動地保留行政局這樣的機構顯然是不對的。但是參考原來行政局中某些可以利用的因素，加以改造，用來建立香港特別行政區政治體制中新的類似機構，則是可行的。既是新建立的機構，雖然有些類似，就不能與舊的行政局混為一談，視為殖民主義的東西。相反地，能夠參考原來機構中一些可以利用的因素，盡量避免由於政制的改變而給香港社會帶來更大的震動，有利於香港的穩定和繁榮，這是符合香港的實際情況，也是符合中英聯合聲明的精神的。

布政司署是香港政府的中央行政機構，由各科組成，布政司署的成員有主決策各科的司級人員及其屬下工作人員，各科首長向布政司述職，政府部門首長向各科的司級首長負責，但核數署署長、廉政專員等則直接向港督述職。在港督管轄下的這樣一個集權的中央行政機構處理香港的各項行政事務，直接為港督和倫敦管治香港服務，當然應當宣告結束，代之以新的香港特別行政區政府，這在香港特別行政區基本法中已經作了明文規定。

長期以來，香港政府的司級官員主要由英國人擔任，最近一個時期，情況雖然略有變化，有一些華人擔任了司級官員，但基本情況未變，1997 年後這種狀況當然也要宣告結束。

（5）英國樞密院司法委員會作為香港的最高上訴機關的地位宣告終結。這個司法委員會是英國自治領及殖民地的最高上訴機關，由現任樞密院議長、現任或曾任大法官、曾任高級司法官的樞密院議員、上議院法官議員及各自治領與殖民地高等法院委派的法官組成。司法委員會開庭時由三至五名成員組成。上訴案件提交樞密院以前，需經批准，民事案件只有牽涉巨大金額，經香港最高法院上訴庭批准或樞密院司法委員會批准，刑事案件只有涉及重大法律的案件，經樞密院司法委員會批准，才能上訴。這種訴訟制度也體現了殖民主義色彩，應當加以改變。

按照中英聯合聲明的精神，終審權屬於香港特別行政區終審法院，終審法院將成為香港特別行政區最高上訴機關，並可根據需要邀請其他普通法適用地區的法官參加審判。香港特別行政區基本法也明確規定了這些內容。[44]

2．建立符合"一個國家，兩種制度"、香港實際情況的民主政治體制

1997 年，香港現行殖民主義的政治體制應當宣告結束，建立一個新的香港特別行政區政治體制。這一體制的行政、立法、司法三機關應當是什麼

---

[44] 參見《中華人民共和國政府和大不列顛及北愛爾蘭聯合王國政府關於香港問題的聯合聲明》，北京外文出版社，1984 年，第 9、10 頁。

樣的關係，這一體制採取什麼形式？對於這些問題在 1986 年 11 月香港特別行政區基本法起草委員會政治體制專題小組的第四次小組會上，經過熱烈的討論，委員們曾達成一個共識，向香港特別行政區起草委員會提出報告。這一共識是："司法獨立，行政機關和立法機關互相制衡、又互相配合的原則"。⑤

　　司法獨立是指司法機關即法院獨立地行使審判權，不受行政機關即政府、立法機關即立法會、社會團體和個人的干涉。這是香港現行司法體制的重要原則，1997 年後應予保留。香港特別行政區基本法第 85 條對此作了明確的規定："香港特別行政區法院獨立進行審判，不受任何干涉，司法人員履行審判職責的行為不受法律追究"。第 80 條還規定："香港特別行政區各級法院是香港特別行政區的司法機關，行使香港特別行政區的審判權"。這又從另一方面說明，審判權只屬於香港特別行政區各級法院，行政機關、立法機關沒有這一權力。

　　香港特別行政區基本法第 2 條、第 19 條第 1 款都規定：香港特別行政區享有 "獨立的司法權和終審權"。這就將司法獨立的原則全面地反覆地規定在《基本法》中，以確保司法機關能公平執行法律。雖然在法律條文上有些重複，但從《基本法》的整體上看還是可以的。

　　1997 年後，香港特別行政區的行政機關和立法機關都具有一定的權力，權力過大地集中於某一機關，將不利於香港特別行政區的穩定和發展。在 "一個國家，兩種制度" 的方針下，行政機關和立法機關的權力如果能互相有所制衡，使行政、立法兩機關能夠依照法律正確行使自己享有的職權，並起着互相監督的作用，這將有利於香港特別行政區的政治體制的運行，有利於香港特別行政區的經濟的發展。

　　行政長官、行政機關與立法機關的相互制衡關係主要體現在《基本法》

⑤ 《中華人民共和國香港特別行政區基本法起草委員會第三次全體會議文件彙編》，第 32 頁，香港特別行政區基本法起草委員會秘書處編，1986 年。

第 49、50、52、64 條以及第 73 條第 9 項。這些條文規定的內容是：

（1）在法律規定的條件和程序下，行政長官對立法機關有解散權。《基本法》第 49 條規定："香港特別行政區行政長官如認為立法會通過的法案不符合香港特別行政區的整體利益，可在三個月內將法案發回立法會重議，立法會如以不少於全體議員三分之二多數再次通過原案，行政長官必須在一個月內簽署公佈或按本法第 50 條的規定處理"。第 50 條又規定："香港特別行政區行政長官如拒絕簽署立法會再次通過的法案或立法會拒絕通過政府提出的財政預算案或其他重要法案，經協商仍不能取得一致意見，行政長官可解散立法會。行政長官在解散立法會前，須徵詢行政會議的意見。行政長官在其一任任期內只能解散立法會一次"。可見行政長官對立法會有相對的解散權。現在的港督對立法局則有無條件的解散權。

（2）在法律規定的條件和程序下，立法機關有使行政長官辭職的權力。《基本法》第 52 條規定："香港特別行政區行政長官如有下列情況之一者必須辭職：（一）……；（二）因兩次拒絕簽署立法會通過的法案而解散立法會，重選的立法會仍以全體議員三分之二多數通過所爭議的原案，而行政長官仍拒絕簽署；（三）因立法會拒絕通過財政預算案或其他重要法案而解散立法會，重選的立法會繼續拒絕通過所爭議的原案。"可見立法會在法定條件下可以迫使行政長官辭職，現在香港則沒有這種規定。

（3）行政機關對立法機關負責。《基本法》第 64 條規定："香港特別行政區政府必須遵守法律，對香港特別行政區立法會負責：執行立法會通過並已生效的法律；定期向立法會作施政報告；答覆立法會議員的質詢；徵稅和公共開支須經立法會批准。"這裏所說的"負責"的含義，大體類似香港現行的做法和包含的內容，也是中英談判時所指的"負責"的含義。由於基本法第 59、60 條的規定，香港特別行政區政府是香港特別行政區行政機關，政府的首長是行政長官，政府設布政司、財政司、律政司和各局、處、署。所以行政機關對立法機關負責。當然包括行政長官和他所提名並經中央人民政府任命的主要官員在內，都要對立法機關負責。有人認為行政長官可以不對立法會負責，這與《基本法》第 59、60 條的規定是不相符的，是對《基本法》的精神的誤解。

對"負責"一詞存在着不同理解和分歧，有人認為"負責"是上下級的關係、從屬關係，即下級服從上級的關係，或者說類似國務院對全國人民代表大會負責的關係，相當於英文中的"responsible"一詞的含義。這一理解是不確切的。"基本法"現在這樣的規定是比較適當的，第一，條文完全按照中英聯合聲明的內容如實地作了明文規定；第二，條文對"負責"的內容作了符合中英談判時的實際情況的規定；第三，更為重要的是這一條文正確地規定了行政機關和立法機關的分工與制約。政權機關的工作是複雜而繁重的，應當有明確和恰當的分工，行政機關主管行政管理工作，立法機關制定和修改法律，本條明確地體現了這種正確的分工，而且從執行法律、作施政報告、答覆質詢、徵稅與公共開支須經立法會批准等四個方面說明了立法機關對行政機關的制約，這種制約關係也是正確的、適當的。這就是英文中"accountable"的含義，也大體符合香港現在的實際情況，而不同於內地的行政機關、審判機關、檢察機關對國家權力機關負責的內容。

（4）立法機關有權彈劾行政長官。《基本法》第 73 條第 9 項規定："如立法會全體議員的四分之一聯合動議，指控行政長官有嚴重違法或瀆職行為而不辭職，經立法會通過進行調查，立法會可委託終審法院首席法官負責組成獨立的調查委員會，並擔任主席。調查委員會負責進行調查，並向立法會提出報告。如該調查委員會認為有足夠證據構成上述指揮，立法會以全體議員三分之二多數通過，可提出彈劾案，報請中央人民政府決定"。行政長官具有重要的政治地位，掌握着一定的權力，其行為對香港特別行政區及其居民的影響甚大，因此賦予立法會以彈劾權，對行政長官進行監督和制約，這是必要的。但是香港現在對港督並沒有這樣的制度。

從以上所引的第 49、50、52 等條文看，行政長官有解散權，立法會有要求辭職權，都是為了使二者能正確地行使自己的職權，合理地進行分工，各得其所，以達到互相制衡的目的。而行政長官要行使解散權，立法會要迫使行政長官辭職都是很不容易、受到法律嚴格限制。行政長官在行使解散權的時候，還要考慮到可能帶來被要求辭職的後果，立法會再次通過行政長官發回重議的法案或拒絕通過政府提出的財政預算法案或其他重要法案的時候，還要考慮到可能帶來被解散的後果。所以這種互相制衡又是希望行政長官不要輕易地行使解散權，立法會不要輕易地通過發回重議的法案或拒絕通過財政預算法案或其他重要法案，而是二者既要互相制衡，又要互相配合。

　　"基本法"規定的行政與立法機關的相互制衡關係是從香港的實際情況出發的，沒有照搬別的國家的做法，沒有採取通常的責任內閣制的做法，即議會可以對內閣投不信任票，內閣必須總辭職或總理提請國家元首解散議會。這樣做的結果，在實行多黨制的國家而又沒有一個政黨能在議會中佔有多數議席時，常常造成內閣的頻繁變更，政府非常不穩定，影響國家經濟的發展和社會的安定。現在西歐有的國家就是此情況。香港特別行政區是中華人民共和國的一個享有高度自治權的地方行政區域，不是一個國家，而且它的面積很小，所以不宜採取類似一個國家的責任內閣制，不宜採取投不信任票的辦法，也不能輕易地解散立法機關。這樣的制度容易造成香港特別行政區局勢的動盪，不利於香港居民的生活和經濟繁榮。香港特別行政區這樣小的地方是經受不起這樣動盪的，對於這一點不輕易增寫，採取極其謹慎的態度，香港特別行政區基本法起草委員會的這一立場是正確的。

　　行政機關與立法機關之間除了互相制衡的關係外，"基本法"還強調行政與立法機關二者之間的互相配合，這是香港特別行政區基本法起草委員會政治體制專題小組起草政治體制方面條文的一個重要出發點，也是香港特別行政區政治體制的一個特點，它與三權分立的觀點只講制衡是不相同的，它非常重視行政與立法機關之間的互相配合。

　　香港特別行政區享有高度自治權，對於屬於它的自治權範圍內應當管理的事務，中央不會干預。在香港特別行政區實行的是不同於內地的資本主義制度，在這種情況特殊的條件下，香港特別行政區的行政與立法機關的互相配合更顯得重要。如果行政與立法機關經常處在矛盾和不協調之中，對於香港特別行政區及其居民將極為不利。

在香港特別行政區政治體制中，制衡與配合兩方面，缺少任何一個方面都是不適當的。只講配合，不講制衡，容易產生對某些機關缺乏監督；只講制衡，不講配合，不利於行政、立法機關的工作和香港的繁榮、穩定。行政與立法機關之間的關係不是上下級之間的關係、領導與被領導的關係，而應是既互相制衡、又互相配合的關係，使各項工作能夠得到有秩序地協調發展。

行政長官、行政機關和立法機關的相互配合主要體現在《基本法》的第 54、55、56 條。第 54 條是說在香港特別行政區建立一個名為"行政會議"的機構，這是一個協助行政長官進行決策的機構。第 55 條規定："行政會議的成員由行政長官從行政機關的主要成員、立法會議員和社會人士中委任，其任免由行政長官決定。"第 56 條規定，除人事任免、紀律制裁和緊急情況外，行政長官在做出重要決策、向立法會提交法案、制定附屬法規和解散立法會前，須徵詢行政會議的意見。這就是要用行政會議對行政長官、行政機關與立法機關起着互相配合的重要作用。

因為行政會議中有來自立法機關的成員，有來自行政機關的主要官員，可以使行政長官在決定問題時，既能聽到來自立法機關與行政機關的相同意見，也能聽到立法機關與行政機關的不同意見，便於行政機關和立法機關之間互相溝通情況，對兩機關之間的不同意見進行磋商和協調，使行政與立法機關能互相配合。在行政會議中還有社會人士，使行政長官在決定問題時經常能聽到社會人士的意見，便於行政長官瞭解社會上各方面的意見和情況，而且社會人士還可以對行政和立法機關二者之間的分歧意見，進行協調，促進行政機關和立法機關二者的互相配合。

綜上所述，1997 年香港特別行政區的政治模式是：司法獨立，行政機關和立法機關互相制衡、又互相配合。它不是議會制、總統制、現行的總督制和中國的人民代表大會制，而是"一個國家，兩種制度"下的，適合於香港情況的民主的地方政治體制。

3．建立香港特別行政區的行政長官、政府、立法會和終審法院

隨着香港殖民主義政制的結束，1997 年必須建立中華人民共和國香港特別行政區的主要政制機構，這就是行政長官、政府、立法會和終審法院。依據中英聯合聲明中中國對香港的基本方針政策以及對這些方針政策的具體說明，根據香港特別行政區基本法的規定和全國人大關於香港特別行政區第一屆政府和立法會產生辦法的決定，上述四個主要機構是必須建立的，也是1997 年後香港政制的根本變化。

主要機構的建立就意味着原有的政制及其主要機構必須結束。但主要機構的建立並不表示原有香港的所有機構都要全部改變。按照中英聯合聲明的精神，可以不變的就不一定改變，應該留用的公務人員還要留用，不應改變的制度就不予改變，可以參考的優點還應汲收或保留；機構的改變除應維護國家主權外，還要考慮香港的穩定、繁榮和平穩過渡；上述四個主要機構建立的時間和方式也還要根據不同的具體情況分別有所不同，與中英雙方能否合作得好也有一定的聯繫。

（1）行政長官。依據香港特別行政區基本法，行政長官必須在 1997 年 7月 1 日正式任命和就職。其名稱、產生的辦法、權力的來源、代表的主體、管理的性質、對之負責的對象以及本人的國籍，都與現在港督不同，發生了根本的變化。

根據香港特別行政區基本法的規定，行政長官在當地由選舉或協商產生，必須是年滿 40 周歲、在香港通常居住連續滿 20 年並在外國無居留權的香港特別行政區永久性居民中的中國公民，由中央人民政府任命，權力來源

於中央，代表香港特別行政區，對中央人民政府和香港特別行政區負責，體現了中國人民當家作主、"港人治港"的權利。

中英聯合聲明中中國對香港的基本方針政策規定，香港特別行政區設行政長官。香港特別行政區基本法起草委員會政治體制專題小組曾多次討論行政長官這一名稱，認為不能再沿用"總督"這一舊名稱，是否可改用別的名稱，如以主席、區長、市長、主任等代替行政長官，也曾參考香港各界人士提出的意見，但認為上述名稱與中國其他許多行政區域負責人的名稱多有雷同，容易混淆，不如仍用行政長官為好。而且在起草"基本法"的過程中行政長官這一名稱已經用了幾年，也習慣了，過去在中國也用過行政長官的名稱，現在還找不到比行政長官更好的名稱，最後決定還是採用行政長官之稱。

行政會議的設立雖然參考了原行政局的一些做法，但其性質、作用、組成人員的國籍與原行政局已有根本的不同。香港特別行政區基本法起草委員會政治體制專題小組在討論中認為，行政局的英文翻譯名詞仍可用 The Executive Council，中文名稱應改變。也有贊成用行政會的，認為會議不是一個機構，但各國有許多"會議"也用以表示機構，後來確定還是用行政會議的名稱。

（2）政府（即香港特別行政區政府）。其產生辦法、性質、作用、主要官員的國籍已與原來的香港政府根本不同。它是中華人民共和國中央人民政府直轄的一個享有高度自治權的地方政府，它是為香港特別行政區居民服務的，它的主要官員由行政長官提名、中央人民政府任命，必須是在外國無居留權的香港特別行政區永久性居民中的中國公民，體現了中國的主權和港人治港的原則。

政府的概念和範圍也與原香港政府不同。原香港政府被認為是殖民地的中央政府，是一個包括港督、行政局、立法局、法院及布政司署等在內的大政府的範圍和概念，而布政司署則是這一政府的中央行政機構，行政局又有被視為一個國家的內閣的。

根據香港特別行政區基本法的規定，政府包括行政長官、政務司、財政司、律政司和各局、處、署。這一政府的概念明顯地不同於大的廣義的政府概念，範圍較窄。這裏的政府根據香港特別行政區基本法的規定，也就是行政機關，要對立法機關負責。

關於各"司"的名稱，香港特別行政區基本法起草委員會政治體制專題小組認為：第一，司的名稱有些要改，如布政司，這是清朝時期用的名稱，不但是原香港政府的舊名稱，而且是封建時代的官府名稱，在內地許多人已不懂其意義，所以要改。為了使政務司、財政司、律政司與其他司級官員有區別，將這三個司以外的司級改為"局"，也可與內地的職位相銜接。在諮詢中香港一些人士不贊成用"廳"，所以沒有用"廳"的名稱。有的名稱可以不改的則不作改動，如財政司、律政司。

（3）立法會（即香港特別行政區立法機關）。它的產生辦法、性質、職權，作用與原香港立法局也有根本的不同。它的全部議員由選舉產生，它不是一個諮詢性的立法機構，而是真正享有立法權的機關，它的職權已較原香港立法局的權限大得多，以行政長官為首的行政機關要對它負責，受它制衡。

立法局是香港政府的主要諮詢性立法機構，其名稱當然以改名為宜。香港特別行政區基本法起草委員會政治體制專題小組經過多次討論，將立法機關定名為立法會議。在向香港各界人士諮詢時，也有一些人提出意見，後來決定改名為"立法會"，英文譯名仍為"The Legislative Council"。

（4）終審法院（即香港特別行政區終審法院）。這是香港過去所沒有的新審判機關。根據中英聯合聲明附件一和香港特別行政區基本法的規定，終審法院是香港特別行政區最高一級的法院。它的建立體現了國家主權和香港特別行政區的高度自治。其法官亦須由在外國無居留權的香港特別行政區永久性居民中的中國公民擔任。這是對香港原有司法體制的一個重大改變，也是在司法方面清除殖民主義影響的一個表現。

　　香港特別行政區基本法起草委員會政治體制專題小組在討論終審法院的名稱和設置時，有的建議設一終審庭，平日只有一個終審庭法官的名單，到需要開庭時，才有幾位法官出席開庭，這樣可以節省開支，較易邀請到其他普通法地區的合格的法官。經過專題小組研究，認為對於香港司法體制的這一重大變化，還是以設立終審法院為宜。

　　以上簡略地說明了 1997 年建立香港特別行政區政制與 1997 年前相比所產生的重大變化。

（原載《一國兩制與香港基本法律制度》，北京大學出版社 1990 年 5 月出版）

第四章

香港特別行政區
行政長官與行政機關

一

行政長官的法律地位和資格

（一）行政長官的法律地位

　　依據中英聯合聲明中中國對香港的基本方針政策，香港特別行政區設立行政長官。從聯合聲明的文字和內容來看，行政長官是香港特別行政區行政長官，是整個特別行政區的首長，而未說明行政長官是否為行政機關的首長、政府的首長。從香港的實際情況看，香港是一個國際金融和商業城市，1997 年後對國外享有一定的對外事務的權力，在文化和經濟上享有以 "中國香港" 的名義，單獨地同世界各國、各地區及有關國際組織保持和發展關係，簽訂和履行有關協議的權力；在一些對外事務和交往中，也需要有人代表香港特別行政區進行實質或禮儀性的活動，需要由行政長官這樣一個職位來代表。1997 年後，香港特別行政區有許多行政事務要與中央聯繫，也需要行政長官代表香港特別行政區與中央人民政府聯繫。因此，"基本法" 第 43 條規定："香港特別行政區行政長官是香港特別行政區的首長，代表香港特別行政區。" 這就是行政長官的法律地位。

　　有人認為，既然行政長官是特別行政區的首長，那麼，可在行政長官之前加 "最高" 二字。其實，就特別行政區本身範圍而言，已沒有比行政長官更高的職位，所以 "最高" 二字已無再加之必要。有人認為此條應寫作特別行政區 "行政機關" 或 "政府" 的首長。香港特別行政區基本法起草委員會政治體制專題小組在討論中認為，第 43 條主要是說明行政長官在特別行政區中的法律地位，如果加上 "行政機關" 或 "政府" 等字，則行政長官就不是特別行政區的首長，因而降低了行政長官應有的法律地位，有些應以特別行政區首長身份對內對外行使的權力或應進行的活動，就無人去做了。否定行政長官作為特別行政區首長的觀點是不適當的。

還有人主張寫"香港特別行政區的首長為行政長官，領導特別行政區政府行使本法所授予的權力"。這裏也有類似的問題，既然承認行政長官是特別行政區的首長，但又規定行政長官只行使領導政府應行使的權力，這就互相矛盾了，其實行政長官的權力還要廣一些。

"基本法"賦予了行政長官以雙重身份，即特別行政區的首長和特別行政區政府的首長，這在"基本法"第 43 條和第 60 條作了規定。這種具有雙重身份的法律地位的好處是：（1）將行政權主要集中於行政長官，但又不是全部大權集中於一人，如現在的香港總督那樣。行政長官有立法會的制衡、行政會議的協助決策，其下還有政務司，這有利於提高行政工作效率，適應香港經濟的發展；（2）比較適合香港的實際情況。港督本來集行政、立法及一定的司法權和軍權於一身。如果行政長官只有分散的行政權，將使香港特別行政區的行政工作易處於鬆散或各自為政狀態。行政長官的雙重身份有利於逐步改變過去的權力高度集中，而又避免各自為政、政出多門的狀態。

根據這樣的考慮，有人提出設立一個副行政長官就不必要了，設立副行政長官的結果，一是可能形成權力分散或不協調，一是副行政長官可能無事可做，形同虛設。

香港特別行政區行政長官由香港永久性居民在當地通過選舉或協商產生，由中央人民政府任命後，他當然有資格代表香港特別行政區，依照"基本法"的規定以香港特別行政區的名義進行活動。但是，行政長官不是中央人民政府在香港特別行政區的代表，這一點與港督是英王在香港的代表完全不同。中央人民政府任命行政長官，是意味要經中央認可、授權，行政長官才能就職行使權力。

"基本法"第 43 條第 2 款規定："香港特別行政區行政長官依照本法的規定對中央人民政府和香港特別行政區負責。"既然第 43 條第 1 款規定行政長官是特別行政區的首長，是經選舉或協商產生而又由中央任命的，受香港居民的委託和信任，獲中央之同意和授權，相應地行政長官要對中央人民政府和香港特別行政區負責。這是當然的法律義務。

"負責"的含義是清楚的。行政長官要依照"基本法"所規定的中央所授予的權力和職責，努力完成這些任務，實現香港特別行政區居民的委託，這就是"負責"。這裏的負責包含兩方面的意思和內容，對上對下都要負責，從第 43 條第 2 款的規定看，這一點是明確的。所以負責的內容既不是含糊不清，也不是可以任意解釋，而是根據條文本身及其上下文的含義，有嚴格規定的。

這裏所講的"負責"與行政機關對立法機關的"負責"，是否相同？從都要"依照基本法的規定"負責而不能離開"基本法"這一點上說，兩個"負責"的含義是相同的。但是，由於這些機關的地位各不相同，"基本法"對它們所規定的負責的具體內容不同，從這一點上說，這兩個"負責"又有不同。

（二）行政長官的資格

行政長官具有雙重身份和重要法律地位，因此"基本法"第 44 條對行政長官的資格作了以下規定："香港特別行政區行政長官由年滿 40 周歲，在香港通常居住連續滿 20 年並在外國無居留權的香港特別行政區永久性居民中的中國公民擔任。"

香港特別行政區基本法第 26 條規定："香港特別行政區永久性居民依法享有選舉權和被選舉權。"只要是香港的永久性居民，具備了法律規定的條件，就有選舉權和被選舉權。現在香港的永久性居民有選舉權的年齡為 21 歲，為什麼行政長官當選的年齡需要滿 40 周歲？主要原因是行政長官的地位重要、影響較大、任務繁重，需要有較豐富的工作經驗和能力，年齡太小，一般地說難以勝任，年齡略為大一些，可能好一些。在香港特別行政區基本法起草委員會政治體制專題小組討論時，曾提出三種年齡：35 歲、40 歲、45 歲，當時認為 45 歲不太適合，年齡大了些。因為中國國家主席的當選年齡為 45 周歲，行政長官的當選年齡不應和國家主席一樣大。政治體制專題小組討論中還認為，35 周歲可能年輕了一些，經驗不夠多，難以擔當行政長官的重任。多數人認為 40 周歲比較合適，既可具有一定工作經驗又不是年齡太大，比較符合 1997 年香港回到祖國的實際情況。

按照"基本法"的規定，香港特別行政區永久性居民的居住年限是指在香港通常居住連續 7 年以上者，但對行政長官的居住年限則作了很嚴格的要求，即需要滿 20 年。香港特別行政區基本法起草委員會政治體制專題小組在討論中提出了兩種居住期限：一為 15 年，一為 20 年。專題小組認為香港永久性居民的情況比較複雜，內地也經常有人到香港定居，因此行政長官的居住期限應當很嚴格，於是決定為 20 年。

依據中英聯合聲明附件一的規定："各主要政府部門（相當於'司'級部門，包括警察部門）的正職和某些主要政府部門的副職"不能由外籍人士擔任 [1]，行政長官的地位高於司級官員，當然應由香港特別行政區永久性居民中的中國公民擔任，永久性居民中的外籍人士沒有資格擔任此職。

1984 年，中英雙方交換了備忘錄，這兩個備忘錄的內容和措詞都是經過雙方商定的，後來中英雙方將兩個備忘錄列在聯合聲明附件三之後，英方備忘錄明確規定："凡根據聯合王國實行的法律，在 1997 年 6 月 30 日由於同香港的關係為英國屬土公民者，從 1997 年 7 月 1 日起，不再是英國屬土公民，但將有資格保留某種適當地位，使其可繼續使用聯合王國政府簽發的護

---

[1] 《中華人民共和國政府和大不列顛及北愛爾蘭聯合王國政府關於香港問題的聯合聲明》，北京外交出版社，1984 年，第 1 頁。

照，而不賦予在聯合王國的居留權。"② 英國政府這個備忘錄這段話的內容是
指 1997 年 7 月 1 日以前的香港 "英國屬土公民"，從 1997 年 7 月 1 日起不再
是 "英國屬土公民"，在英國沒有居留權。同時說明 "英國政府將尋求國會
批准立法，以適當的名稱，給予英國屬土公民一種新的身份，這種身份不會
給予他們目前並不享有的在英國的居留權……"③ 但是，1989 年 12 月 20 日英
國政府單方面宣佈決定給予 5 萬戶（計 22.5 萬人）香港居民以包括在聯合王
國居留權在內的完全英國公民地位。這與英方上述備忘錄極不相符，違背了
它自己的莊嚴承諾和中英雙方的商定。英國還宣稱，他們將在上述 5 萬戶中
保留相當數額，以便在臨近 1997 年的 "稍後的年代中" 給 "那些可能在香港
進入關鍵崗位的人以機會"④。考慮到香港永久性居民中的複雜情況和上述這
一變化，香港特別行政區基本法起草委員會政治體制專題小組對行政長官的
資格又作了 "在外國無居留權" 的規定，以保證行政長官必須是香港特別行
政區永久性居民中的中國公民。

　　"基本法" 還規定了對行政長官的要求：

　　1. 依法宣誓。宣誓在英美等西方國家較為流行，官員在就職時要依法
進行宣誓。香港特別行政區要貫徹 "一個國家，兩種制度" 的方針，對於有
益於香港特別行政區的一些具體做法，也可以參考或適當地吸收。香港總督
和一些官員就職時也要宣誓，效忠英女王。1997 年後，行政長官是中國香
港特別行政區的首長，與港督的地位和作用根本不同，但是要求行政長官進
行宣誓這種具體做法還是可以採取的。行政長官的地位很重要，對香港特別
行政區的影響很大，對行政長官提出比較嚴格的法律上的要求，是完全應該
的。宣誓也是這種要求之一，是一種起碼的法律要求。因此，"基本法" 對

---

② 《中華人民共和國政府和大不列顛及北愛爾蘭聯合王國政府關於香港問題的聯合聲明》，北京外交出
　　版社，1984 年，第 63 頁。

③ 《香港（一九八五年）》，第 23 頁。

④ 參見 1989 年 12 月 31 日《人民日報》。

此作了明確的規定。

2．擁護"基本法"，效忠中華人民共和國香港特別行政區。宣誓是一種法律形式和具體措施，擁護《中華人民共和國香港特別行政區基本法》與效忠中華人民共和國香港特別行政區則是宣誓的主要內容。"基本法"第104條對此做出明確的規定是必要的。對香港特別行政區行政長官提出這樣的要求是起碼的、適當的，行政長官要很好地貫徹"一個國家，兩種制度"的方針，履行其法定職責，就要遵守、維護、堅持香港特別行政區基本法，嚴格按照"基本法"的精神和規定辦事，要求和監督香港特別行政區行政機關和公務人員遵守"基本法"，要忠於自己的國家和香港特別行政區，不能做有損於國家和香港特別行政區的事情。"基本法"規定了行政長官宣誓的主要內容，這些內容就具有法律約束力。

3．廉潔奉公、盡忠職守。"基本法"第47條規定"香港特別行政區行政長官必須廉潔奉公、盡忠職守"。公務人員應當秉公、依法辦事，為官清廉，節約開支，這是一個好公務人員的必備條件，也是應當遵守的法紀。作為一個特別行政區的行政長官，更應清正廉明，為下屬公務人員做出榜樣，使整個行政機關能奉公守法，成為清廉的機構。"基本法"還規定，行政長官就任時應向香港特別行政區終審法院首席法官申報財產，記錄在案。這是從組織上、法律上監督行政長官保持廉潔的一個重要措施，促使行政長官樹立廉潔作風。

行政長官具有雙重身份的法律地位和應有的職權，負有重要的責任，因此"基本法"要求行政長官忠於職守，能依照法律規定行使他的職權，做好他應當完成的各項工作，負起他應當擔負的責任。行政長官能否忠於職責，在香港特別行政區政府以及與立法機關的相互關係中，都有重要影響和作用。"基本法"對行政長官提出這樣的要求，是完全應當的。

4．在一定情況下必須辭職。"基本法"第52條規定，因嚴重疾病或其他原因無力履行職務時，行政長官必須辭職。這是考慮到行政長官的地位和對香港的重大影響，在一定情況發生時“基本法”應有相應的規定，以保證香港特別行政區的行政工作和其他工作能夠正常進行，不致因為行政長官病重而發生無人管理的狀態，或者因為其他的原因而發生行政長官不能完成其法定職責。在這裏規定的辭職帶有一定的法律上的強制性，在這些情況下行政長官必須辭職。

“基本法”第 52 條還規定了在另外兩種情況下行政長官必須辭職：因立法會被解散後重選的立法會仍以全體議員三分之二多數通過行政長官拒絕簽署的法案，或者仍拒絕通過行政長官提出的財政預算法案或其他重要法案。如前所述，這種辭職的要求則屬於行政與立法之間的相互制衡，以保證香港特別行政區的行政與立法機關能正常地運轉。

二

行政長官的產生和任期

（一）行政長官的產生

行政長官按什麼方法產生，不僅僅是一個技術和方式問題，實質上牽涉到各個階層的利益，涉及權力的分配。政制的模式包括行政長官的產生方法，歸根到底又是為經濟利益服務的。工商業者擔心在 1997 年後直接選舉的比例大，香港特別行政區會逐步走向一些福利國家的道路，實行“免費午餐”，影響他們的經濟利益。而主張實行一人一票、用普選產生行政長官者，則希望有更多的參政權，擔心政治權力落到工商業者手中。而且香港現在是在英國管治下，它的長期佔領對香港有重大影響，又面臨行將撤退的問題，有些人擔心中央“干預”，有的則要以此“抗共”。諸種複雜的因素和矛盾，使香港特別行政區政治體制，其中特別是立法機關和行政長官的產生問題，成為起草"基本法"中的一個非常困難而又爭論最多的問題。

在香港特別行政區基本法即將起草之前和起草之中，香港各界人士提出了很多方案，前面已經略加介紹。1988 年 4 月，香港特別行政區基本法起草委員會第七次全體會議決定公佈的"基本法"（草案）徵求意見稿，將行政長官和立法機關產生的多種辦法列入附件，"基本法"正文只簡略規定行政長官、立法機關的產生和變更產生辦法的原則，而將具體產生辦法列入附件。"基本法"原來只有最後一章附則，沒有預先規定要附件，徵求意見稿增加了附件，這是因為：第一，行政長官、立法機關產生辦法不可能五十年不變，而且社會上爭論很多，將來不可避免要修改。將行政長官、立法機關的產生辦法寫在基本法正文中，就會產生常要修改正文的問題，寫在附件中雖然與正文有同等法律效力，但修改程序靈活些，可以避免經常修改正文。第二，行政長官、立法機關產生辦法比較具體，內容較多，雖然有些詳細內容可以在選舉法中規定，但內容還是比其他條文的內容多，所以寫入附件，以免這兩條條文過長，與其他條文在內容和體例上很不一致。⑤

"基本法"（草案）徵求意見稿第 45 條規定：行政長官在當地通過選舉或協商產生，由中央人民政府任命，這是中英聯合聲明中的內容，"基本法"正文中應當寫明，同時，第 45 條又規定，行政長官的產生辦法可根據香港特別行政區的實際情況和循序漸進的原則予以變更，但此項變更須經香港特別行政區立法機關全體成員三分之二多數通過，行政長官同意，並報全國人大常委會批准。這也是原則問題，應當寫在正文中。第 45 條又規定行政長官產生的具體辦法由附件一《香港特別行政區行政長官的產生辦

---

⑤ 參見《中華人民共和國香港特別行政區基本法（草案）徵求意見稿》，中華人民共和國香港特別行政區基本法起草委員會秘書處印，1988 年 4 月。

法》規定。⑥ 這樣將條文和附件一聯繫起來。

"基本法"（草案）徵求意見稿附件一對行政長官的產生辦法列了五個方案，從這些方案的內容可以大體看到問題的複雜性和分歧之大。方案一規定：行政長官由選舉團產生，選舉團由香港各界人士代表約 600 人組成，選舉團設一由互選 20 人組成的提名委員會，根據提名委員會提出的 3 名候選人，由選舉團投票，獲過半數票者當選，報中央人民政府任命。方案二規定：行政長官由不少於十分之一的立法機關成員提名，經由全香港性的普及而直接的選舉產生。方案三規定：行政長官由功能選舉團一人一票方式選舉產生，功能選舉團的成員不超過 600 人。方案四規定：除第一屆另有規定外，開始幾屆（約二、三屆）行政長官由顧問團協商產生，顧問團由顧問 50－100 人組成，以後各屆由選舉團選舉產生，行政長官候選人由顧問團協商提名 3 人，交選舉團選舉產生。方案五規定：行政長官由提名委員會經協商或協商後投票提名 3 人，全港選民一人一票普選產生，提名委員會由香港永久性居民組成，必須具有廣泛代表性。

以上五個方案大體上可歸納為三類：一是由選舉團、功能選舉團以選舉方式產生；二是由顧問團協商產生；三是由立法機關或提名委員會提名，全港選民一人一票普選產生。這些情況說明對行政長官產生辦法的分歧是很大的，要妥善解決這一問題是困難的。根據這種情況，政治體制專題小組耐心地長期地對不同意見進行協調，主要是以選舉團為代表的產生方式和以立法機關提名並經全港選民普選產生方式之間的協調，兼顧到其他一些關於行政長官產生的方案，進行了大量的艱苦的工作。協調和原則是"一個國家，兩種制度"的方針、有利於香港的穩定和繁榮、兼顧各階層的利益。行政長官的產生方式和整個政治體制一樣，都應當符合這些原則，維護和有利於香港的穩定和繁榮，離開這些原則，就談不上是一種好的適合於香港的行政長

---

⑥ 參見《中華人民共和國香港特別行政區基本法（草案）徵求意見稿》，中華人民共和國香港特別行政區基本法起草委員會秘書處印，1988 年 4 月。

官產生方式。協調各種方案，兼顧各個階層的利益，是維護香港的穩定和繁榮的重要條件，離開這一原則，只體現一個階層而忽視另一個階層的利益，在這樣的指導思想下草擬行政長官產生的方案，必然有損於香港的穩定和繁榮。所以，香港特別行政區基本法起草委員會及其政治體制專題小組在協調各種方案時一貫堅持這些原則，維護中英聯合聲明的精神。

經過廣泛的徵詢意見和協調以後，1989 年 2 月香港特別行政區基本法起草委員會通過了"基本法"（草案），在第 45 條規定了行政長官產生的原則，為了協調各種方案，增寫了"最終達到普選產生的目標"，1990 年 2 月香港特別行政區基本法起草委員會又修改為"最終達至由一個有廣泛代表性的提名委員會按民主程序提名後普選產生的目標"[⑦]。並將修改行政長官產生辦法的具體規定列入附件一中，反映了香港一些人士要求實行普選的意願。

"基本法"（草案）附件一《香港特別行政區行政長官的產生辦法》是歸納各種不同意見而提出的，它規定行政長官由一個具有廣泛代表性的選舉委員會選出，選舉委員共 800 人，不少於 100 名的選舉委員可聯合提名行政長官候選人，第二、三任行政長官由選舉委員會用一人一票無記名投票辦法選舉。在第三任行政長官任內，立法機關擬定具體辦法，通過香港特別行政區全體選民投票，以決定是否由普選產生行政長官，實行上述全體選民投票，必須獲得立法機關議員多數通過，並徵得行政長官同意和全國人大常委會的批准方可進行，投票結果必須有 30% 以上的合法選民的贊成，方為有效。如全體選民投票決定行政長官由普選產生，則從第四任起實行，如全體選民投票決定不變，則每隔 10 年可按上述規定再舉行一次全體選民投票。行政長官的產生辦法如果不是按全體選民投票辦法決定是否實行普選，而需進行其他的修改，可經立法機關全體議員三分之二多數通過，行政長官同意，並報

---

⑦ 《中華人民共和國香港特別行政區基本法（草案）》，見 1989 年 2 月 24 日《人民日報》。

全國人大常委會備案。[8] 從 "基本法"（草案）這些規定可以看出：第一，體現
了維護香港的穩定和繁榮的原則。首幾屆的行政長官不由普選產生，1997 年
對香港是一個根本的政治變化，在此以後的十幾年內盡可能不採用普選選舉
行政長官，以保持社會的穩定。要實行普選，可以在第三任行政長官以後。
第二，貫徹了循序漸進的原則。如果從第四任行政長官起開始實行由普選產
生，要先經過全體選民投票等一系列程序，如果對行政長官的產生辦法要進
行其他修改，則不必採取全體選民投票，而可採用另外較為容易的辦法。第
三，兼顧了各個階層的願望和利益。這種行政長官產生辦法體現了以大選舉
團、功能團體選舉的香港人士的意願，也體現了要求實行普選的一些人士的
希望，儘管普選的時間要在 2012 年之後，但它兼顧了各階層的利益。

　　行政長官要由中央人民政府任命，有人認為這種任命是形式的，中央人
民政府不可以不任命。根據中英聯合聲明的精神，中央人民政府的任命應
當是實質性的，它可以任命，也可以不任命，當然也可以免去行政長官的職
務。這種任命和免職都不是單純的形式，而是體現中國是一個單一制國家，
香港特別行政區是中國不可分離的享有高度自治權的一個地方行政區域，直
轄於中央人民政府。雖然香港特別行政區享有高度自治權，行政長官在當地
選舉或協商產生，但是任免權還在中央人民政府，這是中央與香港特別行政
區的關係的一個重要方面，否認中央在這方面的實質權力，就等於取消了中
央的這一權力。當然，行政長官在任命之前必須在當地選舉或協商，這是中
央與香港特別行政區的關係的另一個重要方面，否認這一點，就是否認香港
特別行政區在這方面的高度自治。忽視這兩個重要方面的任何一面都是不對
的。這兩個方面的正確結合，才是 "一個國家，兩種制度" 方針的體現。

　　為了兩個方面的正確結合，中央人民政府在任命行政長官時當然要充分
考慮香港各界人士的意願和選舉、協商的合法性等情況，不輕易採取否定行

---

[8] 《中華人民共和國香港特別行政區基本法（草案）》，見 1989 年 2 月 24 日《人民日報》。

政長官的選舉或協商結果，而不予任命。香港特別行政區在選舉或協商產生行政長官時，也將按照"基本法"規定的對行政長官的資格和其他要求，按照"基本法"規定的選舉或協商行政長官的程序，慎重地進行工作。

　　行政長官的產生，對香港特別行政區或中央人民政府來說，都是一件重大的事情，香港特別行政區應當與中央人民政府配合完成這件大事，而不會是互不通氣，在行政長官產生出來之前，中央人民政府竟一無所知，以致因人選不當而不任命。如果按照"基本法"的規定產生行政長官，香港特別行政區與中央人民政府又能互相配合，產生與任命問題就能得到正確地解決。

（二）行政長官的任期

　　"基本法"第 46 條規定，行政長官任期 5 年，可連任一次。在《英王制誥》和《王室訓令》中沒有規定港督的任期，近一個時期以來港督的任期都不少於 5 年。[⑨]中英聯合聲明中沒有提到行政長官的任期，香港特別行政區基本法起草委員會政治體制專題小組在討論中認為應當規定任期，但對任期的長短有不同的看法。有的認為應當與立法機關每屆的任期聯繫起來考慮，立法機關一屆幾年，行政長官也是幾年，任期應當相同。有的認為行政長官每任應為 5 年，時間太長不好，容易產生專斷和助長官僚主義的弊端，時間太短，也不利於積累工作經驗，不利於工作的穩定，5 年一任比較合適。有的認為任期 4 年較好，5 年長了一些。

　　政治體制專題小組認為立法機關與行政長官不一定需要每屆任期相同，因為行政長官有解散立法機關的權力，立法機關有要求行政長官辭職的權力，而且行政長官還可能有不到一任滿期而缺位的。立法機關與行政長官的

[⑨]　參見《行政機關的組成與職權（最後報告）》，1987 年 8 月執行委員會通過，中華人民共和國香港特別行政區基本法諮詢委員會政制專責小組編。

每屆任期即使相同，也沒有實際意義，而且也難以實現。後來沒有採用行政長官與立法機關每屆任期相同的規定。

政治體制專題小組多數委員認為，4 年一任，時間短了一些，5 年比較長短適宜，遂規定行政長官的任期為 5 年。

關於行政長官是否可以連任、能夠連任多久？在諮詢中香港各界人士有兩種不同意見：一種意見認為連任次數可以不限；另一種意見認為任期的次數應有限制，任期次數過多，容易產生弊端，連任不應超過兩任，每任 5 年，連續任職則不應超過 10 年。最後，第二種意見被採納。這一規定是合理的。

"基本法"還對行政長官職務的臨時代理及缺位代理作了規定。《英王制誥》中規定，港督職位空缺，或港督離港或不能行使其職權時，其職位由王室任命一位官員取代，若無任命，則由現任布政司署理。"基本法"沒有規定設立副的行政長官，因此對於行政長官短期不能履行職務時必須做出有人臨時代理其職務的規定，以免影響工作。"基本法"第 53 條第 1 款規定："香港特別行政區行政長官短期不能履行職務時，由政務司長、財政司長、律政司長依次臨時代理其職務。"這裏所說的短期是指一、兩個星期或更長一點的時間，指行政長官臨時出訪、休假或生病這種情況。因此這裏說的"臨時代理"是短期的，而不是長期代理。

"基本法"對臨時代理行政長官職務的順序者也作了規定，即先由政務司長代理；如政務司長不在時，則由財政司長代理；財政司長也不在時，則由律政司長代理。

當行政長官缺位，即指其病故或辭職，行政長官職位發生空缺時，應按照"基本法"第 45 條關於行政長官產生的原則和辦法，產生新的行政長官。

應該在多久時間內產生新的行政長官，有人認為 2 個月即可，有人認為 3 個月即可，也有人認為 6 個月時間太長。但"基本法"第 53 條規定的是"應在 6 個月內"，就是說最長時間為 6 個月，以防時間短了，萬一因情況複雜及各種原因而產生不出新的行政長官。但是這裏說的是"在 6 個月內"，如不需要 6 個月，就可以在 5 個月、4 個月、3 個月或更短的時間內產生新的行政長官，而不是必須等到 6 個月。所以這樣規定是適當的。

行政長官缺位時，在新的行政長官沒有產生以前，行政長官的職務依照第 53 條的第 1 款規定代理，即由政務司長、財政司長、律政司長依次代理，直到新的行政長官產生為止。

三

行政長官的職權

（一）香港特別行政區基本法對行政長官職權的規定

"基本法"第 48 條對行政長官的職權規定了十三項，大體上可歸納為三大類：

1．政治法律方面。如領導香港特別行政區政府；負責執行本法和依照本法適用於香港特別行政區的其他法律；簽署立法會通過的法案，公佈法律；簽署立法會通過的財政預算案，將財政預算、決算報中央人民政府備案；決定政府政策和發佈行政命令；批准向立法會提出有關財政收入或支出的動議；根據安全和重大公共利益的考慮，決定政府官員或其他負責政府公務的人員是否向立法會或其屬下的委員會作證和提供證據；赦免或減輕刑事罪犯的刑罰；處理請願、申訴事項。

2．任免各類人員方面。如提名並報請中央人民政府任命主要官員：各司司長、副司長，各局局長，廉政專員，審計署署長，警務處處長，入境事務處處長，海關關長；建議中央人民政府免除上述官員職務；依照法定程序任免各級法院法官；依照法定程序任免公職人員。

　　3．執行中央交辦或授權處理的事務。如執行中央人民政府就"基本法"規定的有關事務發出的指令；代表香港特別行政區處理中央授權的對外事務和其他事務。

（二）香港特別行政區基本法對行政長官職權的規定的根據

　　主要根據有以下三個方面：

　　1．依據行政長官的法律地位。依照"基本法"的規定，行政長官既是特別行政區的首長，又是特別行政區政府的首長，他的這兩重身份決定他負有重大的政治和行政責任，應當相應地賦予他一定的職權，作為履行其職責的法律保證。行政長官享有這些行政權和決策權，也可以保證行政工作應有的效率和協調各方面的關係。當然，如果行政長官不按照這些法定的職權辦事，甚至違法瀆職，也將依法對其追究責任。

　　2．依據行政長官"應有實權，但又應受到一定的監督"的原則。這是1986 年 11 月香港特別行政區基本法起草委員會政治體制專題小組在討論行政長官的職權時提出的。專題小組多數認為行政長官不能是象徵性的，應當有一定的權力，這就是"基本法"第 48 條所規定的職權，沒有法定的職權，行政長官難以發揮作用。但是對行政長官又要有一定的監督，以免其濫用職權，這就是"基本法"第 49、50、52、64、73 條的規定，這些條文既是制衡，又有監督的作用。

　　3．參考了現在香港的實際情況。港督現在有很大的權力，行政長官將來不能有這樣大的權力，他的地位和作用與港督有根本的不同，不能照搬照抄港督現有的職權。但是又不能完全割斷歷史，不參考現行港督的職權。對於港督現有的職權可以作為行政長官職權的參考的，應當做出類似的規定。

如行政長官有權簽署立法機關通過的法案、公佈法律，依照法定程序任免各級法院法官和公職人員，赦免或減輕刑事罪犯的刑罰等，現在港督即有這些職權或類似的職權。但是港督享有的某些重要職權，行政長官是沒有的，"基本法"並沒有照搬、照抄，如行政長官不是中央人民政府的代表和當地駐軍的負責人，沒有無條件否決立法機關通過的法案和解散立法機關的權力，不能兼任立法機關的主席。

"基本法"對行政長官職權的規定是比較適當的。第一，行政長官既有獨立決定問題的權力，可以發揮行政工作的效能，可以統一和協調行政機關的工作，適應經濟發展和行政管理的需要，有利於香港的繁榮和穩定；又有行政會議作為協助他進行決策的機構，起着諮詢和集體討論、甚至某些監督的作用。第二，行政長官不能集行政、立法於一身。香港特別行政區享有高度自治權，1997 年後屬於香港特別行政區自治範圍內的事務，中央不加干預，而行政長官又有較高的地位，如果權力過大，則可能為所欲為，導致走向專權，對香港特別行政區極為不利。"基本法"沒有賦予行政長官以過大的職權。第三，行政長官和立法機關之間有互相制衡的關係，也可以防止行政長官不遵守法律、濫用職權。

關於行政長官與立法會的相互制衡。"基本法"第 49、50、52 條關於行政長官與立法機關之間的相互制衡關係的規定，可以說是香港特別行政區地方政權形式的一種獨有的特點。"基本法"做出這樣的規定，一是從香港特別行政區的現實情況出發：特別行政區是"一個國家，兩種制度"方針下享有高度自治權的地方行政區域，對擁有較大職權的行政長官的制衡有此需要；香港有些人士也擔心行政長官權力大。二是從香港的歷史情況出發：港督和立法局現在享有某些權力，港督可隨時在《香港政府憲報》刊登政令解散立法局，"參照立法局之意見及得該局同意制定法律"，港督若同意立法局通過之條例，"須在當年批准"。1997 年後可參考這些做法，行政長官在一定的法律條件下可以解散立法機關，在一定期限簽署、公佈立法機關通過的法律。

"基本法"規定，行政長官如果認為立法會通過的法案不符合香港特別行政區的整體利益，就可以將法案發回立法機關重議。重議即包含着制衡、修改、協調的意義和措施。通過重議以求得意見一致，解決矛盾和分歧。但發回重議的時間應在 3 個月內。有人認為 3 個月時間太長，但也有人認為一、兩個月太短，"基本法"是規定了一個最高時限，即"在……內"，可以縮短時間就縮短一些，不需要 3 個月就不要拖到 3 個月。

立法機關重議以後，如果能與行政長官的意見一致，即達到制衡與協調的目的，解決分歧。如果立法機關以不少於全體議員三分之二多數再次通過原案，說明立法機關對此法案與行政長官存在較大的分歧，立法機關仍堅持原來的意見，對行政長官起着制衡的作用。在這種情形下，"基本法"規定，行政長官必須簽署、公佈立法機關再次通過的原案，而且時間為一個月內，不能超出一個月。如果行政長官在此一個月內仍拒絕簽署立法機關再次通過的法案，可再與立法機關繼續協商，以解決分歧，如果仍不能取得一致意見，行政長官可以解散立法機關。但在解散立法機關之前，行政長官要進行更多的諮詢，按照法律規定必須徵詢行政會議的意見。行政長官在其一任任期內只能解散立法機關一次。

可見行政長官要解散立法機關必須經過六個步驟：（1）將其不同意的法案發回立法機關重議；（2）立法機關以全體議員三分之二多數再次通過原案；（3）一個月內不簽署公佈；（4）與立法機關協商仍不能取得一致意見；（5）徵詢行政會議的意見；（6）宣佈解散立法機關。經過這樣多的步驟說明，"基本法"既規定互相制衡，又規定不能輕易地解散立法機關。

"基本法"規定，如果立法機關不同意政府提出的財政預算案或其他重要法案，經過與行政長官協商仍不能取得一致意見，行政長官可解散立法機關，但在解散立法機關之前，行政長官必須徵詢行政會議的意見，在其一任任期內只能解散立法機關一次。在這種情況下解散立法會，在程序上雖然簡單些，步驟少一些，但仍然採取從嚴的精神，輕易解散立法機關總是不利於香港的穩定與繁榮的。

政府執行法律、管理行政事務，必須有財政經費的保證，所以"基本法"第 51 條又規定："立法會如拒絕批准政府提出的財政預算案，行政長官可向立法會申請臨時撥款。如果由於立法機關已被解散而不能批准撥款，行政長官可在選出新的立法會前的一段時期內，按上一財政年度的開支標準，批准臨時短期撥款。"這些規定保證不會由於行政與立法之間的制衡而使政府的工作中斷。制衡的目的是為了使行政與立法都能依法運轉，各得其所，而不能使政府處於癱瘓。

"基本法"第 52 條規定在兩種情況下行政長官必須辭職是適當的，這兩種辭職的情況都是在重選的立法機關仍通過所爭議的原案而產生。解散後重選的立法機關仍堅持所爭議的原案，說明行政長官不但在被其解散的一屆立法機關中得不到多數的支持，而且在解散後重選的立法機關中也得不到多數的支持，他已經失去立法機關的信任，很難繼續進行工作，只有辭職才能解決行政與立法之間的矛盾，發揮立法機關的制衡作用，這樣做有利於香港特別行政區的工作和穩定。

行政長官在這兩種情況下的辭職，都要經過一系列法定程序。在第一種情況下經過：（1）行政長官兩次拒絕簽署法案；（2）經協商後行政長官與立法機關仍不能取得一致意見；（3）解散立法機關；（4）重選的立法機關又以全體議員三分之二多數通過原案；（5）仍拒絕簽署此原案。在第二種情況下經過：（1）立法機關拒絕通過財政預算案或其他法案；（2）經協商後行政機關與立法機關仍不能取得一致意見；（3）解散立法機關；（4）重選的立法機關仍拒絕通過原案。由此可見，"基本法"既規定了行政長官與立法機關之間的制衡，又規定不能輕易地使行政長官辭職。

四

行政會議、廉政公署與審計署

（一）行政會議

　　"基本法"第 54 條規定了行政會議的性質，它是"協助行政長官決策的機構"。協助是幫助、輔助，也是諮詢的意思，行政會議不是決策機構，而是行政長官的諮詢機構，幫助行政長官進行決策。

　　行政會議的成員要協助行政長官決策。他們都有一定的政治地位，包括了行政機關的主要官員、立法機關部分議員和社會人士三部分人，也可以說是在香港特別行政區起着重要作用的人物。他們的任免是由行政長官決定的，既然他們是協助行政長官決策，當然應由行政長官委任。有人主張由立法機關選舉立法機關議員參加行政會議，社會人士也要由立法機關二分之一議員通過才能參加行政會議。這種主張不符合行政會議的性質，如果由立法機關來決定行政會議的大部分人選，協助行政長官決策，無論在理論上還是實踐上都是說不通、有困難的。

　　行政會議的性質決定行政會議的成員必須有一定的資格，"基本法"規定行政會議的成員必須由在外國無居留權的香港特別行政區永久性居民中的中國公民擔任，以維護香港特別行政區的利益和某些應該保密的事項，是完全必要的。但是根據具體情況，行政長官認為有必要的時候，可以邀請有關的人士列席行政會議，以免由於資格和其他原因，以致行政會議聽不到應該聽到的有關人士的意見。

　　行政會議成員的人數並沒有具體規定，但成員的任期是有規定的，即不能超過委任他們的行政長官的任期。因為行政會議既然是協助行政長官決策的機構，一般來說其成員應當和行政長官共進退，使新的行政長官可以建立

新的行政會議，任命新的行政會議的成員，這是理所應該的。但是這並不是
說新的行政長官必須將他前任行政長官任命的行政會議成員全部去掉，一個
也不能重新任命。新的行政長官如果願意任命前一任的一些行政會議成員作
為新的行政會議成員，也是可以的。

　　由於行政會議的性質，行政會議開會時應當由行政長官主持。行政長官短
期不能履行職務或缺位時，應當按"基本法"規定的人員臨時代理，主持會議。

　　行政會議應該諮詢的事項是廣泛的。"基本法"規定：除人事任免、紀
律制裁和緊急情況下採取的措施外，行政長官做出的重要決策、向立法提交
法案、制定附屬法規、解散立法機關，都要徵詢行政會議的意見。可見行政
會議討論的事項是很重要的。

　　行政會議的性質和諮詢的內容，決策行政會議起着重要的作用，除了以
前闡述過的行政會議起着行政與立法之間的相互配合的作用外，還起着集體
商議問題的作用。行政會議雖然不是決策機構，但它協助行政長官決策，討
論的內容廣泛而重要，它實質上起了集體討論作用，對於行政長官的決策有
重要影響，能夠幫助行政長官瞭解情況，集思廣益，全面考慮問題，避免個
人決定政策和問題的局限性。行政會議還可起到一定的監督作用，對行政長
官進行適當的監督，因為許多事項都要在行政會議中討論，只有少數例外，
這就將大多數的問題及事項實質上置於行政會議監督之下。而且"基本法"
第 56 條第 3 款還規定："行政長官如不採納行政會議多數成員的意見，應將
具體理由記錄在案。"雖然這種記錄並不能阻止行政長官按照他的意願決定
問題，從法律上說他可以不採納行政會議多數成員的意見。但是將這種行政
長官的意見與行政會議多數成員的意見不同的情況記錄在案，實際上要對行
政長官不採納多數成員的意見時產生一定的影響，特別在對一些重大問題的
決定上，行政長官將要更慎重地考慮多數成員的意見，這也對行政長官起一
定的監督作用。

（二）廉政公署和審計署

"基本法" 第 57、58 條規定設立香港特別行政區廉政公署和審計署，獨立工作，對行政長官負責。廉政公署的任務是反對貪污、提倡廉潔，主要是清查政府部門的貪污行為。因此，廉政公署獨立工作，不受政府部門的管轄和干涉，直接對香港特別行政區行政長官負責。

"基本法" 規定設立廉政公署，是參考現在香港的總督特派廉政專員公署並根據需要而確定的。

1974 年根據《總督特派廉政專員公署條例（1974）》，香港成立了廉政公署。公署的首長是廉政專員，它直接向港督彙報工作，對港督負責，只有總督一人有權向廉政公署發號施令。[⑩] 廉政公署的主要職責是調查一切違反各項條例規定的貪污舞弊案件，並立案檢舉或進行處分，其反貪污的主要對象是政府部門，還有公共機構和私人公司。廉政公署的全部職員自行招聘，不需要通過公務員敍用委員會，不屬公務員，不受公務員條例的約束。有些職員是從其他公務部門借調來的，有些則以合約方式聘用，為期約兩年半，期滿可續約。廉政公署官員被授予廣泛的權力，可無需拘捕令而拘捕嫌疑犯，有權進行搜查，有權檢查政府各部門及公共機構的行政程序，並負責廉潔方面的宣傳。廉政專員之下設三個處級業務部門和一個行政部門，即執行處、防止貪污處、社會關係處和行政總部。處以下設科、組。廉政公署自成立以來，在反貪污、打擊行賄受賄方面取得了一定的成效，這是它的優點方面。因此，"基本法" 參考這些情況，對設立廉政公署作了原則規定。

審計署的職責是審核政府賬目，確保政府的財政和會計賬項正確適當。為了審計署能夠依法完成其任務，必須保證它能獨立工作，不受政府部門的干涉，嚴格審核開支，直接受行政長官的管轄，對行政長官負責。

---

⑩ 參見 N. J. Miners, *The Government and Politics of Hong Kong*, Oxford University Press, 1982, Chrapter VII。

香港現在的核數署直接由總督管轄，核數署的主管是核數署署長，由英國委派，他負責審核所有政府賬目、公共團體和受政府補助的志願團體的賬目，還負責房屋委員會的賬目審核工作。他和他的職員不僅要確保各部門的所有開支都合乎法律並附有證明文件，而且要審查政府內部的花費是否值得，發現浪費及奢侈現象。[⑪]

核數署由下列部門組成，即總辦事處、中央賬務審核科、一般賬務審核科、工程及土地審核科、資助及津貼機構審核科。

"基本法"參考了上述情況，對設立審計署作了原則性的規定。

五

行政機關的組織形式和
主要官員的資格

（一）行政機關的組織形式

"基本法"第 59 條規定："香港特別行政區政府是香港特別行政區行政機關。"這一規定闡明了行政機關的概念和性質，行政機關是執行法律、管理行政事務的機關，同時說明組成香港特別行政區行政機關的形式是香港特別行政區政府。按照"基本法"第 60 條的規定，香港特別行政區政府的首長是香港特別行政區行政長官。香港特別行政區政府設政務司、財政司、律政司和各局、處、署。這裏也說明了香港特別行政區政府的結構和範圍。在諮詢中，有人提出不用"政府"而用"行政公署"、"行政總署"的名稱。這仍未解決好什麼是行政機關、政府的概念問題，因而未被採納。

---

⑪　參見 N. J. Miners, *The Government and Politics of Hong Kong*, Oxford University Press, 1982, Charpter IX。

香港特別行政區基本法關於"行政機關"和"政府"的規定，一方面考慮到香港的現狀，照顧到香港現在的一些習慣，如保持政務司、財政司、律政司三個大"司"的建置，其他的司改稱局，而不叫廳；另一方面大體上與內地的法律與習慣保持某些一致，如明確"行政機關"即為"政府"，而不是指廣義的包括更大範圍的"政府"。香港的三個大"司"以下的司改稱為局，與內地的司、局含義大體相同。這樣的規定大體上是適當的。雖然在中英聯合聲明中中國對香港的基本方針政策並未說明行政機關的組織形式，但是"基本法"這樣規定，有利於香港特別行政區行政與立法機關職權的劃分和明確，有利於它們的合理分工。

在 1988 年 4 月公佈的《中華人民共和國香港特別行政區基本法（草案）徵求意見稿》中，第 60 條還規定："香港特別行政區政府的組織由法律規定。"[12] 這種規定與內地是相似的，但與香港的現狀並不一致，香港現在沒有這樣的法律，而且規定詳細了，就會缺乏靈活性，容易束縛行政機關的手腳，所以後來在基本法（草案）中取消了這一款。[13] 在"基本法"起草過程中，香港特別行政區基本法起草委員會政治體制專題小組也曾研究過是否把"局"、"處"、"署"的名稱都列舉出來，後來考慮到在 1997 年後的 50 年內，局、處、署等機構可能會有很多變化，如果改變，就要修改"基本法"，還是以不一一列舉為好，所以"基本法"只作了原則的規定。

對於"行政機關"的概念，現在香港的說法不完全一致，有的說香港在對"行政機關"一詞沒有明確的界定，有的說行政決策由港督會同行政局做出，具體執行就由司級官員及其領導下的機關負責[14]，也就是說行政局及布政司署等都是行政機關。有的稱行政局、立法局、布政司等是中央行政、區

---

⑫ 《中華人民共和國香港特別行政區基本法（草案）徵求意見稿》，中華人民共和國香港特別行政區基本法起草委員會秘書處印，1988 年 4 月。

⑬ 參見《中華人民共和國香港特別行政區基本法》（草案），1989 年 2 月 24 日《人民日報》。

⑭ 參見《行政機關的組成與職權（最後報告）》，1987 年 8 月執行委員會通過，中華人民共和國香港特別行政區基本法諮詢委員會政制專責小組。

議會、市政局等為地方行政。⑮

對 1997 年後"行政機關"的概念在"基本法"起草的諮詢中也有不同的看法，主要有以下三種：（1）行政機關是指類似目前"行政局"性質的政府架構，其成員包括行政長官及其委任的成員；（2）是指政府的行政部門；（3）是指類似目前"行政局"組織在內的政府行政部門。⑯

由此可見，"基本法"對行政機關做出明確的規定，澄清對行政機關概念問題上的各種不同認識是有益的。

關於"政府"的含義，目前在香港也有不同的看法，有的認為"港府"是指以港督為首的包括行政局、立法局、布政司、財政司、律政司等在內的政府；有的認為政府是指以港督為首包括行政局、布政司等在內的政府。由此可見，對政府的含義和範圍的理解顯然各不相同，這和香港現在這種特殊的政治體制也有一定的關係。有些機構是諮詢機構，卻又有些像行政機構，因而引起看法上的分歧。"基本法"對政府的含義和範圍做出明確的規定，有利於統一對政府及其職責的認識。

此外，"基本法"第 65 條還規定，原由行政機關設立諮詢組織的制度繼續保留。諮詢制度既然是香港現行政制中的一個特色，1997 年後仍予以保留，是比較適當的。

（二）主要官員的資格

中英聯合聲明附件一規定，香港特別行政區政府的主要官員（相當於"司級"官員）由行政長官提名，報請中央人民政府任命。這裏對主要官員

---

⑮　參見《香港（一九八六年）》，第 13–30 頁。

⑯　參見《行政機關的組成與職權（最後報告）》，1987 年 8 月執行委員會通過，中華人民共和國香港特別行政區基本法諮詢委員會政制專責小組。

作了一個原則的界定，即相當於現在的司級官員（equivalent to secretaries）。作者認為，"相當於"與"等於"並不完全一樣，略有一點靈活性，主要官員原則上應是司級，但職位高於司級而無司級名稱，地位略低於司級但其重要性不亞於司級者，也可列入政府主要官員之內。

　　有的人士把中英聯合聲明附件一中的主要官員和司級官員劃上等號，這種理解是不很確切的。有的認為司級官員應從兩方面去理解：（1）司級官員是指在政府公務人員職級架構內屬"布政司署司級政務官"（Secretary, Government Secretariat）。這是一個職階的劃定，與其他公務人員的區別主要透過薪級表達出來。（2）也可以指在政府內以"司"為名稱的官職，除三個大司外，還包括布政司署各政策科和資源科的首長（Branch Secretaries）。屬"司"的官職，原則上由司級職階的人員擔任[17]，有的認為"司"的屬性應該從該等官員在政府中所發揮的職能和扮演的角色去着眼"，"假如能夠清楚界定司級官員在制定政策以至執行政策、檢討政策方面的確切位置，而基於其位置的重要性，進而規定其特定的職稱和職階，及對其委任做出居住年期和國籍的限制，則'司級官員'一詞才具備實質的意義"[18]。這些看法強調要從職能等實質上綜合考察主要官員，也有助於對中英聯合聲明附件一規定的"主要官員"的理解。但無論中英聯合聲明附件一還是"基本法"只能對主要官員做出原則的界定，不可能從香港現在的複雜情況對主要官員做出更具體的規定。香港現有布政司、財政司、律政司、行政司、政務司、教育統籌司、衛生福利司、地政工務司、文康市政司、保安司、運輸司、銓敍司、常務司、副布政司、經濟司、金融司、工商司、副財政司等以司為職稱的18位官員，加上其他極少數相當於司級者，人數也不很多，"基本法"不一定要再作更具體的規定。

---

[17]　參見張炳良：《香港公共行政與政策》，廣角鏡出版社有限公司，1988年，第38頁。

[18]　參見張炳良：《香港公共行政與政策》，廣角鏡出版社有限公司，1988年，第38頁。

　　關於主要官員應否是公務人員，香港特別行政區基本法起草委員會政治體制專題小組曾經進行詳細討論。如果主要官員是公務人員，可以使主要官員從公務人員中培養，有利於提高主要官員的素質，但行政長官的任免涉及主要官員的任免，影響到主要官員的穩定和出路。如果主要官員不是公務人員，他們可以與行政長官共進退，與中英聯合聲明的精神相一致，但主要官員的質量不易保證。專題小組討論後認為："主要官員一般應從公務員中挑選，但也可以從公務員以外的社會人士中挑選，後者擔任主要官員期間，按合約公務員待遇，任滿後即脫離公職；主要官員工作調動和增加司局級官員編制須報中央人民政府批准。"[19] 這樣，新任的行政長官可以提名新的主要官員，也可以提名一少部分或者調動一部分主要官員，既保證了主要官員的質量、穩定，又使規定與中英聯合聲明的精神相一致。

　　在起草"基本法"的諮詢中，有些香港人士贊同上述政治體制專題小組的意見，認為這樣可以保持香港現行的公務員制度；由於公務人員不受選民局部利益所影響，故制定政策時較能從整體利益着想；公務人員對政策的制定應有一定的參與，因為評估政策方案可行性的最佳人選正是負責執行政策的人，這與決定政策是兩回事，故公務人員出任司級職位有一定好處；司級官員聽命於行政長官，司級官員犯錯誤，行政長官及行政機關官員會受到彈劾或免職，司級官員雖然是公務人員，亦要負直接或間接責任。[20]

　　"基本法"第 61 條規定："香港特別行政區的主要官員由在香港通常居住連續滿 15 年並在外國無居留權的香港特別行政區永久性居民中的中國公民擔任。" 對主要官員的資格作這樣的規定是必要的。主要官員既執行法律和政策，又參與行政會議，在決策中起諮詢作用，在特別行政區政府中佔有重

---

[19]《中華人民共和國香港特別行政區基本法（草案）徵求意見稿》，第 69 頁〔註 4〕，中華人民共和國香港特別行政區基本法起草委員會秘書處印，1988 年 4 月。

[20] 參見中華人民共和國香港特別行政區基本法諮詢委員會政制專責小組關於《行政機關的組成與職權（最後報告）》，1987 年執行委員會通過，第 10 頁。

要地位，當然應為香港永久性居民中的中國公民，並在外國沒有居留權，這是保證"港人治港"和中國主權的體現。但這裏規定的資格與行政長官的資格又有不同，只規定在香港通常居住連續滿 15 年，沒有規定必須多少歲才能當選，因為主要官員與行政長官的法律地位不完全相同，所負責任也不完全一樣，在資格方面有所區別是恰當的。

在"基本法"起草的諮詢中，有人不贊成寫這一條或不要寫"中國公民"的資格。他們認為，"為容納更多有天分和才幹的人士，不應該對出任主要官員的人有國籍和居港年期的限制"，"剝奪了非中國籍永久性居民擔任此等職位的機會"[21]。香港是一個國際金融和商業城市，有不少外國人在香港長期定居，外籍人士中不乏有才幹的人，正是由於這些原因和歷史的原因，中國才在中英聯合聲明中說明，原在香港各政府部門任職的中外籍公務、警務人員在 1997 年後可以留用，特別行政區政府可以聘請英籍人士或其他外籍人士擔任顧問或某些公職。根據這一精神，"基本法"也作了相應的規定。為了維護國家的統一、主權和領土完整，中國政府又在中英聯合聲明附件一中指出，但"各主要政府部門的正職和某些主要政府部門的副職除外"[22]。在這裏中國絲毫沒有不重視外籍人才，更不是什麼"排外"和"短見"，而是維護國家主權的具體體現，是一個主權國家應有的權力和尊嚴，也是世界上所有主權國家的通例，何況由中國公民擔任的只是極少數相當於司級的官員。如果司級官員在任職前放棄其外國國籍，即可有擔任主要官員的資格，主要官員不能具有外國國籍，在許多香港人士中也贊同這些意見。[23]

在"基本法"第四章第二節中並沒有規定主要官員的任期，因為在第四

---

[21] 《中華人民共和國香港特別行政區基本法（草案）諮詢報告》第三冊，第 150 頁。中華人民共和國香港特別行政區基本法諮詢委員會印，1989 年 11 月。

[22] 《中華人民共和國政府和大不列顛及北愛爾蘭聯合王國政府關於香港問題的聯合聲明》，北京外文出版社 1984 年版，第 10 頁。

[23] 參見《中華人民共和國香港特別行政區基本法（草案）諮詢報告》第三冊，第 150 頁。中華人民共和國香港特別行政區基本法諮詢委員會印，1989 年 11 月。

章第一節第 48 條關於行政長官提名並報請中央人民政府任命主要官員、第
55 條關於行政會議成員的任期中，實際上已經體現或規定了主要官員的任
期，其任期與行政長官的任期相同，不能超過行政長官的任期。但是，新的
行政長官不一定要將前任行政長官提名報請中央人民政府任命的主要官員全
部換掉，即使這樣，留任的主要官員還是與行政長官的任期相同，因為留任
的主要官員的新任期與新任行政長官的任期相同。

六

行政機關的職權及與其他機關的關係

（一）行政機關的職權

　　"基本法"第 62 條規定了香港特別行政區政府的六項職權："（一）制
定並執行政策；（二）管理各項行政事務；（三）辦理本法規定的中央人民政
府授權的對外事務；（四）編制並提出財政預算、決算；（五）擬定並提出法
案、議案、附屬法規；（六）委派官員列席立法會並代表政府發言。"這只
是很概括地規定了政府的幾項主要職權，許多具體職權和內容都分別規定
在"基本法"的其他章節。例如："基本法"第一章第 7 條規定的香港特別
行政區境內的土地和自然資源屬於國家所有，由香港特別行政區政府負責管
理、使用、開發和批租；第二章第 14 條規定的香港特別行政區政府負責維
持香港特別行政區的社會治安；第五章第 110 條規定的香港特別行政區政府
自行制定貨幣金融政策；第 111 條規定的港幣的發行權屬於香港特別行政區
政府；第 112 條規定的香港特別行政區政府保障資金的流動和進出自由；第
124 條規定的香港特別行政區政府自行規定在航運方面的具體職能和責任；

第 133、134 條規定的經中央人民政府授權或具體授權香港特別行政區政府行使的某些關於民用航空方面的權利，以及第六章教育、科學、文化、體育、宗教、勞工和社會服務與第七章對外事務兩章中規定的香港特別行政區政府享有的職權等。

由於行政長官是香港特別行政區政府的首長，因此香港特別行政區政府的有些職權和行政長官的一些職權是分不開的。如第 48 條關於行政長官的職權中規定，行政長官負責執行"基本法"和依照"基本法"適用於香港特別行政區的其他法律；依照法定程序任免公職人員等。行政長官的另一些職權則是行政長官所獨有的，如簽署立法會通過的法案、公佈法律；簽署立法會通過的財政預算案，將財政預算、決算報中央人民政府備案等。

決定行政機關的職權主要是根據行政機關的性質，所以執行法律和政策、擬定附屬法規、提出財政法案和其他法案、管理行政事務，當然屬於行政機關的職權。同時也參考了香港的現實情況，在香港政府的行政組織中，科主決策，由司級首長主管，政府部門首長負責指導其轄下部門的工作，使已獲得通過的政策能正確地施行。除布政司所轄各決策科外，財政司負責制訂財經政策，提出預算案，律政司負責草擬法例、執行檢控工作。[24] 這些職權與香港特別行政區基本法規定的行政機關的職權基本上是相同的。

現在香港行政機關的職權與香港特別行政區政府的職權也有一些不同，如香港特別行政區政府有權辦理香港特別行政區基本法規定的中央人民政府授權的對外事務，現在的香港政府則沒有這樣大的權力。香港特別行政區基本法沒有將行政會議列入行政機關內，與目前香港許多人將行政局列為行政機關、行政局之職權為行政機關之職權亦有不同。

---

[24]　參見《香港（一九八六年）》，第 20─27 頁。

（二）行政、立法及檢察機關間的關係

行政機關和立法機關之間的關係是政治體制中的一個重要問題，"基本法" 第 64 條對此作了規定。

在諮詢中有人認為 "基本法" 這樣規定行政機關對立法機關負責，內容過於狹窄。根據中英聯合聲明的精神和香港現在的情況而寫的第 64 條，包括了一般行政機關對立法機關負責的主要內容，基本上符合香港現在的做法，這一負責的內容不能說是過窄了。

有人認為應加上立法機關對行政機關的監督。"基本法" 第 64 條規定的負責內容，就是立法機關對行政機關的主要監督內容，如果再加上對行政機關的監督，則一方面似乎第 64 條規定的 "負責" 不是監督，另一方面好像還有另外的監督，但又沒有具體的監督內容。所以沒有被採納。

1997 年後，香港特別行政區立法會已不同於現在香港的立法局，它是名副其實的立法機關，如果能正確地貫徹基本法第 64 條，它就能對行政機關起到互相制衡的作用。

香港現在的刑事檢控工作由律政司負責，律政司署屬於行政部門，與內地的檢察機關不同。內地的人民檢察院由人民代表大會選舉產生，對人民代表大會負責，與人民政府和人民法院一樣，都是人民代表大會選舉產生的平行的國家機關。中英聯合聲明附件一規定："香港特別行政區的檢察機關主管刑事檢察工作，不受任何干涉。" [25] 根據這些情況，"基本法" 在第四章第二節行政機關中規定了一條："香港特別行政區律政司主管刑事檢察工作，不受任何干涉。"

司法獨立是香港法院工作中的一條重要原則，也是刑事檢控工作的原則。檢察機關應當依法辦事，不受行政和立法機關的干涉，不受個人和團體

---

[25] 《中華人民共和國政府和大不列顛及北愛爾蘭聯合王國政府關於香港問題的聯合聲明》，北京外文出版社，1984 年，第 10 頁。

的干涉。根據中英聯合聲明附件一的精神，考慮到香港現在的司法原則，"基本法"第 63 條強調刑事檢察工作，不受任何干涉，僅將中英聯合聲明附件一中的"檢察機關"改為"律政司"，這樣更符合香港現在檢察制度的情況。

（原載《一國兩制與香港基本法律制度》，北京大學出版社 1990 年 5 月出版）

第五章

香港特別行政區
立法機關

一

立法會的性質、法律地位
和議員的資格

（一）立法會的性質和法律地位

香港特別行政區立法機關的名稱是一個比較重要的問題，因為它不只是一個簡單的名稱，而是對英國統治下的殖民主義的最主要機構的名稱必須加以改變。現在的總督、行政局、立法局、布政司署就是香港政府的主要機構，對這些機構的名稱的改變，也是一種國家主權行為的體現，是恢復行使主權的結果，不瞭解這一點就不知道為什麼不能沿用"立法局"的名稱。當然，改變主要機關的名稱並不意味着現在香港政府所有各部門的名稱都要改變。為了香港的穩定，不可能也不必要改變香港政府現有各個機構的名稱，也不能簡單地從形式上來理解國家主權行為。

在"基本法"起草的諮詢和討論中，有人建議改稱立法議會、立法會議。立法議會容易給人們一種議會制的印象，而香港特別行政區又不是實行議會制，中英聯合聲明中中國對香港的方針政策也沒有這樣的規定。在 1988年 4 月香港特別行政區基本法起草委員會公佈的"基本法"（草案）徵求意見稿第 66 條規定："香港特別行政區立法會議是香港特別行政區的立法機關。"[1] 這樣既改變了原"立法局"的名稱，又改變不很大，立法會議的英文譯名仍為 Legislative Council。[2] 使人們易於瞭解立法機關的性質。後來有人認

---

[1]　參見《中華人民共和國香港特別行政區基本法（草案）徵求意見稿》，中華人民共和國香港特別行政區基本法起草委員會秘書處印，1988 年 4 月。

[2]　參見《中華人民共和國香港特別行政區基本法（草案）徵求意見稿》，中華人民共和國香港特別行政區基本法起草委員會秘書處印，1988 年 4 月。

為立法會議也會使人們將其看做一個會，而不是一個機關，有些混淆不清，不如就稱為"立法會"，現在有些地方，如澳門，也有這樣的名稱。"基本法"政治體制專題小組因而修改了這一條，在"基本法"草案中也將立法會議改為立法會。

也有人認為"基本法"第 66 條應改為香港特別行政區立法權屬於香港特別行政區立法機關。從原則上說這樣規定是完全正確的，也是中英聯合聲明附件一中載明的。但是"基本法"第 66 條與第 59 條、第 80 條一樣，都是說明本機關的名稱，這三個條文應當規範化，保持一致性。

如果說立法權屬於立法機關，這就是成為規定立法機關的職權，而不是規定名稱了。這樣的規定還有些同義反覆，所以後來政治體制專題小組沒有採納這一意見。不吸收這一意見是否不符合中英聯合聲明附件一的精神？當然不是，因為"基本法"第 2 條、第 17 條都定了香港特別行政區享有立法權，第四章第三節主要也是規定立法機關的立法權，第 66 條再這樣規定就顯得非常重複。

"基本法"第 66 條不但規定了香港特別行政區立法機關的名稱，而且規定了香港特別行政區立法會的性質，說明立法會的工作主要是制定香港特別行政區的法律，當然它不僅限於立法，還有"基本法"第 73 條規定的其他任務。第 66 條說明立法會是真正享有制定法律權力的機關，與 1997 年前香港的立法局有很大的區別。

立法會的主席不能由行政長官兼任，而是由立法會互選產生。立法會中無委任議員，對於立法會通過的法案，行政長官只能依法拒絕簽署，否則就要解散立法會或自己辭職。立法會制定的法律只報全國人大常委會備案，只有不符合"基本法"關於中央管理的事務及中央和香港特別行政區的關係的條款時，全國人大常委會才能將該法律發回。全國性的法律也只有極少數幾個適用於香港。這些情況說明香港特別行政區立法會是名副其實的立法機關，與 1997 年前具有諮詢性的原立法局有顯著的區別。

　　"基本法"第 66 條以及其他有關條文也說明了香港特別行政區立法會的法律地位。立法會是香港特別行政區的立法機關,是享有高度自治權的地方政權的主要組成部分。它擁有廣泛的權力:(1)制定、修改和廢除香港特別行政區法律;(2)審核、通過政府的財政預算;(3)聽取並辯論行政長官的施政報告;(4)有依法彈劾行政長官和使行政長官辭職的權力;(5)有依法向全國人大提出對"基本法"的修改議案權;(6)有依法修改"基本法"附件一和附件二的權力;(7)有同意任免法官的權力。香港特別行政區立法會作為立法機關和地方政權的主要組成部分的法律地位,體現了"港人治港"的精神。

(二)立法會議員的資格

　　關於立法會議員的資格,在"基本法"起草的諮詢中,提出過各種意見。有的認為香港是國際金融城市,有不少有才幹的外籍人士,立法會中應有他們的代表,因此,立法會中不應有國籍的限制。有的認為中英聯合聲明附件一沒有規定立法機關中的國籍問題,"基本法"可不作規定。有的認為對由普選產生的立法會議員應規定不能有外籍人士,由功能團體產生的議員則可以有外籍人士。有的認為對立法會議員中的外國人應有一個比例限制。有的認為對立法會中的外籍人士開始可以多一些,應逐步減少,這應當有一個方向。有的認為立法會議員應是香港永久性居民中的中國公民,或不擁有外國護照的公民。根據中英聯合聲明附件一的精神和上述各種不同的意見,1988 年 4 月公佈的"基本法"草案徵求意見稿規定,立法會主席必須是中國公民,對於議員則沒有作限制。③1989 年 4 月公佈的"基本法"草案仍然維持這一精神,沒有作任何改變。

---

③　參見《中華人民共和國香港特別行政區基本法(草案)徵求意見稿》,中華人民共和國香港特別行政區基本法起草委員會秘書處印,1988 年 4 月。

1989 年 12 月，英國政府單方面宣佈決定給予 5 萬戶（計 22.5 萬人）香港居民以包括在聯合王國居留權在內的完全英國公民地位以後，政治體制專題小組認為，考慮到英國這一決定違背了在 1984 年它自己的備忘錄所作的莊嚴承諾，對 1997 年後香港特別行政區立法會議員的組成有很大影響，因此建議增寫一條對立法會議員的資格做出進一步的規定："香港特別行政區立法會由在外國無居留權的香港特別行政區永久性居民中的中國公民組成。但非中國籍的香港特別行政區永久性居民和在外國有居留權的香港特別行政區永久性居民也可以當選為香港特別行政區立法會議員，其所佔比例不得超過立法會全體議員的百分之二十。"[④] 這就明確了立法會主要由在外國無居留權的香港永久性居民中的中國公民組成，對英國政府給予 5 萬戶香港居民以完全英國公民地位作了相應的資格限制，避免非中國籍的香港永久性居民和在外國有居留權的香港永久性居民佔有立法會當選議員的多數，避免非"港人治港"的情形出現。

考慮到香港的具體情況，又不完全排除非中國籍的香港永久性居民和在外國有居留權的香港永久性居民可當選為立法會議員，不過將這些人可以當選的比例作了明確的規定，比例為不超過 20%，就是說最高人數為 20%，可以少於 20%，不能多於 20%。以第一屆立法會為例，第一屆立法會現規定由 60 人組成，其 20% 即為 12 人，即最高人數不超過 12 人，但可以少於 12 人。這一 20% 的比例也是參考了現在香港立法局外籍人士的數目、五百多萬香港居民中有外籍人士的數目而定的，應該說這個比例對非中國籍香港永久性居民和在外國有居留權的香港永久性居民可當選為立法會議員來說，不是很少，而是比較高的，毫無"排外"的意思。

立法會每屆的任期 4 年，對此也有各種意見和主張。有的認為 3 年，有的認為應當和行政長官的任期相同。政治體制專題小組多數認為，3 年時間

---

④ 《中華人民共和國香港特別行政區基本法》，第 67 條。

較短，選舉次數比較頻繁，每隔兩年就要進行選舉；5 年一屆又較長，行政長官每任 5 年是為了有利於積累工作經驗，立法會議員與行政長官的工作不同，不需 5 年積累經驗，後來確定為 4 年。立法會的每屆任期也不必與行政長官的每任任期相同，其理由在有關行政長官的任期問題中已經論述。

　　"基本法"除了規定立法會每屆任期為 4 年外，還規定第一屆立法會的任期為兩年。其主要原因是：（1）準備與原香港立法局最後一屆相銜接。原香港立法局 1995 年為換屆選舉，到 1999 年為四年。1997 年中國恢復對香港行使主權，雖然與原香港立法局可以銜接，但 1997 年的立法會應當算為新的一屆，不與 1995 年至 1997 年的原香港立法局合併算為一屆，也不是從 1995 年起算屆。因為銜接的關係，這些議員在 1995 年前已經當了兩年，所以第一屆立法會議員只能任期兩年。（2）第一屆準備與原香港立法局相銜接。這些議員並不是按照"基本法"關於 1999 年至 2007 年的第二、第三屆立法會的選舉辦法產生的，就是說第一屆立法會與第二、第三屆立法會的產生辦法並不相同，所以第一屆的任期為兩年。

　　立法會如果經行政長官依照"基本法"的規定解散，按照"基本法"第 70 條的規定，應在 3 個月內重行選舉，選舉辦法須依照"基本法"第 68 條的規定。從"基本法"第 51 條的規定看，重行選舉的立法會是新的立法會，應算作新的一屆立法會。前一屆的任期應從解散時結束，新一屆的任期應從新組成之時算起。

　　"基本法"第 70 條規定 3 個月內重行選舉，因為一般說來兩、三個月可以完成新的立法會的選舉工作。但是不能將重行選舉的時間規定得太短，時間太短難以完成選舉；也不能將重行選舉的時間規定得太長，時間太長會影響立法工作，故"基本法"規定"須於 3 個月內"，即可以少於 3 個月，但不能超過 3 個月。

二

立法會的產生

（一）立法會產生的各種方案

　　立法會的產生方式和辦法是在香港特別行政區基本法起草過程中長期爭論的問題，不但意見分歧，而且爭論激烈。香港特別行政區基本法諮詢委員會政制專責小組在其 1987 年的《立法機關（最後報告）》中，歸納香港各界人士關於選舉立法機關的產生方式和比例共有 21 種，這些方式和比例如下表 [⑤] ：

方式　建議	普及直選	間接選舉	功能界別	大選舉團
1	100%			
2	75%		25%	
3	66.6%		33.3%	
4	60%		40%	
5	60%		25%	15%
6	50%		50%	
7	50%	25%	25%	
8	40%		60%	
9	40%		30%	30%
10	33.3%		33.3%	33.3%
11	33.3%		66.6%	
12	30%		60%	10%[①]
13	30%		30%	30% 10%[②]
14	30%		70%	
15	30%	20%	50%	
16	25%	25%	25%	25%
17	25%	25%	50%	
18	25%		25%	50%
19	25%		50%	25%
20[③]	0%			
21[④]			100%[⑥]	

[⑤] 引自《立法機關（最後報告）》，1987 年 6 月 12 日執行委員會通過，中華人民共和國香港特別行政區基本法諮詢委員會政制專責小組。

原表附註：

① 建議（12）81 個席數中約 10% 是由行政長官提名，經立法機關同意。

② 建議（13）100 個席位中 10% 是由各正、副司級官員互選。

③ 建議（20）並沒有詳盡的方案提出，但反對普及性直接選舉。

④ 建議（21）為兩個功能不同的議院制度，一為完全由普及直選產生，另一個則完全由功能界別產生。

本書作者註：

⑤ 建議（21）原表僅在此處列有百分比。

　　從上述選舉方式和比例的建議，略可看到對立法機關的產生意見非常分歧。根據這些情況，香港特別行政區基本法起草委員會政治體制專題小組認為，立法機關應由直接選舉和間接選舉相結合的混合選舉方式產生。1988 年 4 月公佈的香港特別行政區基本法草案徵求意見稿第 67 條規定：＂香港特別行政區立法會議由混合選舉產生。立法會議產生的具體辦法由附件二《香港特別行政區立法會議的產生辦法》規定。＂[⑥] 在＂基本法＂草案徵求意見稿的附件二中提出了四種選舉方式：（1）香港特別行政區立法機關由 80 人組成，由功能團體選出 50%，按地區直接選舉選出 25%，選舉團選出 25%；（2）立法機關由不少於 50% 的普及而直接的選舉、不多於 25% 的功能團體選舉，不多於 25% 的區域組織選舉產生；（3）立法機關成員共 60 人，30% 由顧問團推選非顧問、40% 由功能團體選舉、30% 由各地區直接選舉產生；（4）立法機關由工商界佔 30%、專業人士佔 25%、基層組織佔 20% 和地區性普選佔 25% 產生，選舉辦法由法律規定。由於對立法機關的產生的意見分歧，香港特別行政區基本法起草委員會將上述四種選舉方式都公佈出來，以廣泛徵詢意見，協調分歧。

---

⑥　參見《中華人民共和國香港特別行政區基本法（草案）徵求意見稿》，中華人民共和國香港特別行政區基本法起草委員會秘書處印，1988 年 4 月。

（二）對各種不同方案的初步協調

為了有助於解決分歧，政治體制專題小組提出在立法機關產生的條文即"基本法"草案徵求意見稿第 67 條中增加一款："附件二規定的立法會議的產生辦法可根據香港特別行政區的實際情況和循序漸進的原則予以變更。此項變更須經香港特別行政區立法會議全體成員三分之二多數通過，行政長官同意，並報全國人民代表大會常務委員會批准。" 這是考慮到香港各界人士在選舉辦法上的分歧一時難以取得一致，增加這一款以便在將來適當的時候可以修改選舉辦法，而修改的程序又不像修改 "基本法" 本文那樣困難，使一些分歧意見將來能更加接近些，使意見分歧者看到增加這具有靈活性內容的條款，以便促進不同意見將來得到進一步解決。

經過政治體制專題小組反覆與香港各界人士討論和協調，並提出了香港特別行政區立法會的產生辦法，經過香港特別行政區基本法起草委員會 1989 年 1 月在廣州舉行的第八次全體會議修改通過，作為 "基本法" 草案的附件二公佈。這個產生辦法的主要內容是：（1）第一屆至第四屆立法會的組成。第一屆立法會議員共 55 人，其中地區性代表人士 15 人，工商、金融界 16 人，專業界 12 人，勞工、社會服務、宗教等界 12 人；第二屆立法會議員共 65 人，地區性普選代表 25 人，工商、金融界 16 人，專業界 12 人，勞工、社會服務、宗教等界 12 人；第三、四屆立法會議員共 80 人，地區性普選代表 40 人，工商金融界 16 人，專業界 12 人，勞工、社會服務、宗教等界 12 人。（2）上述地區性普選，各個界別的劃分、名額分配等具體辦法，由香港特別行政區以選舉法規定，每個選民只能有一個投票權。（3）第一屆立法會按照全國人大的專門決定產生。在第四屆立法會任期內，由立法會擬定具體辦法，通過香港特別行政區全體選民投票，以決定第五屆立法會議員是否全部由普選產生，投票結果報全國人大常委會備案。投票的舉行必須獲得立法會議員多數通過、行政長官同意和全國人大常委會的批准方可進行。投票結果，必須有 30% 以上的合法選民贊成，方為有效。（4）如上述投票決定立法會議員全部由普選產生，從第五屆起實施；如投票決定不變，每隔 10 年可再按上述規定舉行一次全體選民投票。（5）除上述全體選民投票辦法外，關於立法會產生辦法的其他變更，須經立法會全體議員三分之二多數通過，行政長官同意，並報全國人民代表大會備案。[7] 這個立法會產生辦法公佈以後，香港有些人士認為在此基礎上再作些修改，可以接受；有些人士則認為直接選舉的進度太慢，不能接受。

以上情況再次說明，香港各界人士對立法會產生辦法的分歧是很大的，比行政長官的產生辦法的意見更加對立和分歧。

1989 年 2 月，全國人大常委會公佈 "基本法" 草案徵求意見稿後，在香港又提出了關於立法會產生的 34 個方案。[8] 香港政府的行政局、立法局的非官守議員提出了一個所謂 "兩局共識" 方案，將直接選舉的進程比 "基本法" 草案的規定大大加快，1991 年直選為 20 席，1995 年為 50%，2003 年全部直選。制定香港特別行政區基本法是全國人民代表大會的權力，是中華人民共和國的內政。所謂 "兩局共識"，是香港政府的兩個主要官方機構中非官守議員的 "共識"，當然被香港特別行政區基本法起草委員會所拒絕。兩局只能代表港英政府的意見，不能直接向香港特別行政區基本法起草委員會提出方案，香港特別行政區基本法起草委員會歡迎香港居民包括行政、立法兩局中非官守議員以個人身份對 "基本法" 草案提出修改意見，但不能直接接受香港政府主要官方機構的意見。

"兩局共識" 的出現，使立法會產生的意見更加複雜化，使 "基本法" 的起草更加艱巨。政治體制專題小組又對新提出的方案，進行了討論和協調，多數委員同意立法會第一屆的總人數為 60 人，由分區直選、功能團

---

[7]　參見《中華人民共和國香港特別行政區基本法（草案）》，1989 年 2 月 24 日《人民日報》。

[8]　參見《中華人民共和國香港特別行政區基本法（草案）諮詢報告》第 2 冊。中華人民共和國香港特別行政區基本法諮詢委員會，1989 年 11 月。

體、大選舉團三種選舉選出的議員組成。委員們認為，為了協調分歧和香港的穩定、繁榮，可以增加大選舉團的選舉方式，任總數 60 人中，其中直選的比例佔 30%；立法會的選舉還是按照循序漸進的原則，從 1997 年到 2007 年間要穩定 10 年。所謂穩定就是不要大變，也不是一成不變；原則上贊成立法會表決法案、議案時要按兩部分議員分開計票，分開計票也是為了協調分歧和香港的穩定、繁榮。在此基礎上又討論通過了《附件二香港特別行政區立法會的產生辦法和表決程度》。

這個附件二是 1990 年 1 月基本法起草委員會政治體制專題小組在廣州由多數委員通過的主流方案，其主要內容是：（1）立法會每屆 60 人，第一屆由分區直接選舉產生議員 18 人，選舉委員會選舉產生議員 12 人，功能團體選舉產生議員 30 人；第二屆由功能團體選舉議員 30 人，選舉委員會選舉議員 6 人，分區直接選舉議員 24 人；第三屆由功能團體選舉議員 30 人，分區直接選舉議員 30 人。除第一屆立法會外，分區直接選舉、功能團體選舉、選舉委員會選舉的辦法，由香港特別行政區政府提出並經立法會通過的選舉法加以規定。（2）立法會對法案、議案的表決程序，除"基本法"正文另有規定外，立法會對法案和議案的表決，須經功能團體選舉產生的議員和分區直接選舉、選舉委員會選舉產生的議員兩部分出席會議議員各過半數通過。政府提出的法案，如未獲得上述兩部分出席會議議員各過半數通過，經政府對該法案進行修改後再次提交立法會表決，如獲得出席會議的全體議員的過半數票，即為通過。（3）在 2007 年以後，各屆立法會的產生辦法和法案、議案的表決程序，如需對附件二的規定進行修改，須經立法會功能團體產生的議員和分區直接選舉產生的議員兩部分出席會議議員各過半數通過，且獲得立法會全體議員三分之二多數票，並報全國人大常委會備案。

（三）對各種不同方案的最後協調

　　上述主流方案通過後，香港許多人對它提出反對意見，反對分兩部分計票辦法和直接選舉的比例不夠大，反對的原因是多方面的、複雜的。有人認為香港特別行政區基本法起草委員會政治體制專題小組會上提出的其他方案比主流方案更加保守。根據這些情況，香港特別行政區基本法起草委員會第九次全體會議經過充分討論和協調，又對政治體制專題小組通過的主流方案進行了以下修改：（1）將第一屆立法會的分區直選產生的議員由 18 人增加到 20 人，選舉委員會選舉產生的議員減為 10 人；（2）政府提出的法案，如獲得出席會議的全體議員的過半數票，即為通過。立法會議員個人提出的議案、法案和對政府法案的修正案均須分別經功能團體選舉產生的議員和分區直接選舉、選舉委員會選舉產生的議員兩部分出席會議議員各過半數通過。（3）2007 年以後立法會的產生辦法和法案、議案的表決程序，如需對附件二的規定進行修改，須經立法會全體議員三分之二多數通過，行政長官同意，並報全國人大常委會備案。⑨

　　經過四年又八個月，立法會產生方案終於誕生了。它真是來之不易。

　　"基本法"第 68 條及附件二主要規定了以下內容：（1）規定了立法會產生的原則。"立法會由選舉產生"，"產生辦法根據香港特別行政區的實際情況和循序漸進的原則而規定，最終達至全部議員由普選產生的目標"。（2）規定了立法會第一、二、三屆的總人數（60 人），每屆議員的組成（第一、二屆由功能團體、選舉委員會、分區直接選舉選出的議員組成，第三屆則無選舉委員會選出的議員）和比例（第一、二、三屆由功能團體選出的議員均為 50%；第一屆分區直接選舉選出的議員佔 33.3%，第二屆佔 40%，第三屆佔 50%；選舉委員會選出的議員在第一屆佔 16.6%，第二屆佔 10%）。（3）規

---

⑨　參見《中華人民共和國香港特別行政區基本法（草案）》，見 1990 年 2 月 18 日《人民日報》。

定第二、三屆立法會的具體選舉辦法，由香港特別行政區以選舉法規定，對 2007 年以後立法會的產生辦法和表決程序，附件二也作了規定。（4）規定了對政府和議員個人提出議案的表決程序。這裏所說的（3）、（4）兩項內容，即香港特別行政區基本法起草委員會第九次全體會議對基本法（草案）附件二所作的部分修改內容，本文前已說明，這裏不再重複。

"基本法" 對立法會產生的原則、辦法和表決程度的規定是比較好的。第一，這些規定符合中英聯合聲明中中國對香港的基本方針政策。中國解決香港問題的基本方針之一是在恢復行使主權的前提下，保持香港的穩定和繁榮。"基本法" 對立法會的這些規定如循序漸進、從香港的實際出發，都有利於香港的繁榮和穩定。第二，體現了香港各階層的利益和意見。立法會既有直接選舉，又有功能團體選舉和選舉委員會選舉產生的議員，直接選舉的比例逐漸增加，這種組成和比例照顧了各個階層的利益和共同民主參與。第三，較好地協調了香港各界人士對立法會產生方案的分歧，既吸收了各個方案的優點，又照顧到現狀與未來，有利於香港特別行政區將來按照香港的實際情況協調對立法會如何進一步發展的各種意見。

從香港一些報紙發表的對 "基本法" 的政制的評論來看，認為政制方案是好的，是可以接受的。《天天日報》在其社論《九七前後政制塵埃落定》中評論說："修訂過的香港政制方案，中英港三方面都同意。" "比 1988 年政制白皮書更是向民主邁開大步，……而且訂下了過渡期間的進程"[⑩]。《華僑日報》在其 2 月 19 日社論中說："草委最後一次全體大會以互讓互諒的精神使基本法草案如期產生出來，亦可顯中、港、英三方面關係恢復正常化的一個轉折點。……當然，任何一個方案難令每一個人都滿意，任何一種政制都有人反對的，以基本法的特殊性與複雜性更不能例外。"[⑪]《明報》在其 2

---

⑩ 《九七前後政制塵埃落定》，見 1990 年 2 月 17 日《天天日報》社論。

⑪ 《循既定路線走向既定目標》，見 1990 年 2 月 19 日《華僑日報》社論。

月 18 日社評《一項根本性的政制修改》中說："香港基本法起草委員會最後
一次全體會議通過了 24 項修改提案，完成了草案的起草工作。總體來說，
草案內容符合中英聯合聲明，努力企圖建立一國兩制的構想，……應當是可
以滿意的。"⑫

香港特別行政區基本法起草委員會能在四年多的時間裏，對極其複雜、
意見非常分歧的政治體制問題，特別是立法會產生方案，能夠終於在最後一
次全體會議中獲得通過，其中一條主要經驗就是依照中英聯合聲明的精神和
原則，反覆地堅持不懈地進行協調：

1. 分析香港現行政治體制，研究香港各界對 1997 年後政治體制的意見，
討論設計香港特別行政區 1997 年後的政治體制的基本指導原則，先在指導原
則上力求取得共識，以便進一步分析具體方案，而不是先從具體方案入手，
忽視指導原則。這樣將會造成本末倒置，拖長起草時間，且無濟於事。所以
力求在指導原則上取得共識，這是協調工作的第一步，也是協調的基礎。

2. 討論、研究各個具體政制方案，並且進行比較，依照上述指導原則衡量
哪些方案更符合原則，哪些方案中的哪一部分或哪一點更符合指導原則，哪些
方案或方案中的哪一點更符合香港的實際情況，哪一個方案或哪些方案中的哪
一點能為香港各界人士所接受，力求進一步協調，取得一些符合指導原則的具
體成果，能在一些具體問題上達成一些協議，這是協調工作的第二步。

3. 將政治體制專題小組中提出的各種方案一一公佈，徵求香港居民的意
見，聽取香港居民對各個方案的評論。在不能達成協議取得共同接受的方案
之前，不強求一致，而是一面在香港進行諮詢工作，一方面進行協調，爭取
能在協調中找出一個或兩個方案，或者找出各方面都能接受的共同點。

4. 在政治體制專題小組中再次協調，並參考香港各界人士的意見，按照
少數服從多數的原則，提出一個多數贊成的方案。經香港特別行政區起草委

---

⑫《一項根本性的政制修改》，見 1990 年 2 月 18 日《明報》社評。

員會修改通過、公佈後，再一次聽取香港各界人士的意見，進行最後的協調。力求使立法會產生方案既符合中英聯合聲明的精神和原則，又兼顧香港各階層的利益、能為香港各階層多數人士所接受。

5. 原則性與靈活性相結合。協調工作是長期的，極其細緻艱苦的工作，首先必須堅持協調的原則，不堅持原則就會使協調沒有方向，就會成為和稀泥，就不能得出一個符合中英聯合聲明精神的方案，這將不利於香港的穩定和繁榮。如果不講原則，為協調而協調，這樣的協調也行不通。但是只顧原則而沒有較好的適當的靈活性，在必須兼顧各階層的利益和意見，並做出某些妥協和讓步時，而不能做出某些靈活的決定，則原則性也難以為更多的人士所接受，立法會產生方案也難以為更多人士所滿意。所以在協調中必須堅持原則性與靈活性相結合，二者必須兼顧。

三

立法會主席、立法會的職權
和會議程序

（一）立法會主席

在"基本法"的起草過程中，對立法會主席的產生曾經提出兩個方案，一是主張立法會主席由立法會成員互選產生，另一個方案主張立法會主席由行政長官兼任。[13]

經過討論和諮詢，政治體制專題小組多數委員認為由立法會成員互選

---

[13] 參見《中華人民共和國香港特別行政區基本法（草案）徵求意見稿》，中華人民共和國香港別行政區基本法起草委員會秘書處印，1988 年 4 月。

產生比較適當，如果由行政長官兼任，則行政長官權力過大，而且易造成行政權與立法權的混淆不分。雖然現在香港由總督兼任立法局主席，但1997年香港特別行政區立法會不一定要沿用此制，港督的地位與1997年的行政長官的地位也不同，港督是英女王的代表，立法局是港督的立法諮詢機構，行政長官的地位則與此不一樣，不必兼任立法會主席，集行政、立法權於一人。

"基本法"第71條對立法會主席的資格也作了規定。儘管在中英聯合聲明附件一中對主要官員的資格作過規定，必須是香港永久性居民中的中國公民，對立法機關的主席並沒有作同樣的規定。但是立法會主席是一個很重要的職位，按照中英聯合聲明附件一的規定，各主要政府部門（相當於"司"級部門，包括警察部門）的正職和某些主要部門的副職只能由香港永久性居民中的中國公民擔任，立法會主席雖然沒有明文規定是"司"級，但無論從香港現在的情況還是1997年後立法會主席的地位來看，立法會主席絕不是低於"司"級的職位，因此立法會主席必須由香港永久性居民中的中國公民擔任。

由於立法會主席職位的重要性，"基本法"才規定立法會主席由年滿40周歲、在香港通常居住連續滿20年並在外國無居留權的香港特別行政區永久性居民中的中國公民擔任。這一資格的規定完全與行政長官的資格相同。在諮詢中，有些人認為規定年齡過高，居住20年太長，但考慮到香港有些人士對內地的信心和擔心，故未作改動。

在討論立法會主席時，也有人認為，當立法會主席短期不能履行職務時，由誰代理主席職務沒有規定，建議設立一位副主席協助主席工作，在必要時主席可指定副主席主持會議或代理主席職務。但也有人認為沒有必要設立副主席，副主席的職責不明確，不如不設，立法會主席短期不能履行職務時，可以由立法會主席指定一位議員代行其職務，或者由資深的議員擔任。後來決定不規定設副主席。

"基本法"第72條規定了立法會主席的職權共有六項，歸納起來可分為三個方面。第一，主持會議，決定議程，決定開會時間；第二，在休會期間可召開特別會議，應行政長官的要求召開緊急會議；第三，立法會議事規則所規定的其他職權。

立法會主席的職權是參考香港立法局現在的情況和1997年7月立法會的新情況而定的，基本上與現在的情況相同。但是1997年7月行政長官不兼立法會主席，"基本法"第72條第（二）項因此規定，立法會主席"決定議程，政府提出的議案須優先列入議程"。在1997年7月以前港督兼立法局主席，決定議程[⑭]，政府的提案由官守議員提出，所以議程的決定和優先討論政府的提案，都不成問題；1997年7月以後，官守議員的情況已經改變，故應增寫"政府提出的議案須優先列入議程"。目前，國際上許多國家包括英國議會也是這樣做的。這樣的規定有利於做好行政工作、提高行政效能。

在諮詢中，有人提出現有條文把過大權力交給立法會主席。其實，"基本法"規定的立法會主席的權力比現在港督兼立法局主席的權力已經減少，現在規定的立法會主席的職權是比較適當的。

（二）立法會的職權

按"基本法"第73條規定，香港特別行政區立法會行使的職權有10項，歸納起來可分為下列五個方面：

1．立法權。根據"基本法"的規定並依照法定程序制定、修改和廢除法律。立法會通過的法案，經行政長官簽署、公佈後，即生效成為法律。根據"基本法"的規定，立法會制定的法律須報全國人大常委會備案，備案不

---

⑭　參見鄭宇碩編：《香港政制及政治》，天地圖書有限公司，1987年7月，第96頁。

影響該法律的生效。根據"基本法"第160條的規定，香港特別行政區成立以後，立法會如發現香港原有法律與"基本法"抵觸時，亦可依照"基本法"規定的程序對原有法律進行修改或使其停止生效。

2．審核財政預算權。根據政府的提案，立法會有權審核、通過財政預算；有權批准稅收和公共開支。香港現在審核政府的財政預算制度是：財政預算需經立法局三讀通過，在第二讀中，財務委員會負有審查的責任。其目的在於防止政府濫用公帑，但不能對政府的支出作增加的建議，它只能接受、不接受或作減少的建議，只能討論支出，不能動議修改政府的稅收。⑮

3．質詢、辯論權。聽取行政長官的施政報告並進行辯論；對政府的工作提出質詢；就任何有關公共利益問題進行辯論。立法會還有接受香港居民申訴並做出處理的權力；有傳召有關人士出席作證和提供證據的權力。立法會的這些權力大都是香港現在立法局所有的，立法局每年可就港督的施政報告進行辯論，可就政府負責之公共事宜提出問題，要求為該事宜提供資料或採取行動。但"基本法"規定，政府官員或其他負責政府公務人員向立法會或其屬下的委員會作證和提供證據，要由行政長官決定。

4．彈劾權。立法會有權彈劾行政長官。彈劾的程序是：（1）有立法會全體議員的四分之一聯合動議，指控行政長官有嚴重違法或瀆職行為而不辭職；（2）經立法會通過進行調查，委託終審法院首席法官負責組成獨立的調查委員會，由首席法官擔任主席；（3）調查委員會負責進行調查，並向立法會提出報告；（4）調查委員會認為有足夠證據構成上述指控，立法會以全體議員三分之二多數通過，可提出彈劾案；（5）報請中央人民政府決定。

5．任免權。有權同意終審法院法官和高等法院首席法官的任免。

立法會的職權是根據它是立法機關的性質和地位而規定的，所以立法會的職權比現在香港立法局的權力大得多。同時，立法會職權的規定又是參考

⑮　參見《立法機關（最後報告）》，1987年6月12日執行委員會通過，中華人民共和國香港特別行政區基本法諮詢委員會政制專責小組。

了現在香港立法局的職權，以照顧到制度的穩定和適合香港的情況。這樣，"基本法"規定的立法會的職權大體上是適當的。

有人認為立法會對主要官員應該有彈劾的權力，但"基本法"沒有作此規定。因為，第一，主要官員是行政長官提名的，要對行政長官負責，主要官員有錯誤要受到行政長官的監督，還有公務人員制度的管理。第二，行政長官、主要官員都是行政機關的組成人員，行政機關對立法機關負責，已經包括主要官員在內。第三，主要官員與行政長官的法律地位也不同，行政長官是特別行政區的首長，主要官員則只是行政機關的主要成員，他們的違法、瀆職行為應按照一般的法律程序處理。

立法會是否應當有罷免行政長官的權力，"基本法"沒有作此規定，因為"基本法"已經規定以行政長官為首的行政機關要對立法會負責，立法會對行政長官有彈劾權、有迫使行政長官辭職的權力。這些權力是香港現在立法局基本上沒有的，是對行政長官有力的制衡和監督。再對行政長官實行罷免權就沒有必要了。

（三）立法會的會議程序

根據"基本法"的規定，立法會的會議程序主要有以下四點：

1. 立法會舉行會議的法定人數為不少於全體議員的二分之一。在起草過程中，對多少人出席會議方為合法，曾有不同意見。有人認為立法會的法定人數不必為超過全體議員的二分之一，人數訂多了，常開不成會，有些議員沒有時間開會。另一種意見認為，不到全體議員的二分之一即可合法地開會並通過法案、議案，這是不夠慎重的、危險的，如果立法會不足 30 人即可合法地開會，那麼有時幾個人即構成出席會議的過半數，可通過法案、決定重大問題，這是不慎重的。被選為立法會的議員就應當認真做好議員的工作，如果出席立法會的會議的時間都沒有，則應考慮是否應當繼續參加立法會的工作。

2. 立法會的表決程序。在 "基本法"（草案）徵求意見稿及 1989 年 2 月公佈的 "基本法"（草案）中，都規定："除本法另有規定外，香港特別行政區立法會對法案和議案的表決，須經出席會議的過半數成員（議員）通過。"[16] 後來，由於提出在立法會中採取兩組分開計票的辦法，故取消了 "基本法"（草案）中的上述內容，將其修改後放在 "基本法"（草案）附件二《香港特別行政區立法會的產生辦法和表決程序》的第二點中，即除 "基本法" 另有規定外，政府提出的法案，如獲得出席會議的全體議員的過半數票，即為通過。議員個人提出的議案、法案和對政府法案的修正案均須由出席會議的兩部分議員的各過半數通過。

"基本法" 附件二第二點規定的 "除本法另有規定外" 即指 "基本法"第 49、52、73、79、159 等條規定，須經立法會出席會議或全體議員的三分之二多數通過者。

3. 立法會議事規則由立法會自行制定，但不能與 "基本法" 相抵觸。"基本法" 只規定了一些主要的會議程序，不可能作更詳細的規定，因此需要制定立法會議事規則，作為 "基本法" 規定的原則下的具體補充規程，使立法會的會議和工作能按照法定的規範進行。現在香港立法局有 1968 年 10月制定的《香港立法局會議常規》，該會議常規共分 14 部分，對會期、會議、休會、動議、辯論規則、表決等都作了規定。1997 年 7 月以後，香港特別行政區立法會應當有類似的規則，由立法會自行制定，但議事規則的內容不能與 "基本法" 相抵觸。

4. 立法會通過的法案，須經行政長官簽署、公佈，方能生效。立法會通過法案，立法程序並沒有完成，還要經過行政長官簽署、公佈，才算完成

---

[16] 見《中華人民共和國香港特別行政區基本法（草案）徵求意見稿》，中華人民共和國香港特別行政區基本法起草委員會秘書處印，1988 年 4 月。

了立法手續，法律才能生效。所以，立法會在通過法案以後，應決定將該法案報送行政長官。

四

....

立法會議員的提案權、豁免權
和議員資格的喪失

（一）立法會議員的提案權

"基本法"第74條規定，"香港特別行政區立法會議員根據本法規定並依照法定程序提出法律草案，凡不涉及公共開支或政治體制或政府運作者，可由立法會議員個別或聯名提出。凡涉及政府政策者，在提出前必須得到行政長官的書面同意。"就是說，立法會議員可以依法提出兩類法律草案：第一，不涉及公共開支、政治體制、政府運作的法律草案都可以提；第二，涉及政府政策的也可以提，但在提出此類法律草案以前必須得到行政長官的同意。

公共開支涉及政府的財政支出，政治體制涉及香港特別行政區基本法規定的行政、立法、司法、區域組織等結構，政府運作涉及政府的管理，這些都是香港特別行政區的重大問題或涉及財政的問題，只有香港特別行政區的行政、立法、司法機關對這些問題最清楚、最熟悉，最瞭解其中帶有科學技術和專門性的問題，因此不宜於由議員個人提出這些方面的法律草案，而應由有關機關、部門提出。隨着科學技術的日益發展，許多專門化的問題日益增加，需要有關機關才能提出法案，這將成為世界各國立法的發展趨勢。政府政策既是由政府制定的，又涉及公眾利益，所以在得到行政長官書面同意後，議員個人應當可以提出法律草案。

"基本法"的這些規定與現在香港立法局議員的提案權也大體相似,但立法會議員的提案權在某些方面實際上比現在立法局議員的提案權要大。現在香港立法局非官守議員的提案權是很有限的,"幾乎所有的法律草案都是由官守議員提出的。議事規則容許非官守議員提出法案,但實際上這種方便只用於一個慈善團體、會社或其他機構的組成方面,為了使它合法擁有財產。這些法案都依循一個標準模式,而且通常都是由與有關機構發生聯繫的非官守議員提出的"⑰"政府條例草案通常由官守議員提出","私人條例草案由非官守議員提出,內容是不涉及政府措施的。傳統上,私人條例草案的內容是限於一些不會全面影響本港的措施,例如有關設立慈善團體的草案。但在法例上,私人條例草案的內容不受任何限制,但草案若會導致政府稅收或其他公帑有任何消耗或負荷,則必須獲總督推薦,方可提出。而私人條例草案是需立法局法律顧問簽署之證明書,以證明該條例草案符合會議常規之規定及本港法例之一般形式"⑱。有的香港學者甚至說,立法局議員的立法工作是被動的,雖然個別議員可以名義上提交私人法案,由於專業知識缺乏,政府不高興等原因,形成立法局是審核法案,而不是創造法案的地方。⑲從以上情況,可見現在香港立法局除由任政府官員的官守議員外,非官守議員的提案權實際上是很小的,而立法會議員的提案權則大得多。

(二)立法會議員的豁免權與議員資格的喪失

立法會議員是由選舉產生的,他們受選民、選舉團體和界別的委託,參

---

⑰ N. J. Miners. *The Government and Politics of Hong Kong*, Oxford University Press, 1982, Charpter Ⅷ .

⑱ 《立法機關(最後報告)》,第 20 頁,1987 年 6 月執行委員會通過,中華人民共和國香港特別行政區基本法諮詢委員會政制專責小組。

⑲ 參見鄭宇碩編:《香港政制及政治》,天地圖書有限公司,1987 年 7 月,第 96 頁。

加立法會的工作。為了使議員能履行其應盡的職責，做好一個議員的工作，"基本法"規定立法會議員享有豁免權。這些權利是：第一，立法會議員在立法會的會議上發言，不受法律追究；第二，議員在出席會議時和赴會途中不受逮捕。

立法會議員享有的豁免權不但是根據其法律地位和工作性質而做出的規定，也參考了香港現在的實際情況，所以，這些規定和內地的各級人民代表大會代表享有的豁免權並不完全相同。

立法會議員是立法會的組成人員，對香港特別行政區居民負有重要責任，應當盡忠職守，忠於中華人民共和國香港特別行政區。"基本法"第79條規定，立法會議員有下列情況之一者，即由立法會主席宣告其喪失立法會議員的資格，這裏實際上也是對議員提出的要求，如果議員具有這些情況之一，就不能當一個議員。這些情況是：

1. 因嚴重疾病或其他情況無力履行職務。這是因為健康上的原因，以致議員已沒有能力履行其職務，而不是指短時間的不嚴重的疾病或身體稍有不健康。

2. 未得立法會主席的同意，連續三個月不出席會議而無合理解釋者。這是指該議員已不顧其所負的職責，處於失職的情況。

3. 喪失或放棄香港特別行政區永久性居民的身份。這是該議員已經不合乎"基本法"第26條關於香港特別行政區永久性居民依法享有選舉權和被選舉權的規定。

4. 接受政府的委任而出任公務人員。這是指議員如果在政府中擔任了公務人員，就必須放棄議員的職務，而不能同時兼任二者，以繼續保留原有公務員制度的原則。

5. 破產或經法庭裁定償還債務而不履行。這一規定是資本主義的法律制度，一個破產者是不能擔任公職的。

6. 在香港特別行政區區內或區外被判犯有刑事罪行，判處監禁1個月以上，並經立法會出席會議的議員三分之二通過解除其職務。這裏是指該議員犯罪、被監禁，而且在立法會討論後認為其已喪失立法會議員資格、經出席會議的三分之二的議員通過。

7. 行為不檢或違反誓言而經立法會出席會議的議員三分之二通過譴責。這裏是指議員違反就職時的宣誓、有不符合議員身份的行為，經過立法會討論並認為其已喪失立法會議員資格，有三分之二議員通過對其進行譴責。

（原載《一國兩制與香港基本法律制度》，北京大學出版社 1990 年 5 月出版）

第六章

論以行政為主導的
香港特別行政區政治體制

香港特別行政區基本法及其政治體制是依據中華人民共和國憲法制定的①，也是按照 1984 年簽署的中英聯合聲明中中國對香港的基本方針及對這些方針政策的具體說明而制定的。② 香港特別行政區的政治體制是"一國兩制"下的新的政治體制，是歷史上沒有先例的，它不是從別處抄來的、搬來的，它不是內地實行的人民代表大會制③，也不是美國式的"三權分立"制，也不是香港原有的總督制，而是一種新的以行政為主導的政治體制，也就是行政長官制。弄清這一點，對於正確認識香港特別行政區政治體制的實質及其運作，正確理解香港特別行政區行政與立法之間的關係及如何處理二者的關係，對於維護香港特別行政區的繁榮與穩定，都有重要的意義。所以研究香港特別行政區政治體制，重點應研究其以行政為主導的原則。

在香港基本法中並沒有明確規定政治體制以行政為主導，但是香港基本法的政治體制中卻貫穿了以行政為主導的原則，只有深入研究這一原則，才能真正掌握香港特別行政區政治體制的實質，不能以香港基本法沒有用文字規定以行政為主導的原則而否定這一原則。

什麼是以行政為主導？就是在行政與立法的關係中，行政長官的法律地位比立法機關的法律地位要高一些，行政長官的職權廣泛而大一些，行政長官在香港特別行政區政治生活中起主要作用。行政主導不同於立法主導，在起草香港基本法時有一種意見認為應當規定立法主導，就是在行政與立法的關係中，行政長官應當由立法機關選舉產生，受立法機關的領導，對立法機關負責，立法機關是權力機關，是決策機關。這就是要立法機關在香港特別行政區的政治生活中起了主導作用。香港基本法起草委員會並沒有採納這一種意見，而是接受了行政主導的原則。

以行政為主導主要體現在香港基本法的以下規定中，現分別加以具體說明。

---

① 參見《中華人民共和國香港特別行政區基本法》"序言"部分。

② 參見《香港問題文件選輯》，人民出版社，1985 年，第 65 頁。

③ 蕭蔚雲：《香港基本法與一國兩制的偉大實踐》，海天出版社，1993 年，第 174 頁。

一

行政長官的法律地位高

　　香港基本法第 43 條規定："香港特別行政區行政長官是香港特別行政區首長，代表香港特別行政區。香港特別行政區行政長官依照本法的規定對中央人民政府和香港特別行政區負責。"第 59 條規定，"香港特別行政區政府是香港特別行政區行政機關。"第 60 條又規定，"香港特別行政區政府的首長是香港特別行政區行政長官。"從這些規定中可以看到行政長官具有兩重身份，這就是他的法律地位，一重身份是香港特別行政區的首長，另一重身份是香港特別行政區行政機關也就是香港特別行政區政府的首長。第一重身份說明行政長官是整個香港特別行政區的首長，其法律地位高於行政機關、立法機關和司法機關，這和典型的美國三權分立，行政機關、立法機關和司法機關是平行的三權鼎立不同。可見香港基本法所採用的政治體制並不是三權分立制，雖然香港特別行政區政治體制中有行政與立法互相制約的內容，但是它又不同於三權分立，實際體現的是行政長官制。這種高於行政、立法、司法三機關之上的設計，充分說明了香港特別行政區政治體制的獨有特色。行政長官的第二重身份說明他是行政機關即政府的首長，這裏所指的政府不是通常政治學上的大政府，即包括行政機關、立法機關、司法機關三者在內的政府，而是單指行政機關，所以這一行政機關的首長的法律地位低於作為整個香港特別行政區的行政長官，行政長官的這兩重身份是有明顯區別的。

　　行政長官是香港特別行政區首長，是在當地選舉或協商產生的[④]，因此香港基本法又規定，行政長官代表香港特別行政區。在處理對內對外的重大行

---

④　參見《中華人民共和國香港特別行政區基本法》第 45 條。

政事務上只有行政長官才能代表香港特別行政區，其他機關沒有這一權力。在一些對外的禮儀事務中，如有外國的國家元首或政府總理訪問香港特別行政區，只有行政長官可用香港特別行政區的名義來接待，香港特別行政區直轄於中央人民政府，香港特別行政區在與中央人民政府發生行政事務上的聯繫時，也應由行政長官代表香港特別行政區進行，而不是由其他機關。可見在一般情況下對內對外代表香港特別行政區的是行政長官。

　　行政長官的權責是一致的，他是在當地選舉或協商產生，由中央人民政府任命，中央依法授予他權力，他應當依法對中央人民政府負責，對香港特別行政區負責，不是由其他機關代表香港特別行政區向中央人民政府負責，這也說明行政長官的法律地位，這與香港的總督制也是不同的，總督不是經過選舉產生的，而是英女王任命，是英女王在香港的代表，實行殖民主義統治，向英女王負責，而不對香港負責。行政長官並不是中央人民政府在香港特別行政區的代表。

　　行政長官制與內地的人民代表大會制也是不同的，內地的地方國家權力機關是地方各級人民代表大會，行政機關、審判機關、檢查機關由人民代表大會選舉產生，受人民代表大會監督，向人民代表大會負責，省長、市長、縣長、鄉長都是地方人民代表大會選舉產生，向地方人民代表大會負責。在香港特別行政區不設立地方人民代表大會，行政長官由推選委員會、選舉委員會或普選產生[5]，與內地的省長、市長等產生方式及法律地位均不同。

---

[5]　參見《中華人民共和國香港特別行政區基本法》第 45 條。

二

....

從職權上看行政長官的權力較廣泛

這是行政主導的又一重要標誌。與行政長官的法律地位相適應，他具有較廣泛的職權，這種廣泛的職權不是毫無根據地賦予的，而是由他的兩重身份的法律地位決定的，所以他又與香港的總督制不同，總督因為是英女王在香港的代表，集行政、立法、軍事大權於一身[6]，行政長官則無立法權和軍權，這既不是集大權於一身，又適當地體現行政為主導的原則。

行政長官的廣泛權力主要表現在香港基本法第 48 條，其權力可歸納為三個方面：（1）政治方面。領導香港特別行政區政府；提名並報請中央人民政府任命主要官員；依照法定程序任免各級法院法官和公務人員；決定政府政策；代表香港特別行政區處理中央人民政府授權的對外事務和其他事務；根據安全和重大公共利益的考慮，決定政府關員或其他負責政府公務的人員是否向立法會或其屬下的委員會作證和提供證據；處理請願、申請事項。（2）法律方面。簽署立法會通過的法案，公佈法律；發佈行政命令；執行中央人民政府就香港基本法規定的有關事務發出的指令；赦免或減輕刑事罪犯的刑罰；負責執行香港基本法和依照香港基本法適用於香港特別行政區的其他法律。（3）經濟方面。簽署立法會通過的財政預算案，將財政預算、決算報中央人民政府備案；批准向立法會提出有關財政收入或支出的動議。從上述職權看，有些是屬於香港特別行政區政府首長身份的職權，但大部分是屬於香港特別行政區首長身份的職權。可見行政長官具有這樣廣泛的權力是應當的。

---

⑥　參見香港政府：《香港 1994》，香港政府印務局，1994 年，第 17 頁。

三

立法受到行政的一定制約

香港基本法第 49 條規定，行政長官如認為立法會通過的法案不符合香港特別行政區的整體利益，可在三個月內將法案發回立法會重議，立法會如以不少於全體議員三分之二多數再次通過原案，行政長官必須在一個月內簽署公佈或按香港基本法第 50 條的規定處理。第 50 條規定，行政長官如拒絕簽署立法會再次通過的法案或立法會拒絕通過政府提出的財政預算案或其他重要法案，經協商仍不能取得一致意見，行政長官可解散立法會。從這些規定可以看到立法會雖然可以不少於全體議員三分之二多數再次通過原案，體現立法對行政的制約，但是行政長官又有權解散立法會，這就體現了行政的主導作用，行政長官對立法會有更大的制約權。

香港基本法第 64 條雖然規定了行政機關要對立法負責，但這裏的負責只限於："執行立法會通過並已生效的法律；定期向立法會作施政報告；答覆立法會議員的質詢；徵稅和公共開支須經立法會批准。" 立法會只是聽取施政報告，議員可向行政長官提出質詢，但並沒有向政府提出不信任案的權力，所以香港特別行政區並不是實行責任內閣制一樣的制度，立法會沒有倒閣權，這也體現了行政主導的原則。

香港基本法還對立法會議員的提案作了規定，即立法會議員根據香港基本法並依照法定程序有權提出法律草案，"凡不涉及公共開支或政治體制或政府運作者，可由立法會議員個別或聯名提出。凡涉及政府政策者，在提出前必須得到行政長官的書面同意"。這一規定一方面體現了行政和立法有適當的分工，涉及公共開支、政治體制或政府運作的法律草案，議員不能提，涉及政府政策者在提出前要得到行政長官的書面同意。另一方面這一規定體現了一個重要原則，即以行政為主導。立法會議員在提出法律草案時，不得侵犯或妨礙行政權的執行。對立法會議員的提案權的這些限制，是為了保證行政權的有效運行，有利於香港的繁榮和穩定。

　　香港基本法附件二還對立法會對法案、議案的表決程序做出了規定：政府提出的法案，如獲得出席會議的全體議員的過半數票，即為通過；立法會議員個人提出的議題、法案和對政府法案的修正案均須分別經功能團體選舉產生的議員和分區直接選舉、選舉委員會選舉產生的議員兩部分出席會議議員各過半數通過。香港基本法的這一規定主要是使政府提出的法案較議員提出的法案容易通過，以保證行政的有效運行，所以在立法程序上也體現了行政主導的原則。

<h2 style="text-align:center">四</h2>

<h1 style="text-align:center">行政與立法體制體現行政主導</h1>

　　設立行政會議，使行政與立法相互配合，加強行政作用，體現行政主導。行政會議是根據香港基本法第 54 至 56 條設立，它是協助行政長官決策的機構，行政長官在做出重要決策、向立法會提交法案、制定附屬法規和解散立法會之前，都須徵詢行政會議的意見，參加行政會議的成員有行政機關的主要官員、立法會的議員和社會人士，由行政長官決定任免。從行政會議的性質看，它是行政長官的諮詢機構，決定問題的權力屬於行政長官；但從行政會議討論問題的重要性和廣泛性，從參加行政會議的成員的重要性來看，行政會議實際上起到內閣的作用，在這一會議上行政長官決定重要問題，行政會議起到集體參謀的作用，行政長官在廣泛聽取行政會議成員意見的基礎上做出決定。所以行政會議的成立，增加了行政的作用，提高了行政工作的效率，起到了行政主導的作用。

　　行政會議不但有政府的主要官員參加，而且有立法會的議員，這樣就可以使行政與立法之間，加強溝通，互相配合，協調分歧。所以行政與立法之間，不但有互相制約，而且有互相配合，並且突出了這種互相配合，這是香港特別行政區政治體制與三權分立制又一不同之點。這種行政與立法的互相配合加強了行政會議的作用，提高了行政效能，體現了主導的作用。

　　綜上所述，可見行政為主導的原則鮮明地體現在香港基本法之中，香港基本法之所以做出這樣的規定，一是從香港的實際情況出發，二是參考了各地政治體制的實踐，主要是參考了香港原有的政治體制。香港的實際情況是：香港是一個國際金融中心、貿易中心、經濟繁榮，以行政為主導的政治體制效率較高，符合瞬息多變的國際貿易的需要，香港不是一個政治中心，強調以立法為主導，突出政黨政治，不利於香港的穩定和經濟繁榮。各國的實踐也說明行政主導有利於穩定，有利於經濟發展。香港原有政治體制中港督高度集權是殖民主義統治的體現，應當摒棄，但在行政與立法的關係中，以行政為主導，有利於經濟的繁榮和社會的穩定，則是可以參考、吸收的。香港基本法吸收了香港原有政治體制中有用的因素，並賦予立法會以完全的立法權，對行政進行一定的制約和監督。只要認真貫徹香港基本法，堅持以行政為主導的政治體制，香港特別行政區就一定能正確地處理行政與立法的關係，維護香港的穩定與繁榮。

（原載 "The Basic Law of the HKSAR: From Theory to Rractice"，
Butterworth Asia, 1998。）

第七章

略論香港終審法院的判詞及全國人大常委會的釋法

　　1999 年 1 月 29 日香港終審法院對上訴案第 13 號及上訴案第 14、15、16
號宣佈了終審判決，第 13 號案為陳金樁等 81 人，均在父母取得香港永久性
居民資格前出生，部分人持雙程證來港，部分人未經關卡入境，第 14 號案
為吳嘉玲和吳丹丹兩姐妹，未經關卡入境，第 15 號案為徐權能，未經關卡
入境，第 16 號案為張麗華，非婚生子女，持雙程證來港。他（她）們向香
港終審法院上訴，認為自己享有香港居留權，香港終審法院判決他（她）們
勝訴。

一

香港終審法院判詞中的主要問題

　　在上述香港終審法院的判詞中，對法理和香港基本法作了一些解釋，有
些解釋是違背或不符合香港基本法立法原意的，這些問題主要是：

　　（一）香港終審法院的判詞認為香港法院有權審查全國人大及其常委會
的立法行為，並宣佈其無效。判詞宣稱："有爭議的問題是：特區法院是否
有權審查人大及其常委會的立法行為是否符合基本法，並在發現不符合基本
法時宣佈其無效，我們認為，特區法院具有這種管轄權，而且在發現不符合
基本法的情況下，的確有義務宣佈其無效。我們必須利用這個機會明白無誤
地表達這一點。"這些判詞是不符合中國憲法、"一國兩制"方針和香港基
本法的基本精神的。第一，按照中國憲法第 57 條的規定，全國人大是中國
的最高國家權力機關，全國人大常委會是它的常設機關 ①，其他國家機關都受

---

① 參見《中華人民共和國憲法》，中國法制出版社，1999 年，第 18、6 頁。

全國人大及其常委會監督，對全國人大及其常委會負責[②]，全國人大的決定和決議，其他任何機關都不能對它否定和挑戰。而且香港基本法以 "一國兩制" 方針為指導，規定香港特別行政區是中華人民共和國不可分離的部分，是在中央人民政府直接管轄下並享有高度自治權的地方行政區域[③]，香港終審法院是香港特別行政區的司法機關，又是一個地方法院，它的這一地方法院的地位決定它不能審查全國人大及其常委會的立法行為並宣佈其無效，否則就是違反憲法、"一國兩制" 方針和香港基本法。第二，根據香港基本法，香港的高度自治權是全國人大授予的[④]，香港法院有權在審理案件中自行解釋香港基本法中屬於自治範圍內的條款。這是授權和被授權的關係。這裏說明了權力來源。香港法院有權在審理案件中自行解釋基本法中屬於自治範圍內的條款，這一權力來源於中央，不是它本身固有的。香港法院作為被授權機關卻要審查授權機關全國人大及其常委會的立法行為並宣佈其無效，這就完全顛倒了授權與被授權的關係，變成全國人大及其常委會要聽命於香港法院。第三，香港法院的管轄權也不是無限的。香港基本法第 19 條規定，香港法院對國外、外交等國家行為無管轄權。這是明確的限制。全國人大及其常委會的立法行為顯然屬於國家行為，香港法院完全無權過問，終審法院竟要審查全國人大及其常委會的立法行為，這與香港基本法第 19 條的規定也是抵觸的。第四，香港終審法院的判詞說，它的權力是從主權派生而來的。這實際上是說它的權力帶有主權性質。這完全違反中國是單一制國家，主權只能由中央統一行使，地方行政區域不能行使主權這一性質。

（二）香港終審法院的判詞認為它有憲法性管轄權，它宣稱法院 "有權審查特區立法機關制定的法律或特區行政機關的行為是否符合基本法，如果發現不符合，宣佈其無效。……在行使這種管轄權時，法院是在按照基本

---

② 參見《中華人民共和國憲法》，中國法制出版社，1999 年，第 18、6 頁。

③ 參見《中華人民共和國法律彙編》，人民出版社，1991 年，第 16、15、27、14 頁。

④ 參見《中華人民共和國法律彙編》，人民出版社，1991 年，第 16、15、27、14 頁。

法的規定行使它們的憲法性功能，對政府的行政和立法部門進行憲制性監察”。應當說，法院是沒有審查特區立法機關制定的法律是否符合基本法的權力的。第一，香港基本法規定審查香港法律是否符合香港基本法的權力屬於全國人大常委會。如香港基本法第 17 條規定：“香港特別行政區的立法機關制定的法律須報全國人民代表大會常務委員會備案。備案不影響該法律的生效。全國人民代表大會常務委員會在諮詢其所屬的香港特別行政區基本法委員會後，如認為香港特別行政區立法機關制定的任何法律不符合本法關於中央管理的事務及中央和香港特別行政區的關係的條款，可將有關法律發回，但不做修改。經全國人民代表大會常務委員會發回的法律立即失效。”這裏明確了審查香港特別行政區立法機關通過的法律是否符合香港基本法的權力屬於全國人大常委會。又如香港基本法第 160 條也作了規定：“香港特別行政區成立時，香港原有法律除由全國人民代表大會常務委員會宣佈為同本法抵觸者外，採用為香港特別行政區法律，如以後發現有的法律與本法抵觸，可依照本法規定的程序修改或停止生效。”這裏也說明對香港原有法律的審查權屬於全國人大常委會。從香港基本法中根本找不到香港特別行政區法院有憲法性管轄權的規定。第二，在 1997 年 7 月以前，香港法院也沒有所謂憲法性管轄權。在英國不存在憲法性管轄權或違憲審查權，英國是實行議會至上的國家，英國法院無權審查英國議會制定的法律並宣佈其無效，英國也沒有成文憲法，不存在違憲審查權。香港 1997 年 7 月以前在英國統治下，完全跟英國的法律走，沒有所謂憲法性管轄權。香港以前也沒有這樣的案例，只是到了 1991 年香港通過人權法案條例，英國不顧中國政府的反對，創立人權法案條例高於香港其他法律的先例，宣佈與人權法案條例相抵觸的香港法律為無效。因此全國人大常委會在審查香港原有法律時，宣佈不採用人權法案條例中高於香港原有法律的條款。第三，憲法性管轄權是與以行政為主導的香港特別行政區政治體制不相符的。起草香港基本法時，體現了以行政為主導的指導思想，這具體體現在行政長官既是香港特別行政區的首長,又是香港特別行政區政府的首長 ⑤,具有雙重身份,享有香港基本法第 48 條規定的較大的權力,香港基本法第 74 條對立法會議員的提案權作了限制,都體現了以行政為主導的原則,而不是實行三權分立制,香港終審法院的判詞強調享有憲法性管轄權,擴大法院的管轄範圍,這是以司法為主導,而不是以行政為主導。

(三)香港終審法院的判詞認為:香港基本法第 22 條第 4 款和第 24 條第 2 款第 3 項不需要提請全國人大常委會解釋。它認為香港基本法第 24 條不屬於排除性條款,不是屬於中央管理的事務或中央與香港特別行政區的關係的條款,雖然第 24 條與第 22 條第 4 款有聯繫,但是當一個主要的條款與幾個次要的條款同時解釋時,只要主要的條款屬於特區自治範圍,那麼對中央管理的事務或中央與香港特別行政區的關係的條款進行解釋時,就不需要提請全國人大常委會解釋。這種看法是不正確的,完全違反了香港基本法第 158 條第 3 款的規定,該款明確規定香港法院在審理案件時對基本法關於中央管理的事務或中央與香港特別行政區關係的條款進行解釋,在做出終局判決前要由終審法院提請全國人大常委會做出解釋。這裏並沒有什麼主要條款或次要條款之分,而是屬這類條款的就必須提請。第 22 條在第 2 章"中央和香港特別行政區的關係"中,第 22 條第 4 款的內容顯然屬於中央和香港特別行政區關係的條款,第 24 條第 2 款第 3 項涉及內地的居民,也是屬於中央與香港特別行政區關係的條款,不是純粹自治範圍內的條款,終審法院不提請全國人大常委會解釋,是不對的。終審法院對香港基本法第 22 條第 4 款、第 24 條第 2 款第 3 項既不是提請全國人大常委會解釋,又擅自對這些條款做出解釋,這是一種越權行為。

(四)終審法院的判詞認為:香港基本法第 22 條第 4 款中"中國其他地區的人進入香港特別行政區須辦理批准手續"不包括第 24 條第 2 款第 3 項

---

⑤ 參見《中華人民共和國法律彙編》,人民出版社,1991 年,第 16、15、27、14 頁。

即港人在內地所生的子女，這些子女不應辦理單程證手續，不應以單程證限制這些子女的香港居留權。這種解釋是不符合立法原意的。第一，中國其他地區的人當然包括香港永久性居民在內地所生中國籍子女，這些子女在去到香港定居以前還是內地的居民，他們具有內地的戶口，受內地的人民政府管轄。第二，香港永久性居民在內地所生子女到香港定居要辦理手續，這是長期實行有效的制度。香港終審法院卻認為不需要單程證，不需要執行這種制度。這是對中央管理的事務的干預，不符合香港基本法的立法原意，也不利於香港的整體利益和長遠利益。第三，單程證絕不是對港人在內地所生中國籍子女的居港權的限制，恰恰相反，它正是為了保證這些子女有秩序實現其居港權。香港終審法院對單程證的指責是沒有根據的。

（五）香港終審法院的判詞認為：香港基本法第 24 條第 2 款第 3 項是指香港永久性居民在成為永久性居民以前或以後所生中國籍子女，這不符合基本法的立法原意。原來香港的法律中沒有"居留權"和"永久性居民"的規定，1984 年中英聯合聲明才提出這兩個概念，在中英聯合聲明附件一中指出："在香港特別行政區有居留權並有資格按香港特別行政區的法律，獲得香港特別行政區簽發的載明此項權利的永久性居民身份證者為：在香港特別行政區成立以前或以後在當地出生或居住連續七年以上的中國公民及其在香港以外所生的中國籍子女，……"從這裏可以明顯看出"其在香港以外所生的中國籍子女"中的"其"字是指成為香港永久性居民以後在香港以外所生中國籍子女，而不是如香港終審法院判詞所解釋的那樣，包括成為香港永久性居民以前在內地所生的中國籍子女，1990 年通過的香港基本法第 24 條根據中英聯合聲明這一規定又規定："香港特別行政區居民，簡稱香港居民，包括永久性居民和非永久性居民。香港特別行政區永久性居民為：（一）在香港特別行政區成立以前或以後在香港出生的中國公民；（二）在香港特別行政區成立以前或以後在香港通常居住連續七年以上的中國公民；（三）第（一）、（二）兩項所列居民在香港以外所生的中國籍子女；…… 以上居民在香港特別行政區享有居留權和有資格依照香港特別行政區法律取得載明其居留權的永久性居民身份證。"很明顯，香港基本法第 24 條第 2 款第 3 項所說的"第（一）、（二）兩項所列居民在香港以外所生的中國籍子女"，是指第（一）、（二）兩項居民在其成為香港永久性居民以後在香港以外所生中國籍子女，因為香港基本法第 24 條第 2 款所列的六項都是香港永久性居民，而不是指這些人在成為香港永久性居民以前在香港以外所生中國籍子女。由此可見，無論中英聯合聲明或香港基本法對港人在內地所生的中國籍子女的含義是清楚的。

　　為了使上述含義更加明確，全國人大香港特別行政區籌備委員會第四次全體會議於 1996 年 8 月 10 日通過的《關於實施中華人民共和國香港特別行政區基本法第 24 條第 2 款的意見》指出："基本法第 24 條第 2 款第 3 項規定的在香港以外所生的中國籍子女，在本人出生時，其父母雙方或一方須是根據基本法第 24 條第 2 款第 1 項或第 2 項已取得香港永久性居民身份的人。"[6]1997 年 3 月香港特別行政區籌備委員會主任委員錢其琛在向第八屆全國人大第五次會議作香港特別行政區籌備委員會工作報告時，列入了上述關於實施香港基本法第 24 條第 2 款的意見，第八屆全國人大第五次會議於 1997 年 3 月 14 日批准了這一工作報告，可見香港特別行政區籌備委員會關於實施香港基本法第 24 條第 2 款的意見是得到全國人大認可的。

　　為什麼香港基本法第 24 條第 2 款第 3 項要對此做出規定？這是因為要從嚴控制由內地到香港定居的人口，香港地域不大，人口眾多，若由內地去香港定居的人口太多，不利於香港的經濟繁榮和社會穩定。按照中英簽訂的不平等條約的規定，中國人可以自由出入香港，解放後由於香港人口增加過快，中國政府才主動控制前往香港定居的人數，這完全是從維護香港的長遠利益出發的。香港基本法第 24 條第 2 款第 3 項只規定在香港以外所生中

---

⑥　參見《全國人民代表大會香港特別行政區籌備委員會第四次全體會議文件彙編》，香港特別行政區籌備委員會秘書處編印，第 68 頁。

國籍子女，而未提在香港以外的配偶，這也是為了從嚴控制來香港定居的人口，避免香港的人口增加過快。

1997 年香港特別行政區臨時立法會參照香港特別行政區籌備委員會關於實施香港基本法第 24 條第 2 款的意見，制定了《1997 年人民入境（修訂）（第 2 號）條例》和《1997 年人民入境（修訂）（第 3 號）條例》，規定香港永久性居民在內地所生子女獲得香港居留權，必須是在該子女出生時其父母雙方或一方是香港永久性居民；規定了有關居留權證明書，並且根據香港基本法第 17 條的規定將這兩個條例報全國人大常委會備案。

在中英聯合聯絡小組第 24 次會議上，中英雙方討論了對中英聯合聲明附件一第 14 節中關於在香港有居留權的中國公民在香港以外所生的中國籍子女享有香港特別行政區居留權規定的問題，雙方同意對這一規定作如下理解："在香港特別行政區成立以前或以後在香港以外出生的中國籍人士，其出生時，如父母任何一方是在香港有居留權的中國公民，其本人即可享有香港特別行政區的居留權。"

上述一系列情況說明對香港基本法第 24 條第 2 款第 3 項的內容的理解是一致的，該項的立法原意是清楚的，不存在任何歧義。

再從澳門基本法第 24 條所作的更為明確的規定也說明了這一點。它規定："澳門特別行政區永久性居民為：（一）在澳門特別行政區成立以前或以後在澳門出生的中國公民及其在澳門以外所生的中國籍子女；（二）在澳門特別行政區成立以前或成立以後在澳門通常居住連續七年以上的中國公民及在其成為永久性居民後在澳門以外所生的中國籍子女，⋯⋯"⑦ 從這裏也可以看出中國立法中關於香港、澳門居民在內地所生中國籍子女的居留權的規定和含義是一貫的、一致的。

---

⑦　參見《中華人民共和國澳門特別行政區基本法》，人民出版社，1997 年，第 12 頁。

二

全國人大常委會對香港基本法的
一些條文的解釋

　　香港終審法院的判決是最終判決，是香港各級法院應當遵循的判例，影響很大。上述 1 月 29 日香港終審法院的判決公佈後，在香港引起巨大的反響，在內地也引起強烈的反應。1999 年 2 月 24 日香港特別行政區政府要求香港終審法院對判決做出澄清，2 月 26 日終審法院做出澄清說，他們沒有質疑全國人大及其常委會的立法行為，也不能質疑全國人大及其常委會的立法行為。對於終審法院的澄清，全國人大常委會法制工作委員會的發言人表示，終審法院對全國人大及其常委會立法行為的這一澄清是必要的。這一問題得到初步解決。5 月 20 日香港特別行政區行政長官向國務院提出請求，要求提請全國人大常委會對香港基本法第 22 條第 4 款和第 24 條第 2 款第 3 項做出解釋。6 月 26 日全國人大常委會對此做出解釋，歸納起來主要有以下幾點：

　　（一）指出了解釋香港基本法第 22 條第 4 款和第 24 條第 2 款第 3 項的原因。香港特別行政區政府認為，1999 年 1 月 29 日的判決擴大了原來根據入境條例香港永久性居民在內地所生子女獲得香港居留權的範圍，並且這些子女無須經內地機構批准，即可進入香港定居。終審法院這種理解與香港特區政府對基本法有關條款的理解不同，而且香港特區無法承受因此項判決所造成的壓力。據調查統計表明，按終審法院的判決，內地新增具資格擁有香港居留權的人士，至少 167 萬人（其中第一代 69 萬人；當第一代在香港通常居住連續七年以上，其第二代符合居留權資格人士約 98 萬人）。吸納這些新移民將為香港帶來巨大的壓力，香港的土地和社會資源根本無法應付大量新移民在教育、房屋、醫療衛生、社會福利及其他方面的需要，將引發的社會問題和後果將會嚴重影響香港的穩定和繁榮，是香港無法承受的。由於此事涉及應如何理解基本法的原則性問題，以及中央與香港特區的關係，故尋求國務院協助提請全國人大常委會對基本法第 22 條第 4 款和第 24 條第 2 款第 3 項進行立法解釋。行政長官要求國務院提請全國人大常委會解釋的依據是香港基本法第 43 條行政長官對中央人民政府負責和第 48 條第 2 項行政長官執行香港基本法。國務院研究並同意了行政長官的報告，向全國人大常委會提出了議案，全國人大常委會審議了國務院的議案並徵詢了全國人大常委會基本法委員會的意見，通過了相應的決議。

（二）說明了全國人大常委會解釋基本法的法律依據。全國人大常委會對基本法的解釋中指出，它的解釋權是根據中國憲法第 67 條第 4 項和香港基本法第 158 條第 1 款進行的。憲法第 67 條第 4 項規定全國人大常委會解釋法律，香港基本法是由全國人大制定的基本法律，是全國性法律，它當然由全國人大常委會解釋，這體現了國家的統一和主權，體現了“一國兩制”中的“一國”。

有人說，香港基本法應當由香港法院解釋。這是不妥當的。全國性法律涉及全國性事務，如果只要地方法院來解釋，這是不合理的。有人說，憲法不適用於香港，所以不能引用憲法的規定，這種看法也是不對的。法律的解釋權屬於全國人大常委會這是中國的體制，對於香港特別行政區應當適用。憲法中只是關於四項基本原則的內容不適用於香港特別行政區。香港基本法第 158 條第 1 款規定基本法的解釋權屬於全國人大常委會，就是根據憲法第 67 條第 4 項的內容寫的。有人認為基本法第 158 條第 2 款規定了全國人大常委會授權香港法院在審理案件時解釋基本法屬於自治範圍內的條款，全國人大常委會對自治範圍內的條款就不能進行解釋，其實不然，解釋權屬於全國人大常委會就說明解釋權不屬於別的國家機關，全部解釋權都屬於全國人大常委會，基本法第 158 條第 2 款只是一種授權，並不等於分權，不是分一部分解釋權給香港法院，全國人大常委會對這部分條文就不能解釋。只是香港法院在審理案件中被授予解釋基本法屬於自治範圍內的條款。因此全國人大常委會對基本法所有條文都有解釋權。根據香港基本法第 158 條第 3 款的規定，如香港法院在審理案件時需要對基本法關於中央管理的事務或中央和香港特別行政區關係的條款進行解釋，而該條款的解釋又影響到案件的判決，在做出終局判決前，應由香港特區終審法院請全國人大常委會做出解釋。香港終審法院 1 月 29 日的判決事前沒有按香港基本法第 158 條第 3 款的規定提請全國人大常委會解釋，而且終審法院的解釋又不符合立法原意。為了保證基本法的正確實施，全國人大常委會依法就基本法有關條款進行解釋，是必要和正確的。

（三）全國人大常委會對基本法第 22 條第 4 款作了解釋。它指出基本法第 22 條第 4 款關於中國其他地區的人進入香港特別行政區的規定，是指各省、自治區、直轄市的人，包括香港永久性居民在內地所生的中國籍子女，不論以何種事由要求進入香港特別行政區，均須依照國家有關法律、行政法規的規定，向其所在地區的有關機關申請批准手續，並須持有有關機關製發的有效證件方能進入香港特別行政區，否則就是不合法的。全國人大常委會的這一解釋明確三個重要問題：第一，基本法第 22 條第 4 款規定的中國其他地區的人包括香港永久性居民在內地所生的中國籍子女；第二，上述人進入香港特別行政區須依法辦理批准手續；第三，不辦理批准手續而進入香港特別行政區是不合法的。這就進一步說明了基本法第 22 條第 4 款的含義。

（四）全國人大常委會對基本法第 24 條第 2 款第 3 項作了解釋。它指出基本法第 24 條第 2 款第 3 項是指無論本人是在香港特別行政區成立以前或以後出生，在其出生時，其父母雙方或一方須是符合香港基本法第 24 條第 2 款第 1 項或第 2 項規定條件的人，並且指出這一解釋的立法原意已體現在 1996 年 8 月 10 日全國人大香港特別行政區籌備委員會第四次全體會議通過的《關於實施〈中華人民共和國香港特別行政區基本法〉第 24 項第 2 款的意見》中。這就有力地澄清了終審法院的不符合立法原意的解釋。

（五）香港法院以後在引用基本法的有關條款時，應以全國人大常委會的解釋為準。這裏顯示了最高國家權力機關必須遵守全國人大及其常委會的決議和決定，不能對它提出任何挑戰和質疑。香港終審法院雖然享有終審權，但它仍然是一個地方法院，必須遵守全國人大常委會的有關解釋，這也是"一國兩制"的體現。當然，終審法院 1 月 29 日已判決訴訟當事人所獲得的香港特別行政區居留權並不受影響。

從以上所述，可見全國人大常委會解釋基本法時貫穿了幾個基本原則：

（一）堅持依法解釋的原則。從程序和內容上看完全是依法辦事，國務院向全國人大常委會提出議案是根據憲法第 89 條第 2 項，全國人大常委會解釋基本法是依據憲法第 67 條第 4 項和基本法第 158 條第 1 款，全國人大常委會解釋基本法第 22 條第 4 款還依照基本法的立法原意和國家的有關出入境法律制度，全國人大常委會解釋基本法第 24 條第 2 款第 3 項是依據基本法的立法原意和全國人大 1997 年 3 月關於批准全國人大香港特區籌委會工作報告的決議，該工作報告記載了關於實施基本法第 24 條第 2 款的意見。可見全國人大對基本法的解釋完全是依照法律辦事。

（二）堅持"一國兩制"的方針。"一國兩制"方針是制定香港基本法的指導思想，香港基本法自始至終貫穿了"一國兩制"的方針。全國人大常委會完全是遵循"一國兩制"方針來解釋基本法。基本法第 158 條第 2 款體現了"高度自治"和"兩制"，全國人大常委會授權香港法院在審理案件中解釋屬於自治範圍內的條款，這裏體現了基本法具有高度靈活性。但基本法第 158 條第 1 款和第 3 款又規定了全國人大常委會的解釋權和終審法院須依法提請全國人大常委會的解釋，這就體現了"一國"和高度的原則性。全國人大常委會正是堅持"一國兩制"的方針，全面地貫徹基本法第 158 條的精神。基本法第 22 條第 4 款和第 24 條第 2 款第 3 項既涉及香港的高度自治和長遠利益，又涉及中央管理的事務，全國人大常委會正是從"一國兩制"方針來解釋這些條款。

（三）維護香港社會的穩定和繁榮。法律是上層建築，是為保護、繁榮經濟和社會穩定服務的。香港基本法的制定也離不開這一目的，所以基本法序言第二段中就明確指出，為了保持香港的繁榮和穩定，才在香港實行“一國兩制”⑧。香港基本法第22條第4款和第24條第2款第3項的立法目的，就是為了維護香港的繁榮和穩定。全國人大常委會的解釋堅持了基本法的立法原意，堅持了長期行之有效的香港出入境法律制度，這就是維護香港的穩定和繁榮。這也是全國人大常委會解釋基本法的一個重要原則。

總之，兩年多來香港基本法在香港得到了成功的實踐，這是國內外所公認的。但“一國兩制”是史無前例的新事物，在實踐中還會出現一些新情況和新問題，需要不斷的研究和探索，以求得較好的解決。只要堅決按“一國兩制”方針和香港基本法辦事，基本法的實踐一定會取得更大的成就。

（原載《浙江社會科學》2000年第5期）

---

⑧　參見《中華人民共和國法律彙編》，人民出版社，1991年，第16、15、27、14頁。

第八章

略論澳門特別行政區基本法的政治體制

　　《中華人民共和國澳門特別行政區基本法（草案）》（以下簡稱基本法）已於 1992 年 3 月經全國人大常委會公佈，在澳門和全國其他地區廣泛徵求意見，根據這些意見，澳門特別行政區基本法起草委員會各專題小組於 1992 年 9 月在甘肅蘭州召開的會議上進行了討論和修改。本文僅就基本法的政治體制部分，作些簡略的論述。

一

設計澳門政治體制的原則與模式

　　建立什麼樣的澳門特別行政區政治體制是一個新的重大理論和實踐問題。一方面因為“中葡聯合聲明”對政治體制規定得比較簡要，不很詳細具體。另一方面又不能將澳門現行以總督為首的政治體制原封不動地保留下來。雖然起草基本法已有 1990 年 4 月由全國人大通過的香港特別行政區基本法可供參考，但澳門的情況與香港又有不同，澳門各界人士對澳門特別行政區政治體制的看法還存在分歧。所以在起草基本法關於政治體制的條文時，就面臨着如何邁開第一步和解決分歧的問題。澳門特別行政區基本法起草委員會政治體制專題小組（以下簡稱政制專題小組）認為第一步應當研究設計澳門特別行政區政治體制的原則和模式，在對原則和模式取得一些共識後，然後起草關於政治體制的條文，並討論和解決一些不同的意見，這樣做可能比較好而又節省時間。於是政制專題小組開始討論原則和模式，並取得了一致的意見。

（一）設計澳門政治體制的原則

1. 要符合"一國兩制"方針和中葡聯合聲明中關於政治體制設計的精神。這就是要符合中國憲法第 31 條關於"一國兩制"方針的規定，符合中葡聯合聲明正文第三點中的（一）至（三）項和附件一中的一、二、三、四、六部分對澳門特別行政區政治體制的規定。

2. 要從澳門的實際情況出發。設計澳門特別行政區政治體制一定要符合澳門的具體情況，體現澳門的特點，不能照搬、照抄別的國家或地區的政治結構，不能照抄歐美一些國家實行的"議會制"、"三權分立制"，也不能搬用內地的人民代表大會制，人民代表大會制主要適用於內地的情況。

3. 有利於澳門的經濟發展和社會穩定，兼顧各階層的利益。保持澳門的經濟發展與穩定是制定基本法的目的之一，也應是設計政治體制的原則之一。澳門的發展，離不開工商業者的努力，離開他們的努力經營，就很難有澳門經濟的發展。澳門的工人和其他各階層也為澳門的發展做出了貢獻，沒有他們的貢獻，澳門也很難發展。所以設計政治體制必須兼顧各階層的利益。

（二）澳門政治體制的模式

新的澳門特別行政區政治體制究竟應當採取什麼模式？這就要符合"一國兩制"和澳門實際情況的民主政治體制：司法獨立、行政與立法既互相制衡，又互相配合。

司法獨立是指司法機關獨立行使審判權，不受行政機關即政府、立法機關即立法會、社會團體和個人的干涉，這是澳門現行司法體制的重要原則，1999 年後應予保留。基本法的有關條文對此作了明確規定。

1999 年後，行政機關應當具有一定的權力，保持現有適當的行政主導作用，以發揮行政的效能。但行政的權力又不能過大，不能過於集中，這不利於澳門的穩定與發展，行政權力應受到一定的制約。所以，行政機關與立法機關之間應互相制衡，各自依法行使自己的職權。

行政與立法的互相制衡主要體現在基本法草案的第 52 條、第 53 條、第 55 條、第 66 條及第 72 條第 7 項。這些條文規定的內容是：在法律規定的條件和程序下，行政長官對立法機關有解散權，立法機關有使行政長官司辭職的權力；行政機關對立法機關負責；依照法定程序，立法機關有彈劾行政長官的權力。

在行政與立法的制衡中沒有採取通常的責任內閣制的做法，即議會可以對內閣投不信任票，內閣必須總辭職或由總理提請國家元首解散議會。澳門不是一個國家，而是一個面積很小的地方行政區域，不宜採取這一制度，這不利於澳門的穩定和發展。

根據澳門特別行政區享有高度自治權這一特點，必須強調行政機關與立法機關之間的相互配合，不能只講制衡而不顧配合，這是與三權分立制不同之處。既制衡又配合有利於澳門各項工作有秩序地協調發展。

行政與立法的互相配合主要體現在基本法草案第 57 條、第 58 條、第 59 條，澳門特別行政區設立行政會作為協助行政長官決策的機構，行政會的委員由行政長官從政府主要官員、立法會議員和社會人士中委任。這一機構有利於協調行政與立法之間存在的分歧，加強二者的配合。

二

關於行政長官與行政機關

（一）行政長官的法律地位和資格

基本法賦予行政長官以雙重身份，即特別行政區的首長和行政機關即政府的首長，這就是行政長官的法律地位。這樣規定是因為澳門作為一個享有高度自治權的特別行政區需要有行政長官這樣一個職位來代表，需要一個有一定權力的行政長官來組織政府，領導政府的工作，以提高效能。

行政長官的資格是：年滿四十周歲，在澳門通常居住連續滿二十年的澳門特別行政區永久性居民中的中國公民。按照中葡聯合聲明的規定，行政長官必須是澳門特別行政區永久性居民中的中國公民。考慮到行政長官這一職位的重要性，政制專題小組才提出年滿四十周歲，年齡大一點，有較豐富的工作經驗。在澳門通常居住連續滿二十年，避免移居澳門時間不很長者能擔任此職，"通常居住連續"也有法律規定的明確內容，而非指到外國求學或經商幾個月即為不連續。

基本法第 50 條規定：行政長官在任職期內不得具有外國居留權，不得從事私人贏利活動，就任時應向澳門特別行政區終審法院院長申報財產，記錄在案。這些規定與上述規定不同，前者作為資格，不合乎資格者，不能參加行政長官的選舉。後者作為條件和要求，當在行政長官之任時，不能具有外國居留權，以免產生雙重效忠的問題，不得從事私人贏利活動，以保持廉潔。此外，行政長官在有嚴重疾病或其他原因無力履行職務的情況時，還必須辭職。

（二）行政長官的產生與職權

行政長官在當地通過選舉或協商產生，由中央人民政府任命。按照全國人大關於澳門特別行政區第一屆政府、立法會和司法機關產生辦法的決定（草案代擬稿），第一任行政長官是由協商產生，按照基本法附件一的規定，從第二任行政長官起，由一個具有廣泛代表性的選舉委員會依照基本法選出，由中央人民政府任命。選舉委員會共三百人，由工商、金融界一百人，文化、教育、專業等界八十人，勞工、社會服務、宗教等界八十人，立法會議員的代表、市政機構成員的代表、澳門地區全國人大代表、澳門地區全國政協委員的代表四十人組成。選舉委員會每屆任期五年。具體選舉辦法由選舉法規定，2009 年及以後行政長官的產生辦法如需修改，須經立法會全體議員三分之二多數通過，行政長官同意，並報全國人大常務委員會批准。行政長官的這種產生辦法是在 2009 年以前由間接選舉產生，這是從澳門的實際出發，有利於澳門的經濟發展和社會穩定，符合澳門大多數居民的意願。同時考慮到社會的發展和變化，在經歷十年的穩定時期，即到 2009 年又可依法修改，也體現了循序漸進的精神。

行政長官的任期為五年，可連任一次。這是考慮到行政長官需要積累一定的經驗，任期不宜太短，但連任則不宜太長，以一次為宜。

基本法規定行政長官的職權共十八項，歸納起來大體可分為三類：

1. 政治法律方面。如領導澳門特別行政區政府，負責執行基本法和依照基本法適用於澳門特別行政區的其他法律，簽署立法會通過的法案，公佈法律，簽署立法會通過的財政預算案，將財政預算、決算報中央人民政府備案，決定政府政策，發佈行政命令，制定行政法規並頒佈執行等。

2. 任免各類人員方面。如提名並報請中央人民政府任命下列主要官員：各司司長、廉政專員、審計長、警察部門主要負責人和海關主要負責人，建議中央人民政府免除上述官員職務，委任部分立法會議員，任免行政會委員，依照法定程序任免各級法院院長和法官，任免檢察官，提名並報請中央人民政府任命檢察長，建議中央人民政府免除檢察長的職務，任免公職人員等。

3．執行中央人民政府發出的指令、處理中央授權的對外事務。

基本法對行政長官職權的規定的根據主要有三：首先，是依據行政長官的法律地位。他的兩重身份決定他負有重大責任，應當相應地賦予他一定的職權。其次，是依據行政長官既要有實權，又要受到監管的原則。行政長官不能是象徵性的，又不能權力過大。再次，是依據澳門現實情況。行政長官不能有澳門總督那樣的巨大權力，但又不能割斷歷史，不參考澳督現有職權。

（三）行政機關的組織和職權

澳門特別行政區政府是澳門特別行政區行政機關，這就是行政機關的概念和性質，政府是執行法律、管理行政事務的機關。它的首長是行政長官，其下設司、局、廳、處。

澳門特別行政區政府的主要官員即相當於原"政務司"級官員，由在澳門通常居住連續滿十五年的澳門特別行政區永久性居民中的中國公民擔任。這裏所說的主要官員，是指其職位相當於現在澳門的"司級"官員，與等於"司級"不完全相同，具體是指行政長官的職權中第六項所列的官員。由於主要官員的重要地位，依據中葡聯合聲明的規定必須是澳門特別行政區的永久性居民中的中國公民。主要官員的這些資格大體與行政長官的資格相似，但居住的期限不同。主要官員並未要求在外國無居留權的條件。

基本法規定了行政機關即政府的職權：1.制定並執行政策；2.管理行政事務；3.辦理中央人民政府授權的對外事務；4.編制並提出財政預決算；5.提

出法案、議案、草擬行政法規等。這些職權與行政機關的性質與地位是完全一致的。

　　基本法第 66 條還具體地指出了行政機關與立法機關的關係和負責的含義。行政機關包括其首長行政長官在內必須遵守法律,對澳門立法會負責,負責就是執行立法會通過並已生效的法律;定期向立法會作施政報告;答覆立法會議員的質詢。

三

關於立法機關

(一)立法會的性質、產生與職權

　　基本法規定澳門特別行政區立法會是澳門特別行政區的立法機關,這說明了立法會的性質,它的工作主要是制定澳門特別行政區的法律,當然它不僅限於立法,還有基本法第 72 條規定的其他權力,它比現在澳門立法會的權力要大得多,如審核、通過財政預算案,對行政長官可提出彈劾,現在澳督享有的部分立法權將來的行政長官已不享有,而擴大了澳門特別行政區立法會的權力。

　　澳門特別行政區立法會的議員必須是澳門特別行政區的永久性居民,立法會多數議員由選舉產生,這些內容都是中葡聯合聲明中的規定,並寫入了基本法,在基本法附件二中規定了立法會的產生辦法,規定了第二、三屆立法會的組成人數和具體分配人數,即直接選舉的議員人數、間接選舉選出的議員人數、委任的議員人數。具體選舉辦法由選舉法加以規定,2009 年及以後澳門特別行政區立法會的產生辦法如需修改,須經立法會全體議員三分之二多數通過，行政長官同意，並報全國人大常委會備案。基本法及其附件二的這些規定體現了中葡聯合聲明的精神、澳門的實際情況和澳門大多數居民的意見，也希望在 2009 年以前的十年內保持澳門特別行政區的社會穩定，選舉方式按循序漸進的原則逐步進行，2009 年及以後的立法會的產生辦法，可依基本法附件二進行修改。

關於立法會的職權，按照基本法的規定共有八項，歸納起來可分為四個方面：1. 依法制定、修改、暫停實施和廢除法律，即享有立法權；2. 審核財政預算權。即審核、通過政府提出的財政預算案，審議政府提出的審計報告，根據政府提案決定稅收，批准由政府承擔的債務；3. 辯論、質詢權。即聽取行政長官的施政報告並進行辯論，就公共利益問題進行辯論；4. 彈劾權。即如果立法會全體議員三分之一聯合動議，指控行政長官有嚴重違法或瀆職行為而不辭職，立法會可依法提出彈劾案。總之，根據立法機關的性質和地位而規定的立法會職權，比澳門現在的立法會的權力要大。基本法還規定了立法和工作程序，如立法會舉行會議的法定人數為不少於全體議員的二分之一，除基本法另有規定外，立法會的法案、議案由全體議員過半數通過。

（二）立法會主席與議員

澳門特別行政區立法會設主席、副主席各一人，由立法會議員互選產生。主席缺席時由副主席代理，主席或副主席出缺時，另行選舉。

基本法還規定了立法會主席、副主席的資格，即為在澳門通常居住連續滿十五年的澳門特別行政區永久性居民中的中國公民。這是考慮到立法會主席、副主席職位的重要性，這兩個職位並不低於原"政務司"級官員，才作此資格的規定。

立法會主席的職權是：1. 主持會議；2. 決定議程；3. 決定開會日期；4. 召開特別會議、緊急會議；5. 立法會議事規則所規定的其他職權。由此可見，立法會主席的職權主要是主持和召開會議。議案則須由立法會議員審議。

立法會議員的權利是：1. 依照基本法的規定和法定程序提出議案；2. 依法對政府的工作提出質詢；3. 在立法會會議上的發言和表決不受法律追究；4. 非經立法會許可，議員不受逮捕，但現行犯不在此限。

基本法還規定，凡不涉及公共開支、政治體制或政府運作的議案，可由立法會議員個別或聯名提出，凡涉及政府政策的議案，在提出前必須得到行政長官的書面同意。這是為了使行政與立法能根據各自的地位，各司其職，議員的提案能有利於澳門特別行政區的經濟發展和社會穩定，基本法故作此規定。

關於立法會議員資格的喪失問題，基本法也作了明文規定，如有下列情況之一者，立法會可以決定議員資格的喪失：1. 因嚴重疾病或其他原因，議員無力履行職務；2. 議員擔任法律規定不得兼任的職務；3. 未得立法會主席同意，議員連續五次或間斷十五次缺席會議而無合理解釋；4. 議員違反在立法會宣誓的誓言；5. 在澳門特別行政區區內或區外，議員犯有刑事罪行並被判處監禁三十日以上。

四

關於司法機關

基本法第四章第四節規定了司法機關，包括了法院、檢察院及與司法有關的其他一些內容，可見司法機關在這裏是指法院、檢察院。

澳門現在剛建立高等法院，最終上訴還須到葡萄牙里斯本去進行。因此，基本法關於司法機關的規定主要是根據中葡聯合聲明附件一的第四部分的內容寫成，澳門現有司法機關的現狀只是作為參考，適當地予以保留。

（一）法院的組織和活動原則

基本法規定澳門特別行政區法院行使審判權，這就是規定了法院的性質，法院是專門執行審判職能的機關，其他機關不得行使審判權。

澳門特別行政區設立初級法院、中級法院和終審法院三級法院。終審法院是根據中葡聯合聲明附件一的規定而設立的，它是澳門特別行政區最高一級的法院，終審權屬於終審法院，任何案件的最終上訴審級只能到終審法院，它的判決即為最終審判決，不能再向北京的中華人民共和國最高人民法院上訴，這也體現澳門特別行政區享有獨立的司法權和終審權。

初級法院是澳門特別行政區的基層法院，審理第一審民事刑事案件。

中級法院是審理基層法院的上訴案件，不服中級法院判決的，還可上訴到終審法院。政制專題小組在討論終審法院的設置時曾經指出，由於澳門的實際情況，終審法院和中級法院的法官可以合在一起，審判可以採取分庭運作的形式。

澳門特別行政區初級法院還可根據需要設立若干專門法庭，原刑事起訴法庭的制度繼續保留。

基本法規定澳門特別行政區設立行政法院，行政法院是管轄行政訴訟和稅務訴訟的法院，不服行政法院裁決者，可向中級法院上訴。行政法院的設立，是考慮到澳門現在的實際情況而作出的。

基本法規定了澳門特別行政區法院法官和院長的任免制度。

澳門特別行政區各級法院的法官，根據當地法官、律師和知名人士組成的獨立委員會的推薦，由行政長官任命。法官的選用以其專業資格為標準，符合標準的外籍法官也可聘用。法官只有在無力履行其職責或行為與其所任職務不相稱的情況下，行政長官才可根據終審法院院長任命的不少於三名當地法官組成的審議庭的建議，予以免職。終審法院法官的免職由行政長官根據澳門特別行政區立法會議員組成的審議委員會的建議決定。終審法院法官的任命和免職須報全國人大常委會備案。各級法院的院長由行政長官從法官中選任，終審法院院長由澳門特別行政區永久性居民中的中國公民擔任。終審法院院長的任免須報全國人大常委會備案。

　　基本法還規定了法院和法官的活動原則，這就是：1.法院獨立進行審判，只服從法律，不受任何干涉。2.法官依法進行審判，不聽從任何命令或指示，但基本法規定的對國防、外交等國家行為無管轄權。3.法官履行審判職責的行為不受法律追究。4.法官在任職期間，不得兼任其他公職或任何私人職務，也不得在政治性團體中擔任任何職務。

（二）檢察院的組織、活動原則及其他司法問題

　　依照中葡聯合聲明附件一第二部分、第六部分的規定，澳門特別行政區檢察長必須由澳門特別行政區永久性居民中的中國公民擔任，由行政長官提名，報中央人民政府任命。

　　澳門特別行政區檢察院的檢察官經檢察長提名，由行政長官任命。

　　為了公正執行法律，基本法規定澳門特別行政區檢察院獨立行使法律賦予的檢察職能，不受任何干涉。

　　現在澳門設有司法參事，司法參事係在被認為有公民品德、諳熟中文、曾受法律培訓的當地居民中任命，行使輔助法官與檢察人員的職能，並得參與訴訟程序的準備及審判階段的工作，但不得作出審判行為。這些人稱為司法輔助人員，任期為一年，可以連續任命。依照中葡聯合聲明附件一的規

定，原在澳門實行的司法輔助人員的任免制度予以保留。

為了便於司法方面的聯繫和互助，基本法規定澳門特別行政區可與全國其他地區的司法機關通過協商依法進行司法方面的聯繫和相互提供協助。

基本法還規定澳門特別行政區政府可參照原在澳門實行的辦法，作出有關當地和外來的律師在澳門執業的規定；在中央授權和協助下澳門特別行政區可與外國就司法互助關係作出適當安排。

五

關於市政機構與公務人員

（一）市政機構是指澳門市政廳和海島市政廳

在中葡聯合聲明中並沒有涉及市政機構的內容，考慮到兩個市政廳現在仍擔負着許多服務工作，澳門市政廳已有長期的歷史，基本法乃設專節對兩個市政廳加以規定。

基本法對市政廳主要從兩個方面作了簡要的規定，這是因為只能規定一些最基本的內容，方可適應 1999 年後的發展和變化，規定得太具體則不夠靈活，情況如有變化就發生修改基本法的問題，就會發生困難，而且也不便於澳門特別行政區自行處理市政機構的問題。基本法規定的兩個方面內容是：1. 澳門特別行政區可設立非政權性的市政機構。即明確市政機構的性質，不是一級地方政府，不是具有行政強制力的政權機構。這樣規定的目的，是為了減少政府的層次，節約開支，提高效能，是符合澳門的現實情況和澳門各界人士的意願的。2. 市政機構受政府委託為居民提供文化、康樂、環境衛生等方面的服務，並就有關上述事務向澳門特別行政區政府提供諮詢意見。這是根據澳門現在的情況對兩個市政廳所擔負的工作加以概括的規定，明確受委託的事務，並可對此向政府提供諮詢意見，這也是符合市政廳的非政權性質的。

（二）公務人員的資格、留用與任用

什麼是公務人員？澳門各界人士曾要求基本法給下一定義，政制專題小組在起草這一部分條文時，也曾嘗試寫一定義，但終因情況非常複雜而沒有能夠給下一確切定義。專題小組認為公務人員應包括澳門現在的實位、散位與合約人員在內，這樣比較符合澳門的實際情況。

基本法規定澳門特別行政區的公務人員必須是澳門特別行政區永久性居民，這是說只有澳門永久性居民才有擔任公務人員的資格，這就排除了永久性居民以外的人員。但是基本法又根據情況作了兩點例外的規定：一是基本法第99條、第100條規定的公務人員，二是澳門特別行政區聘用的某些專業技術人員和初級公務人員。這裏的初級公務人員是指從事體力勞動的一些公務人員。

澳門特別行政區成立時，原在澳門任職的公務人員，包括警務人員和司法輔助人員，均可留用，繼續工作，其薪金、津貼、福利待遇不低於原來的標準，原來享有的年資予以保留。這一規定是為了穩定原在澳門任職的公務人員，使其在1999年後繼續為澳門特別行政區服務，保持澳門的社會穩定，維護澳門經濟的發展。

依照澳門原有法律享有退休金和贍養費待遇的留用公務人員，在澳門特別行政區成立後退休的，不論其所屬國籍或居住地點，澳門特別行政區向他或其家屬支付不低於原來標準的應得的退休金和贍養費。這裏特別指明在澳門特別行政區成立後退休的，才能得到退休金和贍養費，這是因為在中葡談判時，澳門享有退休金和贍養費的公務人員在澳門特別行政區成立前退休的，其退休金和贍養費由澳門政府負擔，而不由澳門特別行政區政府負擔，這一點已由中葡雙方達成協議。

基本法還規定了公務人員的任用和提升。公務人員應根據其本人的資格、經驗和才能予以任用和提升。澳門原有關於公務人員的錄用、紀律、提升和正常晉級制度基本不變，但得根據澳門社會的發展加以改進。

對原澳門公務人員中的持有澳門特別行政區永久性居民身份證的葡籍和其他外籍人士，澳門特別行政區可任用他們擔任各級公務人員，但基本法規定必須由澳門特別行政區永久性居民中的中國公民擔任的職務除外，澳門特別行政區有關部門還可聘請上述外籍人士擔任顧問和專業技術職務，但他們只能以個人身份受聘，並對澳門特別行政區負責。

基本法還用專節規定了宣誓效忠，對行政長官、主要官員、行政會委員以及其他公職人員分別作了宣誓效忠的規定。

六

澳門特別行政區第一屆政府、立法會
和司法機關產生辦法

第一屆政府、立法會和司法機關本屬於澳門特別行政區政治體制的內容，應寫入基本法。但第一屆政府等的成立在 1999 年 12 月 20 日，籌組成立的工作須在 12 月 20 日以前，基本法只能在 12 月 20 日生效。因此，澳門特別行政區基本法起草委員會建議全國人大通過一個關於澳門特別行政區第一屆政府、立法會和司法機關產生辦法的決定，決定的內容主要是：

（一）第一屆政府、立法會和司法機關產生的原則和籌組機構

　　第一屆政府等機關的產生，既是澳門特別行政區的成立，又是恢復行使主權的日子，因此必須遵循一定的原則進行，這些原則就是體現國家主權和平穩過渡，這是根據中國憲法的精神和澳門的實際情況而定的，也符合中葡聯合聲明的精神。為了完成好這一重大事情，必須建立一個籌組機構，由全國人大設立澳門特別行政區籌備委員會，負責成立澳門特別行政區有關事宜，根據全國人大的這一決定規定第一屆政府、立法會和司法機關的具體產生辦法。籌備委員會由內地委員和不少於半數的澳門委員組成，主任委員和委員由全國人大常委會委任。

　　籌備委員會負責籌組澳門特別行政區第一屆政府推選委員會，推選委員會全部由澳門永久性居民組成，必須具有廣泛代表性。全國人大的這一決定還對推選委員會的人數和界別的具體人數作了規定。

（二）第一屆政府、立法會和司法機關的籌組

　　按照全國人大這一決定的規定，推選委員會在當地通過協商或協商後提名選舉的方式，產生第一任行政長官的人選，報中央人民政府任命，第一任行政長官的任期與正常任期相同。

　　第一屆立法會由二十三人組成，其中由直接選舉產生議員八人，間接選舉產生議員八人，行政長官委任議員七人。如果原澳門最後一屆立法會的組成符合全國人大這一決定和基本法的有關規定，其中由選舉產生的議員擁護基本法，願意效忠中華人民共和國澳門特別行政區並符合基本法規定條件者，經籌備委員會確認，即可成為澳門特別行政區第一屆立法會議員。如有議員缺額，由籌備委員會決定補充。第一屆立法會議員的任期至 2001 年 10

月 15 日。

澳門特別行政區法院由籌備委員會依照基本法負責籌組。

（原載澳門《行政》總第 19 期，1993 年 3 月）

第九章

澳門特別行政區
行政長官與行政機關

一

行政長官

（一）行政長官的法律地位

依據中葡聯合聲明中中國對澳門的基本政策，澳門特別行政區設立行政長官。從聯合聲明的內容來看，行政長官是澳門特別行政區的首長。同時，從將來的實際情況來看，澳門作為一個享有高度自治權的特別行政區，1999年12月以後享有中央授予一定的對外事務的權力，在一些對外事務和交往中，需要有人代表其進行實質或禮儀性的活動；需要由行政長官這樣一個職位來代表。澳門特別行政區直轄於中央人民政府，1999年後它與中央人民政府的直接聯繫，許多事情也要由行政長官代表澳門特別行政區來進行。根據上述情況，基本法第45條規定：澳門特別行政區行政長官是澳門特別行政區的首長，代表澳門特別行政區。

行政長官既然是特別行政區的首長並代表特別行政區，它是在當地通過選舉或協商產生，由中央人民政府任命，它享有一定的行政權力，就應當承擔法律責任和義務。所以基本法第45條又規定：澳門特別行政區行政長官依照本法規定對中央人民政府和澳門特別行政區負責。行政長官是在澳門通過選舉或協商產生，不應辜負澳門居民對他的委託，當然要對澳門特別行政區負責。同時行政長官是由中央人民政府任命，經中央人民政府認可並賦予他以權力，當然要對中央人民政府負責。

行政長官享有什麼權力，基本法作了明確的規定，負有什麼責任，當然也要依照基本法的規定，這是明確的。他應當行使的權力而沒有行使得當，應當履行的職務而沒有履行，就是沒有盡到責任，或者是失職。

基本法第61條規定：澳門特別行政區政府是澳門特別行政區的行政機

關。第 62 條又規定：澳門特別行政區政府的首長是澳門特別行政區行政長官，所以，政府的首長是行政長官的又一法律身份。

按照基本法的規定，澳門特別行政區行政長官具有兩重法律身份：特別行政區的首長和政府的首長。這也是行政長官的法律地位。

行政長官具有雙重身份的法律地位的優點是：第一，將行政權主要集中於行政長官，但又不是將全部行政大權集中於一人。行政長官要受到立法會的制約、行政會的一定的監督，其下還有幾個政務司，管理各項行政工作。這有利於發揮行政工作的效率，又可防止大權獨攬及形成一人專權。現在澳門總督是葡萄牙主權機關除法院外在當地的代表，立法職能由總督及立法會行使，當有需要時，總督有權依法臨時限制或臨時中止憲法的權力、自由及保障。[①] 行政長官則沒有這樣的權力，不是中央人民政府在澳門的代表，也不享有立法權、限制或中止憲法的權力。1999 年後澳門特別行政區享有高度自治權，屬於澳門特別行政區高度自治範圍內的事務，中央不加干預，而行政長官又有較高的法律地位，如果權力過大而又無制約，則可能為所欲為，導致走向專權，這對澳門特別行政區極為不利，所以基本法並未賦予行政長官以過大的權力。第二，使行政長官具有雙重身份和一定的權力，比較適合澳門的實際情況。如上所述，既然不能賦予行政長官以過大的權力，為什麼又要賦予行政長官以雙重法律身份和適當的權力？因為這樣比較符合澳門的實際情況，澳門的行政權完全屬於總督，各政務司只是輔助總督，總督不在澳門或因故不能視事，而葡萄牙總統尚未指定擔任總督的人選時，應由總督在各政務司中指定一人為護理總督執行職務。這種情況含有有利於保持行政工作效率的因素，值得參考。如果行政長官只有分散的行政權或者沒有實際權力，將使澳門特別行政區的行政工作處於各自為政或鬆散狀態。如果行政長官、政府首長分別由兩個人擔任，則有可能產生權力分散、互不協調或一人

---

① 《澳門組織章程》。

無權、形同虛設的情況。行政長官具有雙重身份而有立法會的制約，則能夠避免這些缺點，比較符合澳門的實際情況。

對於"行政長官"這一名稱，基本法起草委員會政治體制專題小組曾多次討論，試圖採用一個更好的名稱，但未成功。考慮到澳門、香港將來都是國家的特別行政區，香港基本法已經採用"行政長官"這一名稱，澳門特別行政區仍然用此名稱也是適當的，並有一致性的好處。

（二）行政長官的資格和要求

基本法對行政長官的資格作了明確的規定，這就是第 46 條：澳門特別行政區行政長官由年滿四十周歲，在澳門通常居住連續滿二十年的澳門特別行政區永久性居民中的中國公民擔任。

資格在這裏是指法律規定的應具有的條件。基本法第 26 條規定：澳門特別行政區永久性居民依法享有選舉權和被選舉權。就是說，只要是澳門特別行政區的永久性居民，就具備了一個澳門特別行政區選民的條件，符合法律規定的選民資格。所以，基本法第 47 條規定行政長官的資格必須是澳門特別行政區的永久性居民，不具備這一資格，就沒有選舉權，更沒有被選為行政長官的資格。

除了要符合法律規定的選民資格外，基本法還規定了多項條件才具備作為行政長官候選人的資格。這不是違背法律面前人人平等的原則，而是行政長官具有雙重身份的法律地位，享有較大的權力，負有重大的責任，對澳門特別行政區的各方面和各階層都有重要影響，因此對行政長官的資格不能不有更加嚴格的要求。

行政長官的年齡要滿四十周歲，主要原因是行政長官需要有較豐富的工作經驗和能力。一般地說，年齡太小，難以勝任；年齡略為大一些，可能好一些。這在各國憲法中，都有先例。四十周歲不算太大，又可具有一定工作經驗和能力，大體上較為合適。

基本法第 24 條規定在澳門特別行政區成立以前或以後在澳門通常居住連續七年以上的中國公民即可成為澳門特別行政區永久性居民，而對行政長官則要求在澳門通常居住連續滿二十年。這是因為澳門有些人士擔心居住時間短，會有不少人從內地移居到澳門的時間不很長就具備作為行政長官候選人的資格，考慮到這一情況，基本法起草委員會政治體制專題小組認為二十年的居住期限是可以的。

依據中葡聯合聲明附件一的規定，擔任某些主要官職，即相當於原"政務司"級官員、檢察長和警察部門主要負責人只能由澳門特別行政區永久性居民中的中國公民擔任，這也是國家主權的具體體現。行政長官是澳門特別行政區的首長和政府的首長，當然只能由澳門特別行政區永久性居民中的中國公民擔任。

由於行政長官的重要和特殊地位，基本法對其提出了嚴格的要求，這些要求與資格有區別，資格是參與行政長官的選舉時，就必須具備的條件，不具備這些法律規定的條件，就沒有資格參加行政長官的選舉。對行政長官的要求則是就任行政長官職務時，在任職期內應當遵守的要求。在參加行政長官的選舉時，並不要求參選者遵守這些規定。

基本法第 49 條規定：澳門特別行政區行政長官在任職期內不得具有外國居留權，不得從事私人贏利活動。行政長官就任時應向澳門特別行政區終審法院院長申報財產，記錄在案。基本法第 101 條、第 102 條還規定行政長官必須擁護中華人民共和國澳門特別行政區基本法，盡忠職守，廉潔奉公，效忠中華人民共和國澳門特別行政區和中華人民共和國，並依法宣誓。以上這些規定就是對行政長官就職時及在任期內的嚴格要求。

關於行政長官可否不寫外國居留權問題，政治體制專題小組曾進行了長時期的爭論。一種意見認為，外國居留權問題起源於香港基本法，在起草香港基本法的過程中，1989 年 12 月 20 日英國政府單方面宣佈決定給予五萬戶（計二十二點五萬人）香港居民以包括在聯合王國居留權在內的完全英國公民地位。英國還宣稱，他們將在上述五萬戶中保留相當數額，以便在臨近 1997 年的"稍後的年代中"給"那些可能在香港進入關鍵崗位的人以機會"。② 這一英方的決定與其 1984 年同中國交換的備忘錄是極不相符的，違背了英國自己在備忘錄中的莊嚴承諾。中英雙方交換的備忘錄的內容和措詞都是經過雙方商定，雙方都是同意的。後來中英雙方都將兩個備忘錄列在中英聯合聲明附件三之後。英方的備忘錄規定：凡根據聯合王國實行的法律，在 1997 年 6 月 30 日由於同香港的關係為英國屬土公民者，從 1997 年 7 月 1 日起，不再是英國屬土公民，但將有資格保留某種適當地位，使其可繼續使用聯合王國政府簽發的護照，而不賦予在聯合王國的居留權。③ 英方這個備忘錄的這段話是指 1997 年 7 月 1 日以前的香港"英國屬土公民"，從 1997 年 7 月 1 日起不再是"英國屬土公民"，在英國沒有居留權。同時說明"英國政府將尋求國會批准立法，以適當的名稱，給予英國屬土公民一種新的身份，這種身份不會給予他們目前並不享有的在英國的居留權……"④1989 年 12 月英方的決定與上述 1984 年它交給中國的備忘錄是背道而馳的。因此，針對英國的這一決定，香港基本法起草委員會對香港特別行政區行政長官的資格又專門增加了一層限制，即行政長官必須"在外國無居留權"，目的是為了防止一些人在取得"完全英國公民地位"以後，又可以香港永久性居民的身份留居香港甚至取得主要官員的職位，產生雙重效忠問題，破壞了"港人治港"。香港基本法對行政長官的資格加上"在外國無居留權"的限制是應當的。但是，在澳門沒有發生英國政府這樣違背承諾的問題，因此，對澳門特

---

② 1989 年 12 月 31 日《人民日報》。

③ 《中華人民共和國政府和大不列顛及北愛爾蘭聯合王國政府關於香港問題的聯合聲明》，北京外文出版社，1984 年，第 10 頁。

④ 《香港（一九八五年）》，第 23 頁。

別行政區行政長官的資格沒有必要增加"在外國無居留權"的限制，也不影響"澳人治澳"即澳門特別行政區的行政機關和立法機關均由當地人組成。

在政治體制專題小組中另一種意見認為，澳門雖然沒有發生像英國政府違背諾言那樣的問題，但是也應當寫上行政長官在外國不得有居留權。因為行政長官享有重大權力，具有重要法律地位，代表澳門特別行政區，由中央人民政府任命，體現了國家主權，如果行政長官可以在外國有居留權，這是不妥當的。而且中葡聯合聲明簽訂時，1987 年 4 月 13 日中葡兩國交換備忘錄的內容是不一致的，沒有達成一致的協議。按照中國政府的備忘錄，其中聲明："澳門居民凡符合中華人民共和國國籍法規定者，不論是否持有葡萄牙旅行證件或身份證件，均具有中國公民資格。考慮到澳門的歷史背景和現實情況，在澳門特別行政區成立後，中華人民共和國政府主管部門允許原持有葡萄牙旅行證件的澳門中國公民，繼續使用該證件去其他國家和地區旅行。上述中國公民在澳門特別行政區和中華人民共和國其他地區不得享受葡萄牙的領事保護"。[5] 按照葡萄牙政府的備忘錄：凡按照葡萄牙立法，在 1999 年 12 月 19 日因具有葡萄牙公民資格而持有葡萄牙護照的澳門居民，該日後可繼續使用之。自 1999 年 12 月 20 日起，任何人不得由於同澳門的關係而取得葡萄牙公民資格。[6] 這兩個備忘錄只是說明各自的立場。中國政府認為，凡符合中國國籍法規定的澳門居民，不論其是否持有葡萄牙的證件，都是中國公民。葡萄牙政府則認為，根據其法律在 1999 年 12 月 19 日以前持有葡萄牙護照的澳門居民都是葡萄牙公民。這裏實際存在一個雙重國籍問題，葡萄牙承認雙重國籍，中國不承認雙重國籍。如果行政長官持有葡萄牙護照，則也有一個雙重效忠問題的產生，行政長官將如何處理與葡萄牙的關係。如果行

---

⑤ 《中華人民共和國政府和葡萄牙共和國政府關於澳門問題的聯合聲明》，北京外文出版社，1987年，第 53 頁。

⑥ 《中華人民共和國政府和葡萄牙共和國政府關於澳門問題的聯合聲明》，北京外文出版社，1987年，第 56 頁。

政長官要效忠中華人民共和國，就應當放棄葡萄牙護照。所以對澳門特別行政區行政長官應增加"在外國無居留權"的限制。

針對上述兩種不同的意見，政治體制專題小組進行多次研究和討論，決定將行政長官"不得具有外國居留權"寫入基本法第 49 條，而不寫入第 46 條。如果寫入基本法第 46 條，作為行政長官的資格，則在選舉或協商產生行政長官時，凡在外國有居留權的都應排除在外；如果寫入基本法第 49 條，則是對行政長官的要求，即擔任行政長官職務者在任職期間內不得具有外國居留權，如果某人未被選為行政長官時，則可不受基本法第 49 條的約束。這樣的規定，既與香港特別行政區基本法對行政長官資格的規定有區別，照顧到澳門與香港的不同情況，又從澳門的實際出發，考慮到澳門的葡萄牙證件屬於歷史遺留與不同法律規定問題，是比較妥善的。

由於行政長官掌握着重大的權力和具有重要的法律地位，基本法規定行政長官必須盡忠職守，廉潔奉公，不得從事私人贏利活動，就任時還要向澳門特別行政區終審法院院長申報財產，記錄在案。這樣可以預防行政長官濫用職權或假公濟私，為自己或其參加的財團、公司謀取私利，可以防止行政長官貪污受賄。許多國家的法律都有類似的規定，基本法對此作出原則的規定，是非常必要的。至於更具體的規定，則可另行制定法律，使基本法的原則要求更好地得到貫徹實施。

行政長官要擁護基本法，效忠澳門特別行政區，效忠中華人民共和國。基本法是體現和實施"一國兩制"的重要法律，澳門特別行政區行政長官的首要任務就是要擁護基本法，堅決遵守和認真貫徹執行基本法，監督特別行政區的公務人員執行基本法，這樣才有可能較好地實現"一國兩制"的方針，使澳門的經濟不斷發展，居民的生活水平不斷提高，社會秩序安定、良好。作為澳門特別行政區的行政長官，肩負國家和澳門居民的委託和重任，一定要努力為特別行政區居民辦事，這就要求行政長官忠於澳門特別行政區，忠於中華人民共和國，而不能做有損於特別行政區和國家的事情。

在許多國家都有宣誓效忠的制度，即一些公職人員在就職履行公務的時候，要依照法律進行宣誓，保證忠於職守，忠於憲法和法律。擔任的公務和職位不同，具體的誓詞也不同。澳門特別行政區行政長官作為澳門的最高行政官員，要依法進行宣誓，也是應該的。這種宣誓是一種法律形式和監督，違背誓詞就是違法，對於行政長官可以起到有效的督促作用。

基本法還規定行政長官因嚴重疾病或其他原因無力履行職務時必須辭職，這也是對行政長官的一種要求。這是考慮到行政長官的地位和作用對澳門特別行政區有重大的影響，特別行政區又有高度的自治權，在特殊情況發生時基本法應有相應、明確的規定，以保證澳門特別行政區的行政工作和其他工作能夠正常進行。所以，基本法規定因嚴重疾病或其他原因無力履行職務時必須辭職，不致因行政長官病重而發生無人管理的狀態，或者因其他原因而發生行政長官不能履行職務的情況。這裏規定的辭職是強制性的，即必須辭職。

（三）行政長官的產生和任期

行政長官如何產生，涉及到選舉方式問題，即用直接選舉、間接選舉以及直接與間接選舉並用的具體辦法問題。但這還不是最根本的問題，事情的實質是選舉涉及到各個階層的利益，涉及到權力的分配，歸根到底又是為經濟利益服務的。工商業者擔心 1999 年後直接選舉的比例太大，立法機關的權力太大，澳門特別行政區會逐步走向類似福利國家的道路，影響他們的經濟利益。而主張實行一人一票、用普選產生行政長官以及立法機關者，則擔心行政權力太大、直接選舉的比例太小，權力易落到工商業者之手。但是澳門的情況與香港不同，澳門有些人士主張行政長官由直接選舉產生，而大多數意見則認為應由間接選舉產生。關於選舉方式的爭論在澳門遠不像香港那樣激烈。

　　基本法第 47 條規定：澳門特別行政區行政長官在當地通過選舉或協商產生，由中央人民政府任命。在這裏基本法完全依照中葡聯合聲明的精神規定了行政長官產生的原則：第一，在一般情況下應在當地由選舉產生，在特殊情況下如第一任行政長官可由協商產生。第二，行政長官必須由中央人民政府任命。這種任命當然不只是形式上的。而包括可任命，也可以不任命。行政長官由選舉或協商產生，這體現了高度自治的精神，由中央人民政府任命，則體現了“一國”的主權和統一。這兩者應當說都是實質性的，而不是形式上的。在實際工作上將來會把這二者很好地結合起來，澳門特別行政區在選舉或協商行政長官的產生時，將按照基本法規定的行政長官的資格和產生程序，事先與中央人民政府進行聯繫，慎重地進行大量的工作和充分的準備。中央人民政府在任命行政長官時，當然要充分考慮到行政長官選舉或協商中的合法性與澳門各界人士的意願，而不會輕易不予任命。行政長官的產生，對中央人民政府、澳門特別行政區來說，都是一件重大的事情，中央人民政府與澳門特別行政區會互相配合起來，共同完成好這件大事，而不會互不通氣，在行政長官產生出來之前，中央人民政府竟一無所知，以致因人選不當而不任命，澳門特別行政區也不會竟不與中央人民政府聯繫。只要按照基本法的規定產生行政長官，中央與特別行政區又能在工作上互相配合，產生與任命問題就能夠得到正確的解決。

　　基本法第 47 條還規定：行政長官的產生辦法由附件一《澳門特別行政區行政長官的產生辦法》規定。本來在基本法結構草案並沒有規定附件，因為起草到行政長官產生這一條時，實踐證明還須要有一個附件，以保持條文的平衡和附件的靈活性，才決定起草附件。

　　在香港基本法中，關於行政長官的產生有這樣一款規定：“行政長官的產生辦法根據香港特別行政區的實際情況和循序漸進的原則而規定，最終達至由一個有廣泛代表性的提名委員會按民主程序提名後普選產生的目標。”

澳門基本法中沒有這樣的規定，因為澳門基本法起草委員會政治體制專題小組認為，香港基本法中有這樣一款條文，是由於在這個問題上香港各界存在着很大的分歧，為了協調這一分歧才增寫這一款。澳門的情況不同，大多數人不贊成行政長官由普選產生，而且澳門基本法附件一中已包含2009年後可以修改行政長官產生辦法的內容和程序，包含了循序漸進的意思，因此沒有列入香港基本法中這樣一款條文。

基本法附件一《澳門特別行政區行政長官的產生辦法》包含以下內容：

1．關於選舉行政長官的選舉委員會

基本法附件一規定行政長官由選舉委員會依照基本法選出，由中央人民政府任命，可見行政長官的選舉係間接選舉。附件一還規定選舉委員會要有廣泛代表性，它要能代表澳門各界，具有廣泛性。附件一還規定了選舉委員會的人數和組成，即選舉委員會共三百人，由下列各界人士組成：工商、金融界一百人，文化、教育、專業等界八十人，勞工、社會服務、宗教等界八十人，立法會議員的代表、市政機構成員的代表、澳門地區全國人大代表、澳門地區全國政協委員的代表四十人。這三百人的總數和各界人士組成數，都是依據澳門現在的實際情況而定的。例如，澳門特別行政區基本法諮詢委員會的委員共九十人，選舉委員會的人數比諮詢委員會人數多三倍。又如工商、金融界人士比文化、教育、專業界人士要多些，所以工商、金融界為一百人，文化、教育、專業等界為八十人，而立法會議員的代表、市政機構成員的代表、澳門地區全國人大代表及全國政協委員的代表則為四十人，因為這部分人數總數不多。

基本法附件一規定"選舉委員會每屆任期五年"，因為行政長官的任期雖為五年，但可能出現不到五年而行政長官辭職、缺位、被彈劾的情況，所以選舉委員會不能在選出行政長官後即予以解散，而應當存在五年。

2．關於選舉法及具體選舉辦法

基本法附件一規定由澳門特別行政區制定選舉法。因為附件一對行政長官的產生辦法只能作比較具體的規定，更詳細的辦法還需要制定一個選舉法來制定，才能切實可行。選舉法要根據民主、開放的原則制定。選舉法可由澳門特別行政區政府提出草案，由立法會審議通過。

基本法附件一規定組成選舉委員會的各個界別的劃分、每個界別中的哪一個組織可以產生選舉委員會的名額，都由選舉法加以規定。各界別法定團體要根據選舉法規定的分配名額和選舉辦法，自行選出選舉委員會的委員。委員當選以後，他在選舉委員會中是以個人身份投票，不是以代表某團體身份投票，以保持委員的公平性，從整個澳門特別行政區的觀點來選舉行政長官。

基本法附件一規定的提名辦法是：不少於五十名的選舉委員會委員可聯合提名行政長官候選人，每名委員只可提出一名候選人。這樣的規定是為了不要提出過多的候選人，也不限制太嚴，以有利於選舉的順利進行。

基本法附件一規定的投票辦法是：選舉委員會根據提名的名單，經一人一票無記名投票選出行政長官候任人。選舉委員會委員選出的人叫候任人，這是因為中央人民政府任命後才能稱為行政長官，在此以前只能稱為候任人。

3．關於第一任行政長官及 2009 年後行政長官產生辦法

基本法附件一規定：第一任行政長官按照《全國人民代表大會關於澳門特別行政區第一屆政府、立法會和司法機關產生辦法的決定》產生。因為澳門特別行政區第一屆政府的成立是在 1999 年 12 月需在 1999 年 12 月 20 日以前，如果在 12 月 20 日以前籌備則無法可依，那時澳門還在葡萄牙的管理之下，也不能採用葡萄牙的法律。要解決好這一問題，必須單獨起草一個法律文件，專門解決第一屆政府的產生問題，當然也包括 1999 年的澳門特別行政區立法機關和司法機關的產生問題，這個文件要在 1999 年 12 月 20 日以前即生效，它的制定機關應當是有高度權威，它與澳門特別行政區基本法應同

時起草和審議、公佈,使澳門居民感到放心。於是基本法起草委員會決定代全國人民代表大會起草一個《關於澳門特別行政區第一屆政府、立法會和司法機關產生辦法的決定》,送請全國人民代表大會與基本法同時審議通過。這就較好地解決了籌組第一屆政府、立法會及司法機關的法律問題。因此,基本法附件一只規定按第一屆政府、立法會和司法機關產生辦法的決定產生第一任行政長官。

基本法附件一規定:2009 年及以後行政長官的產生辦法如需修改,須經立法會全體議員三分之二多數通過,行政長官同意,並報全國人民代表大會常務委員會批准。為什麼這裏規定要到 2009 年及以後行政長官的產生辦法如需修改才能修改呢?其目的是先穩定十年,再看需要才決定是否修改,即 1999 年 12 月澳門回歸祖國,政權轉移,實行"一國兩制",澳門社會必然有較大的震動。為了維護澳門的經濟發展和社會穩定,其他方面在這時候盡可能不作大的改變。行政長官的產生是件大事,所以在 1999 年產生後的十年內,其選舉產生方法也不作改變,以免引起澳門社會的動盪。到了 2009 年,如果認為行政長官產生辦法需要修改,社會比較穩定,就可依法進行修改。行政長官產生辦法並不是一成不變,永遠不能改的,這要看社會的情況和需要,也可以說是循序漸進。

基本法的附件一的修改程序不像修改基本法正文那樣難,但修改程序也是比較嚴格的。它的修改要經過立法會全體議員三分之二多數通過,行政長官同意,全國人民代表大會常務委員會批准。其目的是行政長官產生辦法首先要得到澳門特別行政區行政和立法兩個方面的同意,即行政長官和立法機關的意見先取得一致。這樣改變行政長官的產生辦法比較穩妥,不會引起澳門社會的動盪。至於要全國人民代表大會常務委員會批准,這是因為行政長官是中央人民政府任命的,所以改變行政長官產生的辦法,應當由全國人民代表大會常務委員會批准。

基本法規定行政長官的任期為五年,可連任一次。任期的長短,沒有絕對的標準。基本法起草委員會政治體制專題小組認為行政長官任期四年對於積累工作經驗、在任時間稍為短了一些，五年較為有利，因此定為五年。至於立法機關與行政長官是否需要一致、任期相同的問題，專題小組認為不一定需要任期相同，均為四年，因為行政長官有解散立法機關的權力，立法機關有要求行政長官辭職的權力，而且行政長官還有可能不到一任期滿而缺位的，任期相同難以實現，即使立法機關與行政長官的每屆任期相同也沒有實際意義。

行政長官可否連任，連任可以到多長的時間，政治體制專題小組都進行了研究。委員們認為連任次數過多，時間太長，容易產生弊端，對澳門特別行政區的工作不利。如果不能連任，輪換太多，也不利於積累工作經驗。所以確定為可以連任一次，即連續任職以不超過十年為好。

基本法還對行政長官短期不能履行職務與出缺時的問題作了規定。因為這涉及行政長官的工作和澳門社會的穩定。基本法第 55 條第 1 款規定：澳門特別行政區行政長官短期不能履行職務時，由各司司長按各司的排列順序臨時代理其職務。各司的排列順序由法律規定。將來特別行政區應當專門制定一項法律，對各司作一順序排列，行政長官短期不能履行職務時，即按此順序臨時代理其職務，使代理有法可循和制度化。現在澳門總督不在澳門或因故不能視事時，其法律規定由葡萄牙“共和國總統指定人選擔任有關職務，在未指定的期間，該等職務應由總督就各政務司中指定一人為護理總督執行之”，這就是實行指定的辦法。

基本法第 55 條第 2 款規定：行政長官出缺時，應在一百二十日內依照本法第 47 條的規定產生新的行政長官。行政長官出缺期間的職務代理，依照本條第 1 款規定辦理，並報中央人民政府批准。代理行政長官應遵守本法第 49 條的規定。這裏對行政長官出缺後產生新的行政長官的期限和辦法作了明確的規定，“出缺”與“短期不能履行職務”不同，“出缺”是指由於某種原因行政長官不能再履行職務而產生空缺，故需要依照基本法關於行政長官產生辦法的規定產生新的行政長官。期限為一百二十日內，這不是說一定要到一百二十天才產生新的行政長官，而是指最長時間不得超過一百二十天，這比用"四個月"的規定更準確、更科學，因為有的月份天數多，有的月份天數少。行政長官出缺期間，新的行政長官尚未選出、就任前，應按照基本法第 55 條第一款規定的司長臨時代理其職務，並報中央人民政府批准。但是代理行政長官職務者也要遵守基本法第 49 條的規定，即在代理職務期內不得具有外國居留權，不得從事私人贏利活動，要申報財產。現在澳門總督係由葡萄牙總統任命的，沒有規定任期，因此《澳門組織章程》規定：當總督缺位時，由在職時間最久的政務司司長擔任助理總督職務，直至共和國總統指定擔任該職務的人選為止。

（四）行政長官的職權

基本法規定，澳門特別行政區行政長官的職權共有十八項，歸納起來大體上可分為三類：

第一，政治法律方面。如領導澳門特別行政區政府；負責執行基本法和依照基本法適用於澳門特別行政區的其他法律；簽署立法會通過的法案，公佈法律；簽署立法會通過的財政預算案，將財政預算、決算報中央人民政府備案；決定政府政策，發佈行政命令；制定行政法規並頒佈執行；批准向立法會提出有關財政收入或支出的動議；根據國家和澳門特別行政區的安全或重大公共利益的需要，決定政府官員或其他負責政府公務的人員是否向立法會或其所屬的委員會作證和提供證據；依法頒授澳門特別行政區獎章和榮譽稱號；依法赦免或減輕刑事罪犯的刑罰；處理請願、申訴事項。

第二，任免各類公職人員方面。如提名並報請中央人民政府任命下列主要官員：各司司長、廉政專員、審計長、警察部門主要負責人和海關主要負責人；建議中央人民政府免除上述官員職務；委任部分立法會議員；任免行政會委員；依照法定程序任免各級法院院長和法官，任免檢察官；依照法定程序提名並報請中央人民政府任命檢察長，建議中央人民政府免除檢察長的職務；依照法定程序任免其他公職人員。

第三，執行中央交辦或授權處理的事務方面。如執行中央人民政府就基本法規定的有關事務發出的指令；代表澳門特別行政區政府處理中央授權的對外事務和其他事務。

在基本法的起草過程中，有的認為行政長官權力太大。這是對基本法的精神還不夠瞭解。關於行政長官的職權主要是根據以下情況起草的，瞭解這些情況以後，就知道行政長官的十八項職權是不可少的。這些情況是：

1．依據行政長官的法律地位

如前所述，按照基本法的規定行政長官既是特別行政區的首長，又是特別行政區政府的首長，他的這種雙重身份和法律地位決定他負有重大的政治和行政責任，既然他的責任是重大的，就應當相應地賦予他一定的職權，作為履行其職責的法律保證。例如，行政長官既是政府的首長，他就有權領導澳門特別行政區政府，他領導的政府就要對立法機關負責，他有權決定政府政策，制定行政法規；行政長官既是特別行政區首長，他就有權簽署立法會通過的法案，公佈法律，提名並報請中央人民政府任命主要官員，委任部分立法會議員；任免行政會委員、法官、檢察官、各級法院院長等。可見這些職權都是與行政長官的兩重身份和法律地位緊密相聯的，不是任意賦予的。當然，賦予行政長官這些職權也是為了保證他做好工作，提高行政效能，協調各方面的關係，發展澳門的經濟和維護社會的穩定。

2．根據澳門的實際情況

賦予行政長官以多大的職權，起草這一條文時也參考了澳門現在的實際情況。現在澳門總督有很大的權力，行政長官將來當然不能享有總督這樣大的權力，因為行政長官的法律地位和作用，與澳門總督有根本的不同，所以不能照搬照抄總督現有的職權。但是在起草關於行政長官職權的條文時，又不能完全割斷歷史，不顧澳門政制的現狀，而必須加以認真的研究，參考現在的情況，對行政長官的職權作出妥善的規定。

澳門總督現在享有大權，既有行政權，還有一定的立法權。根據《澳門組織章程》總督在對內關係上代表澳門，有權簽署和公佈法律，訂定安全政策，領導整個公共行政等職權。這些是可以參考的，同時總督有權臨時限制或中止憲法權利與自由，提請憲法法院審議立法會作出的規定是否違憲或違法，總督有權立法，其範圍包括所有未保留予共和國主權機關或立法會的事宜，立法會賦予總督立法許可或於解散後，其立法權限亦屬於總督，這些權限，行政長官則不能享有，將來行政長官沒有立法權，沒有頒佈具有法律效力的法令之權，基本法則不能參考或照搬這些總督職權。現在澳門立法會沒有完全的立法權，1999 年後澳門特別行政區的立法會享有立法權，它有制定、修改、暫停實施和廢除法律的權力，還有審核、通過政府提出的財政預算權，還有彈劾權、要求辭職權等，這些都是現在澳門的立法會所不享有的職權，在起草關於行政長官職權的條文時也參考和研究了這些情況。因此很難說現在行政長官的權力太大。

3．行政長官要有權但須受到制約

在起草基本法的進程中，有的意見認為，行政長官不能享有大權。對於行政長官的權力，政治體制專題小組曾經討論了一個原則性意見，即行政長官要有實權，但又要受到制約和監督。如果行政長官沒有一定的實權，不但難以履行應有的職責，而且不能發揮行政的效能，勢必影響澳門特別行政區的經濟和各項工作。所謂要有實權，就是不能是一個象徵性的行政長官，也不是大權獨攬，而是享有行政長官所必需的、有利於推進行政工作和提高行政效率的權力。

即使行政長官享有實權。也要有一定的制約和監督，以防濫用權力。沒有任何制約和監督的權力，也將不利於或損害澳門特別行政區的工作和經濟發展。

（五）行政與立法互相制約

在起草基本法政治體制一章的條文時，政治體制專題小組曾經詳細地研究了 1999 年後澳門特別行政區政治體制應當採取什麼樣的模式，小組取得的共識是：司法獨立，行政與立法既互相制約，又互相配合。這種地方政權形式既不是三權分立，也不是人民代表大會制，更不是殖民主義的形式，而是一種符合"一國兩制"與澳門實際情況的民主政治體制，這是史無前例的地方政權形式。

三權分立十分強調權力的相互制約，儘管三權分立有各種形式，但在強調互相制約這一點上是共同的。澳門特別行政區政治體制則除了強調相互制約外，同時十分重視行政與立法的相互配合，表現了與三權分立的區別。中國的人民代表大會制是由各級人民代表、大會選舉產生行政、審判和檢察機關，與澳門特別行政區的政治體制也不相同。1999 年後澳門的總督制即告結束，行政長官則宣誓就職，標誌着這兩個政權形式的根本區別。下面先就行政包括行政長官、行政機關與立法的相互制約關係作些具體闡述，這一關係在基本法中的體現是：

1．在法律規定的條件和程序下，行政長官對立法機關有解散權。基本法第 51 條規定：澳門特別行政區行政長官如認為立法會通過的法案不符合澳門特別行政區的整體利益，可在九十日內提出書面理由並將法案發回立法會重議。立法會如以不少於全體議員三分之二多數再次通過原案，行政長官必須在三十日內簽署公佈或依照本法第 52 條的規定處理。這裏首先指的是法案不符合澳門的整體利益，也就是關係全局的重大問題，而非一般的細枝末節。發回重議，即包含着制約、修改、協調的意思和措施，通過重議以求得意見一致，解決矛盾和分歧。但發回重議時，必須提出書面理由，必須在九十日以內，即最長不能超過九十天，在這段時間裏也便於全國人民代表大會常務委員會瞭解情況，研究行政與立法之間的分歧所在。這些規定是對行政長官的制約。立法會再通過原法案，須要全體議員三分之二多數，這又是對立法會的制約，行政長官必須在三十日以內簽署公佈或者解散立法會，這一時間的規定又是對行政長官的制約。立法機關重議行政長官發回的法案，三分之二多數議員仍堅持原來的意見，不接受行政長官的意見，行政長官必須在一定時間內作出決定，這當然是對行政長官的一種新的制約。

基本法第 52 條規定：澳門特別行政區行政長官遇有下列情況之一時，可解散立法會：（一）行政長官拒絕簽署立法會再次通過的法案；（二）立法會拒絕通過政府提出的財政預算案或行政長官認為關係到澳門特別行政區整體利益的法案，經協商仍不能取得一致意見。行政長官在解散立法會前，須徵詢行政會的意見，解散時應向公眾說明理由。行政長官在其一任任期內只能解散立法會一次，在這裏行政長官有權再次拒絕簽署立法會以全體議員三分之二多數通過的原法案，這是對立法會的又一次制約，以至解散立法會。立法會有權拒絕政府提出的財政預算案或者關係到特別行政區整體利益的法案。沒有適當的財政預算，政府沒有經費，或者某個重大法案遭到立法會否決，這都是立法會對行政的制約。經過協商，希望能夠消除分歧，取得協議，但仍不能取得一致意見，行政長官有權解散立法會，這又是對立法會的制約。對行政長官解散立法會，基本法規定的程序和限制是嚴格的，在解散立法會之前，須徵求行政會的意見，還要向公眾說明理由。

有的意見認為，行政長官有權任意解散立法會，行政權力太大。其實不然，從上述情況看，行政長官要解散立法會必須經過六個法律步驟：1. 法案不符合整體利益；2. 在九十天內提出書面理由；3. 將法案發回重議；4. 立法會再以全體議員的三分之二多數通過原法案；5. 在三十天內不簽署公佈；6. 徵詢行政會意見。可見行政長官絕不是可以任意解散立法會的。而且這種解散權的規定，澳門也有類似的情況，《澳門組織章程》第 25 條亦規定：共和國總統得應總督以公共利益為理由的建議，命令解散立法會。第 40 條規定：總督如不同意頒佈時，法規應送回立法會復議。對總督拒絕頒佈的法規，須以立法會在職議員三分之二的多數確認。但對有關與憲法、澳門組織章程及葡萄牙發出且係當地管理機關不得違反的規定有抵觸的法規，在其已被確認時則應送交憲法法院審定。

考慮到在 1999 年後澳門特別行政區享有高度自治權，屬於高度自治範圍內的事務，都由特別行政區自己處理和解決。如果行政與立法對某個問題的處理意見有分歧，長期爭論而不得解決，這將不利於澳門特別行政區，而需要在法律上找到一個解決辦法，因此基本法參考澳門的情況，對行政長官有權解散立法會作了規定，以解決行政與立法之間的爭論和僵局。

2．在法律規定的條件程序下，立法機關有使行政長官辭職的權力

基本法第 54 條規定：澳門特別行政區行政長官如有下列情況之一者必須辭職：（一）……（二）因兩次拒絕簽署立法會通過的法案而解散立法會，重選的立法會仍以全體議員三分之二多數通過所爭議的原案，而行政長官在三十日內拒絕簽署；（三）因立法會拒絕通過財政預算案或關係到澳門特別行政區整體利益的法案而解散立法會，重選的立法會仍拒絕通過所爭議的原案。基本法在這裏規定的兩種情況下的辭職都是在重選的立法機關仍堅持通過其所爭議的原案時產生的。如果解散後重選的立法機關仍堅持所爭議的原案，這說明行政長官不但在被其解散的一屆立法機關中得不到多數的支持，而且在解散後重選的立法機關中也得不到多數議員的支持，他在兩屆立法機關中都失去了信任，很難繼續工作，只有辭職才能解決行政

與立法之間的矛盾，發揮立法機關的制約作用，這樣做有利於澳門特別行
政區的工作和穩定。

現在澳門立法會是無權迫使總督辭職的，基本法是為了使立法機關能制
約行政長官，才作此特別規定。因此，認為行政長官的權力太大的看法，其
根據是不足的。行政長官在行使解散立法機關的權力時，他需要考慮冒重選
的立法機關仍堅持原來爭議的法案的危險，而且解散權他在一任期內只能行
使一次，所以，行政長官是不能任意行使解散權的。

當然行政長官在這兩種情況下的辭職，都要經過一系列法定程序，立
法會也不能任意迫使行政長官辭職。在第一種情況下必須經過四個步驟和程
序：（1）行政長官兩次拒絕簽署法案；（2）在三十天內不簽署。徵詢行政會
意見後解散立法機關；（3）重選的立法機關又以全體議員三分之二多數通過
原案；（4）仍拒絕簽此原案。在第二種情況下也必須經過四個步驟和程序：
（1）立法機關拒絕通過財政預算案或其他法案；（2）經協商後行政機關與立
法機關仍不能取得一致意見；（3）徵詢行政會意見後解散立法機關；（4）重
選的立法機關仍拒絕通過原案。由此可見，基本法既規定行政與立法之間的
制約，又規定了不能輕易地迫使行政長官辭職。

3．行政機關對立法機關負責

基本法第 65 條規定：澳門特別行政區政府必須遵守法律，對澳門特別
行政區立法會負責：執行立法會通過並已生效的法律；定期向立法會作施政
報告；答覆立法會議員的質詢。什麼是 "負責"？如何負責？條文中對此作
了具體回答，大體上是指類似澳門現在的做法，包括三個方面的內容：（1）
定期向立法會作施政報告。現在的澳門總督也要向立法會作施政報告，將來
仍然實行這一制度。（2）答覆立法會議員的質詢。現在澳門立法會中也有這
一制度，將來仍然實行這一制度。（3）執行立法會通過並已生效的法律。將
來行政長官不享有立法權，行政長官作為政府的首長與行政機關一起要執行

立法會通過、生效的法律，對立法機關負責。在這一點上與現在澳門總督享有部分立法權、立法會解散後的立法權亦屬於總督，又有些不同。

基本法在這裏規定的"負責"，不是說立法會與行政機關是上下級關係、從屬關係、領導與被領導的關係，不是內地的全國人民代表大會與國務院的關係即最高國家權力機關與最高國家行政機關之間的關係。

香港基本法第 64 條規定行政機關對立法機關負責中，包括"徵稅和公共開支須經立法會批准"的內容。在澳門特別行政區基本法的第 65 條中並無香港基本法的這一內容，這是考慮到澳門特別行政區基本法已經規定立法會有權審核、通過政府提出的財政預算案，其中已經包括了徵稅和公共開支的內容，改變了現在澳門政府的財政預算不需經過立法會審核批准的做法。所以，政治體制專題小組認為在規定澳門行政機關對立法機關負責中，不必再寫徵稅和公共開支須經立法會批准，而且中英聯合聲明中載有"徵稅和公共開支經立法機關批准"的內容，在中葡聯合聲明中也沒有這一內容。

4．立法機關有權彈劾行政長官

基本法規定立法機關可依法定程序彈劾行政長官。澳門現在並無彈劾制度，不能彈劾總督。基本法為了加強對行政長官的制約與監督，故增寫了這一內容，列入立法會的職權中，由此可見，行政長官的權力也不是很大、甚至不受制約於立法。當然這種彈劾也不是任意的，而要有嚴格的法定程序。關於立法會的彈劾權將在本書的下一章中加以詳細的闡述。

以上即行政與立法互相制約的主要內容與規定，基本法的這些內容完全是從"一國兩制"方針和澳門的實際情況出發而規定的，沒有照抄和照搬三權分立、議會制的模式。在通常的議會制下，議會對內閣可以投不信任票，內閣必須總辭職，或國家元首解散議會，舉行大選。這樣做的結果，政府不夠穩定，特別是一個國家中沒有一個政黨在議會中佔有多數議席時，內閣變動頻繁，對其經濟的發展、政局的穩定是不利的。澳門是中國的一個享有高度自治權的特別行政區，是一個地方行政區域，不是一個國家，地域面積又很小，不適宜採用投不信任票的責任內閣制辦法，這種制度不利於澳門經濟的發展，澳門也經不起經常的政治動盪。

（六）行政與立法互相配合

在澳門特別行政區政治體制中，制約與配合都是不可缺少的。只講制約，不講配合，不利於澳門特別行政區的工作和經濟發展；只講配合，不講制約，正如以上所述，容易產生對某一機關缺乏監督。因此基本法不僅規定了行政與立法之間的制約，而且規定了二者之間的互相配合。這也是澳門特別政區政治體制的一個特點。

基本法強調行政與立法要互相配合，這是充分考慮了澳門將來的具體情況後提出的。在澳門特別行政區成立後，享有高度自治權，對屬於特別行政區自治範圍內的事務，中央人民政府不會干預。如果澳門特別行政區的行政機關與立法機關之間遇事能互相配合、互相磋商和協調，使各項工作能夠順利進行，這當然是很好的情況。但是又不能不預防另一方面的情況發生，那就是行政機關與立法機關之間不能很好地配合，對於某些事務的處理，甚至在長時間內爭論不下，形成僵局，嚴重影響澳門特別行政區政治體制的運作。因這些事務既然屬於澳門特別行政區自治範圍內應當解決的問題，中央不能下達任何命令來解決，就需要設計一項制度來加強行政與立法之間的聯繫與配合，使它們互相間能經常溝通情況、交換意見、消除分歧、達到一致，使澳門特別行政區政治體制能正常運作，有利於工作的順利進行、經濟發展和社會穩定。

基本法起草委員會政治體制專題小組又考察與分析了澳門現有的諮詢會，許多委員認為這一組織形式可以參考。現在的《澳門組織章程》規定"諮詢會由總督或其代替人主持"，"由選任委員五名、任命委員五名組成，委員任期為四年"，選任委員由市政廳在其有關市政議會成員中選出二人、由當地社會利益代表選出三人，任命委員由總督在當地社會上被公認為有功績及聲譽的市民中任命。《澳門組織章程》還規定：澳門地區的本身管理機關為總督及立法會，會同總督運作的尚有諮詢會。對於總督送交諮詢會的關於總督權限或關於一般當地行政的事項，諮詢會有發表意見的權限。對於下列事項，必須聽取諮詢會的意見：1. 總督提交立法會的法律提案；2. 總督將公佈的法令之草案；3. 在當地生效的法規之執行規章；4. 對當地經濟、社會、財政及行政政策總方針的訂定；……可見諮詢會僅是總督的諮詢機構，由選任及委任委員十人組成，主要為澳門總督在立法方面提供諮詢，其任務與作用是有限的。1999 年後澳門特別行政區可參考這一機構，設一新的諮詢機構，但其任務與作用要比現在的諮詢會大得多，以加強澳門特別行政區行政與立法機關之間的配合。

　　政治體制專題小組還參考了香港基本法的有關規定。為了行政與立法機關之間的配合，香港基本法設立了行政會議。行政會議與現在香港的行政局有些相同之處，吸取了香港行政局的一些作法，以有利於行政與立法之間的配合，有利於香港特別行政區政治體制的運作。但香港基本法中的行政會議的組成、任命和任務與香港行政局又不完全相同，可見香港基本法規定的行政會議與行政局也不是完全一樣，不是照搬香港行政局的規定。澳門特別行政區與香港特別行政區將來都是中華人民共和國的特別行政區，有些相同之處，而香港基本法又起草在先，都實行"一國兩制"方針，所以澳門特別行政區基本法在一些問題上如行政會的設立，是可以參考香港基本法的有關規定，並且從澳門的實際情況出發，使澳門特別行政區基本法的一些規定更加完善。

　　政治體制專題小組還參考了世界上一些國家的作法。例如美國總統下有一個國家安全委員會，這個委員會包括國務卿、白宮辦公廳主任、參謀長聯席會議主席等重要官員在內，由總統召集會議。這個委員會作為總統的諮詢機構，協助總統決策，起了一定的作用。澳門特別行政區也可以在行政長官之下設立類似機構，起行政與立法之間的配合作用。

根據以上考慮和情況，基本法政治體制中的行政長官一節中設立了行政會，行政會的一個重要作用是起行政與立法的配合作用，當然也還要起到別的重要作用。現在專門對行政會進一步作些具體論述。

（七）行政會的性質、組成、任務與作用

1．行政會的性質、組成與任務

基本法規定："澳門特別行政區行政會是協助行政長官決策的機構。"這是說行政會的性質是諮詢性的，起一個協助行政長官的作用，決策是由行政長官作出的，行政會的委員只提供諮詢意見，而不是由委員討論後，以少數服從多數作出決定。它是行政長官的集體參謀和幕僚。

按照基本法的規定，行政會的委員由行政長官從政府主要官員、立法會議員和社會人士中委任，其任免由行政長官決定。行政會委員由澳門特別行政區永久性居民中的中國公民擔任，行政長官認為必要時可邀請有關人士列席行政會會議。行政會既然協助行政長官進行工作，是諮詢性機構，所以要由行政長官決定任免。行政會的委員包括三部分人，即政府的主要官員、立法會的議員、社會人士。

行政會由行政長官主持，行政會的會議每月至少舉行一次。行政會的任務是眾多而重要的，行政長官在作出重要決策、向立法會提交法案、制定行政法規和解散立法會之前，均須諮詢行政會的意見，只有人事任免、紀律制裁和緊急情況下採取的措施可以除外。行政長官如果不採納行政會多數委員的意見，應將具體理由記錄在案。由此可見，基本法對行政會的重要性和作

用是比較重視的。

基本法還規定了行政會委員的任期和人數。任期應不超過委任他的行政長官的任期,因為行政會是由行政長官委任的諮詢機構,當行政長官到任期屆滿時,行政會委員的任期也應隨着結束。但是為了工作的銜接,基本法又規定"在新的行政長官就任前,原行政會委員暫時留任"。澳門一些人士要求行政會應有人數的規定,以免出現任人惟親的情況,以免行政會委員人數過多。後來基本法從澳門的具體情況出發,又增寫了"行政會委員的人數為七至十一人"。澳門有些人士認為行政會的設立似無必要,因為現在澳門的諮詢會的主要作用是協助總督立法,將來立法權屬於澳門特別行政區立法會,因此,諮詢會沒有必要了,與此相似的行政會也沒有必要設立。其實將來的行政會的任務與作用與諮詢會不完全一樣,它比諮詢會的任務重得多,作用要大得多。如果將行政會與諮詢會等同起來,這是對行政會的作用不很瞭解。

有的人士認為行政會的設立是照抄香港基本法的行政會議條款,這也是不適當的。雖然澳門特別行政區基本法這部分條文與香港基本法關於行政會議的條文基本相同,但也不完全相同。更重要的是澳門特別行政區將來需要有這樣一個諮詢性機構,這在前面已經加以說明,行政會的設立是參考了香港基本法。

2. 行政會的作用

關於行政會的作用,歸納起來主要有以下三個方面:

(1)集體領導方面的作用。澳門特別行政區行政長官具有雙重法律地位和身份,它體現的是首長負責制,對中央人民政府和澳門特別行政區負責。因此基本法要設立一個機構行政會來補充其個人決策之不足,輔之以集體決策、集體領導的作用。首長負責制有決定問題迅速、效率高的有利方面,特別是對於處理行政事務需要講究效能,不能議而不決,決而不行,不能大家都負責，而實際上誰也不負責。但是個人負責制的不利一方面，是容易產生看問題和處理事務主觀、片面，一個人再有能力和智慧，也難免"智者千慮，必有一失"。特別是作為澳門特別行政區的一位首長，享有一般地方行政區域所不享有的高度自治權，稍有不慎，易生缺點和錯誤，甚至發展到個人專斷。因此設立行政會這樣一個機構，既要能發揮首長決定問題、提高工作效能的優點，又要輔之以集體討論、協助決策，加強集體領導的優點。

（2）行政與立法互相配合方面的作用。在前面已經從原則上說明行政會的設立有利於加強行政與立法之間的互相配合，這也是設立行政會的一個目的。具體地說，行政會在行政長官的領導和主持下，其委員有來自政府的主要官員，他們經常代表行政機關反映來自行政方面的意見，行政會中有立法會的一些議員，他們經常反映立法機關方面的意見。這兩個方面的意見如果相同或基本相同，則一些問題比較容易解決；如果意見不同或基本不同，這在行政會中、在行政長官的主持下，則可通過互相溝通看法、加強協調，以消除分歧，解決行政與立法之間的分歧。行政會的人數不多，會議不公開舉行，亦有利於解決行政與立法之間的分歧。而且行政會中還有社會人士，他們能反映來自社會各界的一些看法，他們既非行政官員又非立法會議員，能以第三者的身份和立場發表意見，協調行政與立法之間的分歧，這對加強行政與立法之間的相互配合也是有利的。

（3）起一定的監督作用。對行政長官、行政機關的監督：有來自立法機關方面，從執行法律、財政預算、提出質詢等問題上對行政機關進行監督；有來自中央的，全國人民代表大會、中央人民政府可依照基本法的規定監督行政機關的工作；澳門永久性居民在一定意義上也可對行政長官進行監督，因為行政長官是在當地選舉產生的。行政會也可對行政長官起一定的監督作用，按照基本法的規定，除少數事務如人事任免、紀律制裁等外，一般情況下行政長官作出重要決策、提交法律草案、解散立法會等都要經過行政會討論，而且如不採納行政會多數委員的意見，還要將具體理由記錄在案。這些規定明確表現了行政會對行政長官的一定監督作用，它要求重要問題須經行政會討論，而不能由行政長官一人拋開行政會而直接決定，它對行政長官不採納行政會委員多數的意見時，要記錄在案，也表明了嚴肅慎重的態度。

對於行政會的委員為什麼必須由澳門特別行政區永久性居民中的中國公民擔任，澳門的一些人士曾提出疑問或否定的意見。對此，基本法起草委員會政治體制專題小組曾進行了多次討論，認為應當明確規定由中國公民擔任，其主要理由是：

第一，行政會的性質、任務與作用決定它的委員以由澳門特別行政區永久性居民中的中國公民擔任為宜。

基本法雖然規定行政會是協助行政長官決策的機構，協助決策說明行政會是諮詢、顧問、幕僚性的機構。但它又不同於一般性的諮詢，也不同於澳門現在的諮詢會。它經常參與對澳門特別行政區的重大行政事項的研究、討論和決策，對這些事項的各項決定產生重要影響。基本法規定的行政會必須討論和決定的問題是廣泛的、重要的，行政作用有些和某些國家的內閣相類似，行政會討論和決定的重大事項當然會涉及澳門特別行政區的高度自治權甚至涉及國家主權問題，從這些情況來看，行政會的委員當然以澳門特別行政區永久性居民中的中國公民擔任為宜。

第二，行政會討論和決定的事項常具有機密性。行政會決定的事項有時需要暫時保密，有時需要長期保密，有時需要對外國人保密。例如澳門特別行政區有時需要對其財政、金融採取重大或緊急措施，這不但屬於澳門特別行政區的高度自治權問題，而且具有機密性；又如行政會在討論涉及到國家的外交事務或中央人民政府諮詢某些對外事務的意見時，也具有機密性，在討論這些問題時當然涉及到國家主權。在這種情況下，澳門特別行政區永久性居民中的非中國公民當然不適宜於參加行政會這一機構。

有人還提出，行政會要由澳門特別行政區永久性居民中的中國公民擔任其委員，這是否對外國人實行歧視的政策？當然不是，世界各國在其重要的或機密的國家機關中，只能由其本國公民擔任該機關的公職，一般都是這樣做的，這是屬於一個國家的主權、涉及一個國家的安全問題，與歧視外國公民是兩個不同的問題。中華人民共和國作為世界上的一個主權國家，澳門特別行政區將來是中華人民共和國中央人民政府直轄的一個享有高度自治權的地方行政區域，中國要維護其對特別行政區的主權是完全應當、無可非議的，這與歧視外國人根本不能相提並論。相反地，基本法依照中葡聯合聲明中中國對澳門的基本政策，根據澳門的具體情況對葡萄牙後裔居民給予了照顧，基本法第 42 條對此作了專門的規定；第 98 條規定原在澳門政府各部門任職的公務人員，包括警務人員，以及原在澳門司法機關任職的司法輔助人員，均可留用；第 99 條規定澳門特別行政區政府還可聘請葡籍和其他外籍人士擔任政府部門的顧問和專業技術職務；第 87 條規定符合標準的外籍法官也可聘用；第 57 條規定行政長官認為必要時可邀請有關人士列席行政會會議，這裏當然包括葡籍人士和其他中外籍人士，這怎能說是歧視外國人？基本法的上述規定充分說明基本法的內容對葡籍和其他外籍人士毫無歧視之處，而是具體地歷史地處理問題，從實際出發，對外籍人士作了適當的必要的照顧。

有人提出，行政會委員應由中國公民擔任是否與"澳人治澳"的精神不相符？回答應當是否定的。基本法規定行政機關和立法機關由澳門特別行政區永久性居民依照基本法的有關規定組成，第 26 條規定澳門特別行政區永久性居民依法享有選舉權和被選舉權；第 97 條規定在澳門特別行政區政府各部門任職的公務人員必須是澳門特別行政區永久性居民。這些規定就是由澳門特別行政區的永久性居民管理澳門特別行政區的事務，就是"澳人治澳"精神的體現。這裏所指的永久性居民既包括中國籍居民，也包括葡籍和其他外籍人士。但基本法第 26 條規定"依法"享有選舉權和被選舉權，就是說對永久性居民享有選舉權和被選舉權，法律還有具體的規定。這種法律既包括基本法的其他有關條文，又包括根據基本法而制定的選舉法。一般說，世界各國對選舉權和被選舉權都有法律規定，都有國籍的限制。在一個國家中，外國公民沒有選舉權和被選舉權。在許多國家，選舉權的資格與被選舉權的資格也不完全相同，被選舉權的資格對有些職位更嚴。例如許多國家的上議院或參議院的議員的年齡資格限制較高。至於當選總統的年齡則要求更高。有的國家對被選舉權的資格還有更多的限制。所以有選舉權的選民，不一定都有某些職位的被選舉權，這在許多國家是常見的，不能說是違法。基本法根據中葡聯合聲明的精神，規定澳門特別行政區永久性居民，包括中國籍居民和非中國籍居民都有選舉權和被選舉權，這是與別的國家不同的特殊情況。但基本法同時規定某些職位必須由澳門特別行政區永久性居民中的中國公民擔任，這與各國的做法是一致的，體現了國家主權，也是符合中葡聯合聲明的精神的。中葡聯合聲明規定主要官員（相當於原"政務司"級官員）要由中國公民擔任。基本法規定行政會委員要由中國公民擔任，非中國籍的澳門特別行政區的永久性居民不能擔任，這和上述有選舉權的公民不一定都有被當選某些職位的資格和權利一樣，不能說是違法的，不能說是違反中葡聯合聲明和"澳人治澳"的精神，應當說是完全符合"澳人治澳"和中葡聯合聲明精神的。正如不能將選舉權的普遍性和對某些被當選職位的資格限制完全對立起來一樣，也不能將"澳人治澳"和某些職位須由中國公民擔任完全對立起來。

有人認為，行政長官既然是澳門特別行政區永久性居民中的中國公民，那麼他就可以在任命行政會委員時注意到國籍問題，不必再規定行政會委員必須由中國公民擔任。這種看法也是不適當的。因為要不要由中國公民擔任，這是一個法律問題，涉及澳門特別行政區的重大和機密事務，不是由哪一個人來掌握與如何掌握的問題，對這樣一個原則問題，應當作出明確的規定，才比較妥善。

（八）廉政公署、審計署

1. 廉政公署

基本法規定，澳門特別行政區設立廉政公署，獨立工作，廉政專員對行政長官負責。

在世界各國中，都設有專管或兼管廉政工作的機構。因為廉政問題十分重要，涉及公民的利益與一個政府的形象，所以各國都設立機構、制定法律負責與處理有關廉政的問題。在香港地區，1974年也根據《總督特派廉政專員公署條例（1974）》成立了廉政公署。公署的主要職責是調查一切違反各項條例規定的貪污舞弊案件，並立案檢舉或進行處分，其反貪污的主要對象是政府部門，還有公共機構與私人公司。公署的首長是廉政專員，他直接向總督彙報工作，對總督負責。只有總督一人有權向廉政公署發佈指令。香港自建立廉政公署以來，在懲治貪污方面取得了一定的成效。

現在澳門沒有專門懲治貪污與負責廉政工作的機構，雖然澳門有行政法院和審計法院，負責因行政、稅務及海關上的法律關係而產生的訴訟與上訴案件，審理有關公務法人、公共團體、自治或非自治部門等的財政收支，但無論行政法院或審計法院的作用都不顯著。

考慮到澳門的實際情況，還存在着貪污受賄的問題，在諮詢澳門各界人士的意見後，參考世界一些國家與香港地區的做法，基本法起草委員會認為在澳門特別行政區設立廉政公署是必要和適宜的。

既要使廉政公署能擔負起懲治貪污的任務，就要使其具有一定的權威，能夠真正發揮其應有的作用。因此基本法規定廉政公署獨立工作，就是不受行政機關、社會團體和個人的干涉，只依照法律進行工作，以保障廉政公署的工作不受非法的干預。基本法還規定廉政專員由行政長官提名並報請中央人民政府任命、對行政長官負責，將廉政專員列入主要官員之內，這就明確了廉政公署與廉政專員的法律地位。廉政專員只對行政長官負責，也是直接對行政長官負責,這將有利於廉政專員的工作,能更有效地在廉政方面加強對行政機關各部門、公共團體、公務法人等的監督。

有的意見認為,廉政公署應屬於司法部門。考慮到澳門司法機關的實際狀況和工作成效,廉政公署由司法機關管理將不如由行政長官直接管理更有效、更能發揮作用,所以基本法起草委員會決定將廉政公署設於行政長官直接管轄之下。

有的意見認為,按三權分立的原則,行政不能干預司法,如果將廉政公署放在行政長官這一節,而其又具有司法權,會違背三權分立的原則。[7]基本法並沒有規定廉政公署是司法機關,所以不能說行政干預了司法。基本法規定的政治體制也不是實行三權分立的模式,前面已有闡述,所以也不產生違背三權分立原則的問題。

有的意見認為,廉政公署的某些職權將會與司法機關相重,容易產生職權混淆的問題。這種問題如果通過制定法律,明確廉政公署與其他機關職權的劃分是可以妥善解決的,不會產生職權混淆不清。

2. 審計署

審計機構的職責主要是審核政府的財政賬目,確保政府的財政與會計賬目正確和適當。基本法第 60 條規定:澳門特別行政區設立審計署,獨立工作。審計長對行政長官負責。

由於審計是事關政府的財政收支問題,所以基本法規定審計署只依法進行審計工作,不受其他政府部門或個人的干涉,只服從行政長官的管轄,對行政長官負責,這就是獨立工作與獨立向行政長官負其工作責任。基本法還規定審計長是審計署的首長,審計長由行政長官提名並報請中央人民政府任命,並將審計長列入主要官員,這些都是為了明確審計署與審計長的法律地

---

[7] 《〈中華人民共和國澳門特別行政區基本法(草案)徵求意見稿〉諮詢意見報告書》。中華人民共和國澳門特別行政區基本法諮詢委員會,1991 年 11 月 21 日,第 113 頁。

位，使其更好地發揮作用和提高工作效能。

有些人提出問題："葡國憲法中審計署和評政院兩者都屬司法機關，為何澳門基本法將其劃入行政？為何審計署要獨立一條，而其他主要官員又不需分別獨立來寫，有否特別意思？"[⑧] 基本法之所以作出這樣規定，與上述為何要規定廉政公署一樣，是從澳門的實際情況和許多居民的意願出發，加強審計工作，改變了澳門的原有一些作法。

二

行政機關

（一）行政機關的概念和性質

澳門特別行政區的行政機關就是澳門特別行政區政府，基本法對此作了明確的規定。行政機關是指執行法律、依法管理各項行政事務的機關。基本法在第四章第二節就開宗明義說明了行政機關的概念和性質。

什麼是政府？人們通常有兩種看法，一種看法叫做大政府的概念，即政府是指包括行政、立法、司法三個部分在內的政府，即廣義上的政府，在政治學上常用這一政府概念，現在香港居民常說的港府也多係指廣義上的香港政府。另一種看法叫做小政府的概念，即政府就是行政機關；不包括立法、司法部門在內。在憲法學上的政府，通常是指這一意義上的政府。中國憲法中的政府，都是指的行政機關。如《憲法》第 85 條規定：中華人民共和國國務院，即中央人民政府，是最高國家權力機關的執行機關，是最高國家行

---

⑧ 《〈中華人民共和國澳門特別行政區基本法（草案）徵求意見稿〉諮詢意見報告書》，中華人民共和國澳門特別行政區基本法諮詢委員會，1991 年 11 月 21 日，第 113 頁。

政機關。澳門特別行政區直轄於中央人民政府，即直轄於國務院。又如《憲法》第 105 條規定：地方各級人民政府是地方各級國家權力機關的執行機關，是地方各級國家行政機關。在中葡聯合聲明及其附件中所指的行政機關也是指政府，在聯合聲明正文第二點中規定：澳門特別行政區政府和澳門特別行政區立法機關均由當地人組成。在聯合聲明附件一的第二部分中規定：澳門特別行政區政府由當地人組成。……行政機關必須遵守法律。這裏所說的政府都是狹義上的政府。

　　行政機關即是指政府，政府是管理政治、經濟、文化等行政事務的國家機關，所以行政機關也是指全面管理各項行政事務的機關，它是一級政權的重要組成部分。如果不屬於國家機關、不管理各項行政事務，就不是行政機關。如果只管理文化康樂事務，不屬於國家機關，也不是行政機關。可見行政機關和國家政權是密切相聯繫的，具有全面管理各項行政事務的職能。

　　行政機關的性質是管理行政事務，這一性質決定行政機關不能行使立法權和司法權，應當與其不同性質的機關有所分工。行政既是依法行使管理權，它必須依照法律進行管理、制定行政法規和政策。否則就是違法或失職。當然，立法機關、司法機關也不能干涉行政機關的工作，行政機關只是依法對立法機關負責。

　　行政機關職權的大小一方面決定於國家政權的形式，如三權分立制、責任內閣制等形式，另一方面決定於行政機關本身的性質，行政機關的性質要求應賦予它以何種職權，儘管各個國家的具體情況不同，但性質與職權是密切相聯的。

（二）行政機關的組成

　　基本法第 62 條規定：澳門特別行政區政府的首長是澳門特別行政區行

政長官。澳門特別行政區政府設司、局、廳、處。這就明確規定了澳門特別行政區政府即行政機關的組成。

關於政府的組成，通常有兩種形式：一種是由一些固定的職位與人員組成，並且有法律的明文規定，中國政府即採取這種形式。如《憲法》第86條規定：國務院由下列人員組成：總理，副總理若干人，國務委員若干人，各部部長，各委員會主任，審計長，秘書長。又如《中華人民共和國地方各級人民代表大會和地方各級人民政府組織法》第49條規定：省、自治區、直轄市、自治州、設區的市的人民政府分別由省長、副省長，自治區主席、副主席，市長、副市長，州長、副州長和秘書長、廳長、局長、委員會主任等組成。縣、自治縣、不設區的市、市轄區的人民政府分別由縣長、副縣長，市長、副市長，區長、副區長和局長、科長等組成。此外如《德國憲法》規定："聯邦政府由聯邦總理和聯邦各部部長組成"。《意大利憲法》規定："共和國政府由共同組成內閣的內閣總理及各部部長組成"。另一種形式不是由固定的人員組成，如美國的政府組成，在法律上並沒有明文規定，按照慣例，美國的各部部長都是內閣的成員，實際上內閣成員是不固定的，總統可以其決定而變更。基本法第62條沒有規定政府的組成人員，這是屬於第二種形式。

基本法只規定政府的首長是行政長官，說明行政長官具有特別行政區首長和政府首長的雙重身份。基本法只規定設司、局、廳、處，這是明確將來澳門特別行政區政府的層次。這一方面是參考了澳門現有政府機構的情況，經過基本法起草委員會多次徵詢澳門一些人士的意見和反覆修改而成。澳門現在有七個政務司：經濟事務政務司、工務暨運輸政務司、司法事務政務司、衛生暨社會事務政務司、教育暨公共行政政務司、保安政務司、過渡期事務政務司，七個司之下還設有廳、處、組、科等。⑨澳門現在的七個司

---

⑨ 《90年刊》，（澳門）行政暨公職司，1990年9月，第12—13、28—31頁。

是指七位官職，而不是機構，基本法則將司改為機構，而官職則改為司長，如經濟事務政務司司長，其下之司則改為局，局的首長稱為局長。基本法的這種規定不但比較符合澳門的實際情況，而且和內地、香港特別行政區的機構與官職也大體相似。另一方面也是為了使澳門的行政機構更加規範化，避免特別行政區成立後機構臃腫，人浮於事，以達到機構和人員都比較精簡的目的。基本法未列舉司、局等機構的具體名稱，因為基本法五十年不變，其修改的法律程序很嚴。如果列舉具體機構名稱，則遇到社會發展和情況變化時，就需要經常修改基本法，會使基本法不夠穩定，也給工作帶來困難。有些澳門人士建議在"司、局、廳、處"之後加上"等層次"，這種寫法雖然比較靈活，但基本法起草委員會起草這一條文的目的是明確規定澳門特別行政區政府的層次，避免層次過多，以求得行政機關的精簡和又有效能，所以未採納上述意見。

（三）主要官員的資格與就職要求

基本法對主要官員的資格和就職要求作出了明確的規定。主要官員的含義是什麼？按照聯合聲明附件一第二部分中的規定："擔任主要職務的官員（相當於原'政務司'級官員、檢察長和警察部門主要負責人）由澳門特別行政區行政長官提名，報請中央人民政府任命。"這裏指出擔任主要職務的官員是三類人員：一是相當於原"政務司"級官員。這裏指的是"相當於"，並未說是"等於"或"即"原政務司，可見其中包含了一定的幅度，即略高於、等於、略低於"原政務司"都是可以的，並不是限於現在的七位政務司這一含義，當然"相當於"也並不是隨意擴大範圍，將許多職位都列入主要官員之內；二是檢察長。按照澳門現在的情況，檢察長是屬於司法人員，不是行政官員，所以中葡聯合聲明附件一第二部分中沒有將檢察長列入"政務司"級官員；三是警察部門主要負責人。由於警察部門是一個特殊的部門，具有特殊地位，中葡聯合聲明也將其專門列入。

根據上述對"主要官員"的含義的理解，基本法規定的主要官員是：各司司長、廉政專員、審計長、警察部門主要負責人和海關主要負責人。這裏的規定範圍是否過寬，這裏比聯合聲明附件一中提到的原政務司級多三人，即廉政專員、審計長和海關主要負責人，應當說這三個人的職位和重要性是"相當於"原政務司級，是符合中葡聯合聲明附件一的規定的。

基本法規定主要官員的資格是在澳門通常居住連續滿十五年的澳門特別行政區永久性居民中的中國公民。為什麼必須是澳門永久居民中的中國公民？其原因與對行政長官的資格要求一樣。主要官員的重要地位與作用決定其應當是澳門永久性居民中的中國公民，考慮到行政長官與主要官員的地位又有差別，所以基本法規定主要官員在澳門通常居住連續滿十五年即可，而沒有像對行政長官要求一樣，需住滿二十年。

根據澳門各界人士的意見，基本法還對主要官員提出了應有的要求。第一，主要官員就任時應向澳門特別行政區終審法院院長申報財產，記錄在案。因為主要官員握有較大的權力，為了加強廉政建設、防止貪汙受賄，基本法規定他們必須申報財產，是完全必要的。這種申報只需經終審法院院長記錄在案即可，而不必向公眾公佈。第二，主要官員必須擁護中華人民共和國澳門特別行政區基本法，盡忠職守，廉潔奉公，效忠中華人民共和國與澳門特別行政區，並依法進行宣誓。作為主要官員對澳門特別行政區負有重要責任，他們應做到上述要求，是完全必要的。

（四）澳門特別行政區政府的職權

基本法第 64 條對政府的職權作了簡明的規定。由於行政長官具有特別行政區與政府首長的雙重身份，所以行政長官中的有些職權也是政府的職權，二者很難完全分開。例如行政長官有決定政府政策、制定行政法規、負責執行基本法和依照基本法適用於澳門特別行政區的其他法律的職權，這些內容與政府的職權很難完全分開。基本法的其他一些章節中也規定了許多屬於政府的職權，如第三章對澳門居民的基本權利和自由的保護，第五章、第六章對經濟、文化和社會事務的管理等。不過，這是從不同的角度對一些不同的行政事務的管理權限，分別在不同的章節的有關條文中加以規定。基本法第 64 條對澳門特別行政區的職權共作了六項規定，這些內容是：

1．制定並執行政策

澳門特別行政區政府，作為行政機關的一項主要職權是執行法律，因為在基本法的其他條文中已有規定，所以這裏沒有再作規定，以免重複。政府除了必須執行法律以外，很重要的一項職權是根據法律制定政策。法律一般來說都比較概括、原則和相對穩定，為了使法律更加具體化並適應於變化較快和較複雜的行政管理事務，政府就需要及時制定許多切實可行的、適用於各種行政管理事務的具體政策，這些政策不能與法律相抵觸。政府作為執行機關除了執行法律以外，還要執行自己依法制定的政策，使政策得到具體實施，也就是執行法律、具體貫徹法律。

2．管理各項行政事務

政府作為管理機關的一項重要職權是管理各項行政事務。澳門特別行政區享有高度自治權，除了外交與防務屬中央人民政府管理外，其他屬於自治權範圍內的行政事務都由澳門特別行政區政府自行管理，以實現"澳人治澳"，促進澳門經濟的發展。這樣，澳門特別行政區的行政管理工作，將是非常繁重的。而且基本法還規定中央可授予特別行政區以某些職權，更擴大了特別行政區政府的管理權限。

３．辦理中央人民政府在基本法中授權的對外事務

這裏所指的對外事務主要是基本法第七章所規定的對外事務，主要是涉及經濟、貿易、文化等領域內的對外事務，當然也包括基本法其他章節中被中央人民政府所授予的權力。如基本法第五章中規定，澳門特別行政區可以"中國澳門"的名義參加《關稅和貿易總協定》，關於國際紡織品貿易安排等有關國際組織和國際貿易協定，包括優惠貿易安排；澳門特別行政區經中央人民政府授權可進行船舶登記，並依照澳門特別行政區的法律以"中國澳門"的名義頒發有關證件；澳門特別行政區經中央人民政府具體授權可自行制定民用航空的各項管理制度。

４．編制並提出財政預算、決算

澳門特別行政區政府每年要編制並提出財政預算、決算，這也是政府的一項重要職權。財政預算、決算關係澳門特別行政區的居民生活和經濟發展問題，因此需要向立法會提出，立法會審議、通過財政預算，審議政府提出的預算執行情況報告即決算後，再由行政長官簽署，報中央人民政府備案。

５．提出法案、議案，草擬行政法規

政府有權向立法會提出法案，即法律草案。在世界許多國家中，法律草案大都是由政府提出的，而且根據法律可以草擬行政法規。澳門特別行政區政府成立後，即有權向立法會提出法律草案，在行政長官領導下草擬並制定行政法規，但行政法規不能與法律相抵觸，不能超越法律規定的權限。除法律草案外，政府還有權向立法會提出有關行政事務方面的議案，要求立法會審議決定。

６．委派官員列席立法會會議聽取意見或代表政府發言

立法會制定法律，通過議案，許多事項是涉及澳門特別行政區政府的行

政工作問題,許多法案和議案是由政府直接提出的。為了加強行政與立法之間的配合,便於溝通兩者之間的意見,基本法規定政府有權委派官員列席立法會的會議,聽取立法會議員的各種意見。列席立法會會議的官員可以代表政府發表意見,以解釋與說明政府對法案、議案的意見與立場,回答議員對行政工作的意見或提出的意見。

(五)行政機關與立法機關之間的關係

基本法第 65 條具體規定了澳門特別行政區政府必須遵守法律,對澳門特別行政區立法會負責,以及如何負責的內容。這一點在本書本章中已經作了闡述,但是應當指出,有種意見認為,基本法規定的行政權力太大,立法機關的權力太小,不足以制約行政,因此要求進一步擴大立法機關的權力,縮小行政長官與行政機關的權力。這種意見有值得注意之處,即不要賦予行政以太大的權力,但是從基本法對行政與立法之間的關係的全面規定情況來看,這種擔心是不必要的。因為:

(一)從澳門現在的情況看,行政長官的權力比澳門總督的權力小得多。行政長官已不具有立法權,更不具有立法會解散後總督享有立法會的立法權。總督雖不能解散立法會,但他可以建議葡萄牙總統解散立法會。行政長官雖然是在澳門選舉或協商產生後由中央人民政府任命,但他並不是中央人民政府在澳門的代表,他的這種地位與總督不同,他的權勢當然與總督也不同。這種情況在本章前面已作了些比較。總之,基本法只能按照澳門特別行政區政治體制的模式,賦予行政長官以必要的而又比總督權力更小的職權。

(二)行政機關對立法機關負責的現行澳門政治體制仍然保留。基本法規定的行政機關對立法機關負責,大體上保留了澳門現在的作法,即執行立法會通過的法律,定期向立法會作施政報告,答覆立法會議員的質詢。而且擴大了立法機關的權力，這一點將在下面加以闡明。如果說立法機關的權力太小，是沒有根據的。

（三）澳門特別行政區立法會比現在澳門立法會的權力要大得多。現在澳門立法會並不享有完全的立法權，所以立法權是有限的，立法會並沒有審議通過財政預算案的權力，既不能迫使行政長官辭職，也不能彈劾行政長官。所以說，如果認為澳門特別行政區立法會的權力太小，這是不符合實際情況的。

（四）從保持行政工作的效率來看，行政機關應享有一定的權力。如果行政機關既要遵守和執行法律，又要處理好各項行政工作，管理好各項行政事務，提高行政工作效能，沒有一定的行政權力，是很難做到的。從世界上許多國家的情況來看，隨着社會經濟和科技的發展、變化，行政管理工作更加專業和複雜化，要求行政工作更有高效率，隨之而來的是行政權力也日益擴大。從這些情況來看，如果認為基本法規定的行政機關的權力過大，也是說不通的。

總之，基本法對行政與立法之間的關係的規定，大體上是可以的、適當的。如果想任意改變基本法所確立的行政與立法兩機關之間的關係，加強立法而削弱行政機關的權力，建立以立法為主導的政治體制，那將不利於澳門特別行政區的經濟發展和社會穩定。在今後基本法的實施和貫徹中，是應當注意防止的。當然這也不是說，行政機關的權力愈大愈好，而是同樣要嚴格按照基本法的規定來行使行政機關的權力。

基本法第 66 條規定：澳門特別行政區行政機關可根據需要設立諮詢組織。考慮到諮詢組織對溝通政府與居民之間的意見、加強居民與政府之間的聯繫，有一定的意義，是一種較好的組織形式，有利於改進和推動政府的各項工作，基本法起草委員會故作上述規定。

（原載《一國兩制與澳門特別行政區基本法》，北京大學出版社 1993 年版）

第十章

澳門特別行政區
立法機關

一

立法機關的性質與法律地位

（一）立法機關的概念與性質

什麼是澳門特別行政區立法機關？基本法第 67 條明確地指出：澳門特別行政區立法會是澳門特別行政區的立法機關。立法會的主要任務是制定、修改和廢除法律。立法機關就是行使立法權的機關。中葡聯合聲明附件一的第三部分明確指出：澳門特別行政區的立法權屬澳門特別行政區立法機關。這裏也說明了立法機關的概念。

應當指出，在 1999 年後澳門特別行政區的立法機關叫立法會，而現在澳門也有立法會，可以稱為立法機關，但其內涵卻有些不同。按照《澳門組織章程》的規定："立法職能由立法會及總督行使"，"總督之立法權限以法令行使"。這裏說明現在的立法會並沒有完全的立法權。

從立法機關的概念可以清楚地看到立法機關的性質主要是制定法律，當然它不僅限於立法，它還有基本法第 71 條規定的其他任務，如審核、通過財政預算案，對行政長官的施政報告進行辯論，對行政長官依法進行彈劾等，這是因為立法會多數議員是由選舉產生的，它又具有代表機關的性質，基本法是從立法會的這種代表機關的性質而對其他任務作出適當的規定。但是，立法機關的主要的經常性任務是立法，所以說，它的性質是立法、是制定法律的機關。

現在澳門的立法會不但與澳門特別行政區立法會的立法權範圍、權限有不同，而且對其他任務的處理權限也不同於 1999 年 12 月後的立法會。從這一點來看，澳門現在的立法會又不具有完備的代表機關的性質。1999 年 12 月後的立法會則享有更大的權力，又表現出作為代表機關的性質。

（二）立法機關的法律地位

　　澳門特別行政區立法機關的性質決定它在澳門特別行政區具有重要的法律地位，是特別行政區地方政權的重要組成部分。只有它享有立法權，別的政權機構都不享有此權力。因為它又具有代表機構性質，所以行政機關又必須執行它所制定的法律，對它負責。

　　立法機關不但享有立法權，而且它是享有高度自治權的特別行政區政權的重要組成部分。在內地各省、自治區、直轄市的地方國家權力機關只能制定地方性法規、自治條例與單行條例。澳門特別行政區立法機關不僅有權制定法律，而且可以制定一整套法律，包括民法、民事訴訟法、刑法、刑事訴訟法、商法等重要法典。這些法律只是以不違背憲法、不抵觸基本法為限。它制定的法律可以自成一個體系，只是不能制定有關外交、國防及不屬於自治權範圍內的法律。由此可見，其法律地位之重要。

　　對於立法機關的這種性質、地位及與行政機關的明確分工，基本法的規定是很清楚的。但是，澳門有些人士並不瞭解這一點，反而認為：關於立法會，基本法草稿削弱了該機構的立法權。最明顯的是未能將立法會和行政長官的立法權限加以區分，沒有開列出哪些事宜是立法會專有的和不可以委託的立法權限，似乎一切都可以是立法會和政府共有的權限。應加強立法會的立法權，取消其中的一些會削弱立法權力的因素，[①]現在澳門的立法會既是與總督共同行使立法權，而且許多重要法典如民法、民事訴訟法、刑法、刑事訴訟法等都不是澳門現行立法會制定的，而是葡萄牙制定的，澳門現在將許多重要的葡萄牙法律就視為澳門本地法律。這怎能說澳門特別行政區立法會的立法權被削弱了，應當說澳門特別行政區立法會的立法權是大大加強了。在基本法中對立法機關的性質與立法權、行政機關的性質與行政權都有明確

---

① 《〈中華人民共和國澳門特別行政區基本法（草案）徵求意見稿〉諮詢意見報告書》，中華人民共和國澳門特別行政區基本法諮詢委員會，1991 年 11 月 21 日，第 218 頁。

劃分，怎能說一切都是立法會與政府共有的權限？關於立法機關的專有權限，將在稍後加以具體說明，立法機關的職權只能由立法會行使，絲毫也不發生與行政機關共有的問題。

二

議員的資格、立法機關的產生

（一）立法會議員的資格

基本法第 3 條規定澳門特別行政區的行政機關和立法機關由澳門特別行政區永久性居民依照基本法有關規定組成，第 68 條又進一步規定澳門特別行政區立法會議員由澳門特別行政區永久性居民擔任。這些都是說明立法會議員的資格必須是澳門永久性居民，非永久性居民、內地的中國公民都不能擔任澳門立法會議員，貫徹了 "澳人治澳" 的精神。這裏沒有規定議員必須是澳門特別行政區永久性居民中的中國公民，因為澳門永久性居民中也有非中國籍的公民。

基本法第 68 條在基本法徵求意見稿中曾經這樣規定：在立法會中除中國公民外，可以有不超過百分之二十的議員由非中國籍的澳門特別行政區永久性居民擔任。[2] 這一內容是參考香港特別行政區基本法寫的 [3]，香港特別行政區基本法徵求意見稿中本來也沒有這樣的規定，考慮到香港是一個國際金融城市，有一些外國人在香港定居，以香港為永久居留地，所以，香港特別

[2] 《中華人民共和國澳門特別行政區基本法（草案）徵求意見稿》，中華人民共和國澳門特別行政區基本法起草委員會，1991 年 7 月 13 日。

[3] 《關於中華人民共和國香港特別行政區基本法的重要文件》，人民出版社，1990 年 4 月，第 130 頁。

行政區立法會議員只要是香港永久性居民，就可以參加選舉並有資格當選。由於 1989 年冬英國政府違背了自己在 1984 年給中國政府的備忘錄中所作的承諾，單方面宣佈決定給予五萬戶香港居民以包括在聯合王國居留權在內的完全英國公民地位，香港基本法才增寫了不得超過百分之二十的規定，即非中國籍的香港特別行政區永久性居民和在外國有居留權的香港特別行政區永久性居民在立法會全體議員中不得超過此數。在澳門沒有英國 1989 年 12 月嚴重違背其備忘錄中的諾言的事情。如前所述，1987 年 4 月葡萄牙交給中國的備忘錄認為持有葡萄牙護照的澳門居民都具有葡萄牙公民資格，因此，澳門特別行政區基本法徵求意見稿才作了上述規定，同時不超過百分之二十的比例又是對總數不到百分之三的非中國籍澳門居民的照顧。

在基本法徵求意見稿於 1991 年 7 月公佈後，在澳門各界出現了不同的意見。一種意見認為：立法會議員均應由中國公民擔任，這是一個 "國家的主權原則和國際慣例。據瞭解，澳門外籍及土生葡人在總人口比例中只佔百分之二點五左右，而他們所佔比例應是很高的了。這反映了澳門實況和充分體現了基本法（草案）徵求意見稿中為了照顧土生葡人的利益，我們認為是合情合理的，是可接受的"。另一種意見認為："非中國籍議員不得超過百分之二十是歧視。立法會是居民參與政治的機構，立法會不應以國籍血統來規定，而應以這個人的永久居留地為條件。"④ 基本法起草委員會考慮到上述意見，認為作出一定比例的規定是有道理的，但是澳門有些人士包括葡萄牙後裔居民認為這個比例不是照顧，也不需要照顧。因此，在後來公佈的基本法草案中取消了這一比例數的規定。

---

④ 《〈中華人民共和國澳門特別行政區基本法（草案）徵求意見稿〉諮詢意見報告書》，中華人民共和國澳門特別行政區基本法諮詢委員會，1991 年 11 月 21 日，第 119 頁。

（二）立法機關的產生

基本法第 68 條還規定了立法會的產生辦法，因為澳門各界人士對於立法會產生辦法的分歧意見遠不如香港各界人士對於立法會產生辦法的分歧巨大，而中葡聯合聲明與中英聯合聲明在這一問題上的規定也不完全相同，所以，澳門特別行政區立法會產生辦法與香港特別行政區立法會產生辦法也不完全相同。澳門特別行政區立法會的產生辦法包括以下兩方面內容。

1．多數議員由選舉產生

依照中葡聯合聲明的規定："立法機關由當地人組成，多數成員通過選舉產生。"基本法規定："立法會多數議員由選舉產生。"這裏體現了基本法遵守聯合聲明、尊重澳門的現實、維護行政與立法互相配合以及澳門的穩定、發展澳門經濟的精神。

在 1976 年，澳門建立立法會，由十七名議員組成，其中五名由澳督委任，六名由直接選舉產生，六名由代表道德、文化、救濟和經濟利益的社團間接選舉產生，議員的任期為四年。基本法的規定是尊重與符合澳門實際情況的，既體現了由民主選舉產生立法會多數議員的精神，又保持行政與立法的互相配合，有少數議員由行政長官委任產生。立法會的這種產生辦法將有利於 1999 年前後政權的銜接與平穩過渡，有利於澳門經濟的發展和居民的生活。這是符合廣大澳門居民的切身和長遠利益的。

在基本法中沒有香港特別行政區基本法關於香港特別行政區立法會產生辦法的某些規定：第一，香港特別行政區基本法第 68 條第 2 款規定：立法會的產生辦法根據香港特別行政區的實際情況和循序漸進的原則而規定，最終達至全部議員由普選產生的目標。在澳門特別行政區基本法中，立法會的產生辦法體現了根據澳門的實際情況，也反映了循序漸進的原則（這一點在以後還要具體說明），所以，澳門特別行政區基本法中沒有寫上面所引香港基本法第 68 條第 2 款的內容。聯合聲明規定澳門立法會議員多數由選舉產生，就是規定、不是全部由選舉產生，也不能達至全部議員由普選產生的目標，澳門特別行政區基本法因而不能作此規定。澳門有一種意見認為這是"保守"。這種認識是沒有根據的，保守與進步的一個重要標準是這一規定能否促進、符合社會的發展，符合澳門的實際，也就是對澳門經濟發展、社會穩定、居民生活是否有利，澳門的民主是否符合與促進經濟的發展。第二，香港特別行政區基本法第68條第3款規定了"立法會產生的具體辦法和法案、議案的表決程序……"。由於香港的情況不同，所以，澳門特別行政區基本法第68條及附件二對法案、議案的表決程序沒有作規定。對上述兩點香港特別行政區基本法第68條規定的內容在澳門特別行政區立法會的產生辦法中未作規定，其原因與行政長官產生辦法中未寫根據實際情況和循序漸進、最終達至普選等內容，基本相似。

2．立法會的產生辦法

基本法第68條規定：立法會的產生辦法由附件二《澳門特別行政區立法會的產生辦法》規定。因為立法會的產生辦法比較具體，不便於規定在條文中，但又不能不作比較具體的規定，而且附件二的修改也比較容易些。同以附件一規定行政長官的產生辦法相似，基本法起草委員會又決定以附件二的形式規定立法會的產生辦法。附件二的內容有三個方面：

（1）附件二除了規定"澳門特別行政區第一屆立法會按照《全國人民代表大會關於澳門特別行政區第一屆政府、立法會和司法機關產生辦法的決定》產生"以外，主要對第二、三屆立法會的組成和人數作了具體規定。而第一屆立法會因在1999年12月20日基本法生效之前即需進行籌備，所以只能在全國人民代表大會關於第一屆政府、立法會和司法機關產生辦法的決定中加以規定。附件二規定第二、三屆立法會的組成和人數是：第二屆立法會由二十七人組成，其中由直接選舉的議員為十人，間接選舉的議員為十人，委任的議員為七人。第三屆立法會由二十九人組成，其中由直接選舉的議員為十二人，間接選舉的議員為十人，委任的議員為七人。只要將第一、二、三屆立法會議員的組成和人數加以比較，就可以看出，立法會三屆組成的總人數分別為二十三人、二十七人、二十九人，每屆在逐步增加；由選舉產生的議員人數為十六人、二十人、二十二人，每屆在逐步增加；由直接選舉產生的議員人數為八人、十人、十二人，每屆在逐步增加；由間接選舉產生的議員人數為八人、十人、十人，第二、三屆都比第一屆增加；委任議員的人數為七人、七人、七人，在第一、二、三屆都保持不變。這裏體現了循序漸進的原則、民主的原則，既照顧了澳門各界多數人的意見，也照顧了少數人的意見，並考慮到與第一屆及 1999 年前的銜接及聯繫，這是符合澳門實際，比較妥善可行的。

（2）附件二對議員的具體選舉辦法作了規定。這就是"由澳門特別行政區政府提出並經立法會通過的選舉法加以規定"。這裏所指的立法會議員的具體選舉辦法是第二、三屆以後的議員的選舉辦法，而不是指第一屆議員的選舉辦法。因為第一屆立法會的產生是在 1999 年 12 月 20 日以前，只適用第一屆立法會的產生辦法。第二、三屆以後的立法會是在澳門特別行政區成立以後，所以，應當由澳門特別行政區立法會通過的選舉法加以規定，選舉法草案應由澳門特別行政區政府提出，這是立法與行政機關之間的分工，也是制定法律的一種通常做法。

附件二的規定比香港特別行政區基本法附件二選舉議員的辦法要原則得多，這也反映在起草香港特別行政區基本法附件二時的爭論程度要大得多，澳門特別行政區基本法附件二的起草比較順利，所以在這一點上只作了原則的規定。

（3）附件二對 2009 年以後立法會產生辦法也作了原則的規定，即 2009 年及以後澳門特別行政區立法會的產生辦法如需修改，須經立法會全體議員三分之二多數通過，行政長官同意，並報全國人民代表大會常務委員會備案。這裏的規定在原則上與附件一的 2009 年及以後行政長官的產生辦法的修改相同，在澳門特別行政區成立後，在立法會的產生辦法上先按附件二的規定相對穩定十年，即從 1999 年到 2009 年，以有利於澳門經濟的發展。為了按照循序漸進的原則進行選舉並適應澳門的實際情況，附件二又規定，如果從 2009 年起需要修改附件二，可以按照一定的法律程序進行修改。這種法律程序是必須經過立法會全體議員三分之二多數通過、行政長官同意。修改附件二是一件重大的事情，當然還須報全國人民代表大會常務委員會備案。在這裏與附件一有點不同，修改附件一要報全國人民代表大會常務委員會批准。

基本法第 68 條第 4 款規定，澳門特別行政區立法會議員就任時應依法申報經濟狀況。基本法起草委員會政治體制專題小組在開始起草這一條文時，並沒有作這一規定，認為對立法會議員來說，不需要在基本法中作此規定。因為立法會議員的工作性質與行政長官、主要官員的工作性質不同，一般地說，議員如從事私人企業，與其擔任的立法工作沒有很大的直接的關係，行政官員握有較大的行政權，則與私人企業或其本人所參股的企業常有利益關係，因此，主要官員應申報財產。後來一些起草委員認為，既然行政長官、主要官員要申報財產，現在澳門立法會也有議員申報財產的制度，雖然行政官員與議員的工作性質不同，情況不完全相同，但還是以明文規定為好，不過，條款的寫法可與行政長官、主要官員應向澳門特別行政區終審法院院長申報財產的規定有所區別。委員們最後達成共識，認為可以作一與主要官員有所不同的規定，即"立法會議員就任時應依法申報經濟狀況。"財產比經濟狀況則更加具體。

基本法第 69 條規定：澳門特別行政區立法會除第一屆另有規定外，每屆任期四年。關於立法會的任期，有的意見認為應當與行政長官相同，考慮到行政長官每屆五年，是為了有利於積累工作經驗，立法會議員與行政長官的工作性質不同，不一定需要五年積累經驗，也沒有不能連任的限期，澳門現在立法會議員的任期是四年，因此，基本法規定澳門特別行政區立法會議員的任期為四年，不必與行政長官一樣為五年。實際上將來行政長官的任期不可能完全保持同立法會在同一年換屆，這在談到行政長官的任期時已經說明了這一點。

基本法為什麼規定"立法會除第一屆另有規定外"？因為第一屆立法會準備與原澳門最後一屆立法會相銜接，但又是完全新的一屆，不能與1996年至2000年的原澳門最後一屆立法會合算為一屆，不能從1996年算起。澳門特別行政區第一屆立法會如能與原澳門最後一屆立法會相銜接，其任期是從1999年至2001年10月15日，因為它與按照1999年後的選舉法產生的立法會不同，故任期不同。

基本法第70條規定：澳門特別行政區立法會如經行政長官依照本法規定解散，須於九十日內依照本法第68條的規定重新產生。因為行政長官有解散立法會的權力，如果立法會被行政長官依法解散，則應當依照基本法第68條產生新的立法會，產生的時間不能超過立法會被解散後的九十天，只能少於九十天。香港特別行政區基本法中有與此相同的條文，規定須於三個月內依法重新產生。澳門特別行政區基本法規定於九十天內重新產生，因為九十天比三個月的計算更明確和科學，一個月可以有二十九天、三十天、三十一天。有的意見認為九十天時間太長，這是最長為九十天，如果六十天即可重新產生當然也可以，為了給予比較充分的時間以進行重新產生的準備工作，所以才規定為九十天。這裏所說的重新產生是指產生新的一屆立法會，新的立法會應是四年，被解散的立法會雖然不滿四年，也應當算是一屆，不能將新的立法會與被解散的立法會合併算為一屆。

三

立法機關的職權

基本法第 71 條規定了澳門特別行政區立法會的職權，確定這些職權的依據是什麼？其依據主要是：一、中葡聯合聲明附件一即中華人民共和國政府對澳門的基本政策的具體說明的有關內容。這些有關內容是：澳門特別行政區享有立法權；澳門特別行政區的立法權屬於澳門特別行政區立法機關；澳門特別行政區立法機關可根據基本法的規定並依照法律程序制定法律，報全國人民代表大會常務委員會備案；澳門特別行政區立法機關制定的法律凡符合基本法和法定程序者，均屬有效；行政機關必須對立法機關負責；澳門特別行政區自行制定預算和稅收政策；終審法院法官的免職由行政長官根據澳門特別行政區立法機關成員組成的審議委員會的建議決定。基本法將這些內容完全寫入了立法機關的職權或其他有關章節，充分體現立法機關是擁有完全立法權的機關，別的機關不能行使立法權。二、立法機關的性質和法律地位。基本法依據立法機關的性質和法律地位考慮，哪些權力是屬於立法的性質，應當由立法機關行使，而不能寫入其他機關的職權；哪些權力不屬於立法性質，不應寫入立法機關的職權。澳門特別行政區立法機關多數議員由選舉產生，又具有一定的代表機關的性質，它應享有一些代表機關的權力，議員也享有一些代表機關成員應具有的豁免權。在行政機關與立法機關的關係上應體現行政機關對立法機關負責，行政與立法既互相制約，又互相配合。三、參考澳門現在的實際情況。澳門現在的立法會根據《澳門組織章程》規定有與總督共同行使立法職能之權；按照《澳門組織章程》第 31 條有制定關於權利、自由及保障，人的身份及能力，罪行、刑罰、保安處分及刑事訴訟等法律之權力；有制定關於議員通則及選舉制度的專屬權限；立法會還有不違反第 31 條而又未保留予葡萄牙主權機關或總督的事宜所制定法律之權；有授予總督立法權限；有訂定當地社會、經濟、財政及行政政策總方針之權；有訂定編制與執行預算應遵守的原則與標準之權等。可見澳門現在的立法會享有一定的立法權，但葡萄牙的主權機關及澳門總督也有立法權。基本法應參考這些情況，但澳門特別行政區立法機關不能與特別行政區其他機關共享立法權。

　　基於以上考慮，基本法規定立法會享有多項職權。現將其大體分為以下幾類加以闡述：

（一）制定、修改、暫停實施和廢除法律的權限

　　這體現了立法會享有全部立法權，在立、改、停、廢四個方面的權限都屬於立法會。制定是指立法。立法必須依照基本法的規定，符合基本法的精神，不能與基本法相抵觸，還要符合法律規定的程序。修改是指對不符合澳門實際情況的法律可以修改，對澳門原有法律如發現有與基本法相抵觸的，也要依法修改。暫停是指法律公佈實施，發現存在問題，根據澳門現在立法會的做法，可將該法暫停實施，基本法考慮到這一情況，將這種做法吸收寫入。廢除是對已經過時或已為新法所代替的法律宣佈作廢、停止生效，對澳門原有法律如發現有與基本法相抵觸的，也可停止生效。在基本法的附則中對此也作了規定。立法會制定的法律須報全國人民代表大會常務委員會備案，但備案並不影響法律的生效。

（二）審核、通過、批准政府財政稅收方面的權限

　　基本法規定：立法會有權審核、通過政府提出的財政預算案，審議政

府提出的預算執行情況報告,根據政府提案決定稅收,批准由政府承擔的債務。按照這一規定,澳門特別行政區政府每年要向立法會提出財政預算案,並須經立法會通過,這與現在澳門立法會只核准訂定編制與執行預算應遵守的原則與標準有些不同,將來立法會通過財政預算案不只是核准原則與標準,而是應具體地通過。立法會有權審議預算執行情況,決定政府的稅收案。稅收來自澳門居民,應由立法會決定其是否合法與適當,以用之於澳門居民,而不需上繳中央人民政府。澳門立法會現在有權核准總督按照法律規定作出的保證,參考這一規定,基本法規定澳門特別行政區立法會有權批准由政府承擔的債務。

(三)聽取行政長官施政報告、就有關問題進行辯論的權限

基本法規定,立法會有權"聽取行政長官的施政報告並進行辯論;就公共利益問題進行辯論。"行政長官應當定期向立法會作施政報告,立法會可對報告進行辯論,提出對施政報告的意見。現在澳門立法會也有這一權力,總督每年要向立法會作施政報告,並在立法會進行辯論,1999年後立法會仍然享有這一權限。立法會還有權對有關澳門公共利益的問題進行辯論,因為這些問題涉及澳門廣大居民的利益,作為澳門特別行政區具有一定代表機關性質的立法會,當然有權討論,以使問題得到更好的解決。

(四)彈劾權

基本法規定對於行政長官有嚴重違法或瀆職行為而又不辭去職務時,立法會有權提出彈劾案。這對於制約行政、監督行政長官、嚴肅法紀有重要意

義。基本法規定了具體的彈劾程序：如立法會全體議員三分之一聯合動議，指控行政長官有嚴重違法或瀆職行為而不辭職，這裏要求的人數是立法會全體議員的三分之一，有些人認為這一數字太高，應當像香港特別行政區基本法那樣，規定議員人數為四分之一。基本法未採納這一意見，因為澳門特別行政區立法會的情況不同，到 1999 年第一屆立法會成立時，其議員總人數為二十三人，如為四分之一，則只需六人即可。香港特別行政區立法會在 1997 年成立時為六十人，如為四分之一，則需十五人。因此基本法規定澳門特別行政區立法會全體議員的三分之一才可聯合動議。指控行政長官的內容限於嚴重違法或瀆職，而不是指一般的行政行為或實行的政策，後者係應對立法會或中央人民政府負政治責任的問題。前者主要指嚴重違犯國家或澳門特別行政區的法律，甚至涉及犯罪的行為。而且在這種情況下行政長官未提出辭職，繼續在這一職位上行使權力，不利於澳門特別行政區的各項工作。上述聯合動議經立法會通過決議後，基本法規定可委託終審法院院長負責組成獨立的調查委員會進行調查。這就是在立法會通過決議後要開展調查研究的工作，查證指控是否屬實。為了保證調查的公正與客觀性，委託由終審法院院長負責組成獨立的調查委員會。基本法規定：調查委員會如認為有足夠證據構成上述指控，立法會以全體議員三分之二多數通過，可提出彈劾案，報請中央人民政府決定。即經過調查，調查委員會認為證據充分、屬實，已經構成上述指控，於是將結果通知立法會。如果立法會以全體議員三分之二多數通過，就可以提出對行政長官的彈劾案。由於行政長官是中央人民政府任命的，所以彈劾免除行政長官的職務，還須報請中央人民政府決定。可見，基本法既賦予立法會以彈劾權，又在法律程序上作了嚴格的規定。

（五）對終審法院法官的免職的建議權

基本法規定：終審法院法官的免職由行政長官根據澳門特別行政區立法會議員組成的審議委員會的建議決定。終審法院法官是澳門特別行政區最高一級法院的法官，對其免職必須採取嚴肅鄭重的態度，因此，行政長官要根據由立法會議員組成的獨立的審議委員會的建議來作出決定，這一決定還須報全國人民代表大會常務委員會備案。

（六）對基本法的修改提案權

按照基本法的規定，基本法的修改提案權屬於全國人民代表大會常務委員會、國務院和澳門特別行政區。澳門特別行政區的修改議案，須經澳門特別行政區的全國人民代表大會代表三分之二多數、澳門特別行政區立法會全體議員三分之二多數和澳門特別行政區行政長官同意後，交由澳門特別行政區出席全國人民代表大會的代表團向全國人民代表大會提出。可見，為了慎重而又妥善地解決基本法的修改提案權問題，基本法特別規定了嚴格的法律程序，也是對基本法的修改的嚴格程序。澳門特別行政區立法會是有權提出修改提案的三個組成單位之一。

（七）全國性法律的立法實施權限

按照基本法的規定，全國性法律除列於基本法附件三者外，不在澳門特別行政區實施。凡列於基本法附件三的法律，由澳門特別行政區在當地公佈或立法實施。這裏指的極少數全國性法律在當地立法實施，當然是指由澳門特別行政區立法會立法實施。

（八）其他權限

基本法規定，立法會有權接受澳門居民申訴並作出處理；立法會在行使職權時，如有需要，可傳召和要求有關人士作證和提供證據。但行政長官可依法決定政府官員或其他負責政府公務的人員是否向立法會或其所屬的委員會作證和提供證據。

四

立法會主席、副主席

（一）立法會主席、副主席的產生

基本法規定：澳門特別行政區立法會設主席、副主席各一人。主席、副主席由立法會議員互選產生。

澳門特別行政區設主席一人、副主席一人，這是參考澳門現在的情況而規定的。現在澳門立法會設有主席及副主席各一人，以秘密投票的互選方式中獲多數票的議員擔任。

澳門特別行政區基本法在這一點上與香港特別行政區基本法不同，即香港特別行政區基本法規定香港特別行政區立法會主席由立法會議員互選產生，而沒有規定設立法會副主席。這是因為 1990 年香港特別行政區基本法公佈時，香港立法局的情況與澳門現時的立法會不同，香港立法局沒有副主席,而主席也是由總督兼任的,所以也不存在選舉的問題。當時香港特別行政區基本法規定立法會主席由立法會議員互選產生,也是香港特別行政區基本法起草委員會根據中英聯合聲明、1997 年後香港的實際情況作出的規定。

基本法規定,澳門特別行政區立法會主席缺席時由副主席代理,主席或副主席出缺時,另行選舉。這裏的缺席是指臨時或短時間的不能出席,所以由副主席代理。這裏的出缺是指長期或根本不能出席,是因患嚴重疾病、死亡或其他事故造成的,所以規定另行選舉。

香港特別行政區基本法沒有作上述這些規定,也是由於香港立法局的情況與澳門現行立法會不同,現在澳門的立法會主席有權將其職權授予副主席,主席不能主持立法會的工作時,該項授權仍然有效。澳門特別行政區基本法則作了比現在澳門立法會實行的更完善的規定。

(二)立法會主席、副主席的資格

基本法第 72 條規定:澳門特別行政區立法會主席、副主席由在澳門通常居住連續滿十五年的澳門特別行政區永久性居民中的中國公民擔任。這裏規定的在澳門通常居住連續滿十五年與規定行政長官須住滿二十年、主要官員須住滿十五年的原因相似,主要是防止一些由內地來澳門的人士住滿七年就可有擔任立法會主席、副主席的資格。

基本法在此規定立法會主席、副主席必須是澳門特別行政區永久性居民中的中國公民。這一規定與主要官員須由澳門特別行政區永久性居民中的中國公民擔任的原因是完全相同的。有些意見認為,中葡聯合聲明只規定"某些主要官職"由澳門特別行政區永久性居民中的中國公民擔任,因此不應擴大"某些主要官職"到立法會主席、副主席。這種見解是對中葡聯合聲明的精神缺乏正確的認識,第一,"某些主要官職"並不是僅指行政機關的官員,因為中葡聯合聲明附件一明確指出,擔任主要職務的官員包括檢察長在內,而檢察長現在澳門是作為司法機構的人員,可見中葡聯合聲明並未將"某些主要官職"僅限於行政機關的官員。第二,"擔任主要職務的官員"在中葡聯合聲明中是指"相當於原'政務司'級官員",如前所述,它並不是等於、只限於原"政務司"級官員,"相當於"有一定的伸縮和靈活性。從立法會主席、副主席的法律地位和重要作用來看,他們的地位當然不會是低於原"政務司"級官員;從現在澳門的實際情況來看,澳門立法會主席的地位僅次於總督。所以將澳門特別行政區立法會主席、副主席的職位規定應由澳門特別行政區永久性居民中的中國公民擔任,是符合中葡聯合聲明的精神的。

(三)立法會主席的職權

基本法對於立法會主席的職權作了規定。立法會是實行少數服從多數的制度,一人只有一個投票權平等地決定問題。但是立法會又必須有一位主席,有一位副主席,以主持立法會的日常運行及工作,所以,既不能賦予立法會主席以不應有的特權,又必須交給他作為履行職責的應有的權力。根據澳門現在的實際情況,基本法規定立法會主席有以下幾項職權:

1.主持會議。立法會開會,必須有一位主席主持,當然應當由立法會主席擔任,這是名實相符,一般議會制中也都是這樣做的。有的意見認為應當寫立法會主席召集會議,現在澳門立法會按照《澳門組織章程》的規定:"立法會平常會議由主席召集",實際上澳門立法會的會議通常由主席主持。由此可見,召集和主持會議都為同一人。基本法未規定召集,也包含了召集的意思,即立法會會議由立法會主席召集,由立法會主席主持。如果主席只能主持,不能召集,又應由誰來召集,顯然這裏將召集之意已包含在主持之內。

2. 決定議程，應行政長官的要求將政府提出的議案優先列入議程。立法會開會，通常有許多內容要討論，究竟將哪些議案列入議程或優先列入，應由立法會主席決定。主席如無此權力，將無法召開會議，至於應否討論和通過這些議案，議員還可在會議中發表意見，民主討論。由於政府提出的議案通常具有緊迫性或涉及澳門公眾的重大問題，需要在立法會中優先於別的議案進行討論，這是很自然的。在一些國家的法律中也有此規定。基本法為了將這一內容規定得更切合具體情況，增寫了"應行政長官的要求"，即行政長官認為需要立法會優先列入議程時，可向立法會提出要求。

3. 決定開會日期。立法會開會的具體日期由立法會主席決定。通常例會常有固定日期，基本法不需對此作出規定，只需在立法會議事規則作出規定就可以了。澳門立法會現在規定："每屆立法會有四個立法會會期。""立法會會期通常不超過八個月"。將來特別行政區立法會可以參考這些做法，在自己的立法會議事規則中對立法會會期作出規定。

4. 在休會期間可召開特別會議。特別會議是指在上述平常會議以外為解決某一特定事項而召開的會議。立法會主席既能召開平常會議，在平常會議休會以後，當然也可召開特別會議。現在澳門立法會也有此制度，即"立法會特別會議得由主席或過半數議員召集，以便議決會議召集書內明確指出的事項"。因此，基本法規定立法會主席在休會期間可召開特別會議。

5. 召開緊急會議或應行政長官的要求召開緊急會議。緊急會議係指為了迅速解決某項急需決定的重要事情，不能在平常會議期間開會而必須在休會期間迅速召開的會議。這裏有兩種情況，一是立法會主席認為有需要召開，二是行政長官認為有需要而向立法會主席提出要求。在這兩種情況下立法會主席都有權召開緊急會議。

6. 除上述職權外，基本法還規定立法會主席還享有立法會議事規則所規定的其他職權。因為基本法只能將立法會主席的一些主要職權加以列舉，以求簡要明確，不可能也不必要一一列舉，只能用更詳細具體的立法會議事規則來規定。

五

立法會的工作程序

（一）立法會會議的法定人數

這裏所說的立法會會議是指立法會的全體會議。既然要召開全體會議，就要規定一個法定人數，即有資格作出具有法律效力的決定、決議的議員人數。只有達到這一人數，立法會的全體會議才算合法。對於法定人數，基本法規定：澳門特別行政區立法會舉行會議的法定人數為不少於全體議員的二分之一。這一規定也合乎澳門現在立法會的實際情況，澳門立法會現在也規定立法會必須有過半數成員出席，方得舉行。基本法考慮到澳門特別行政區第一屆立法會議員總數為二十三人，第二屆、第三屆為二十七人、二十九人，人數不多，故規定人數不少於二分之一。有人認為出席會議的人數不足半數即為合法，以第一屆立法會為例，則有十一人出席會議即可，以第二屆、第三屆立法會為例，則分別為十三人、十四人，即為合法的人數。在這樣少的人數下通過法律將是很不嚴肅、質量無保證的。基本法規定出席全體會議的人數必須不少於二分之一，是適宜的。

持上述意見者認為，立法會的法定人數不必超過二分之一是因人數訂多了，常開不成會，有些議員由於事情太忙，沒有時間開會。這種意見是難以成立的。如果要參選並當選為立法會議員，如果被委任並同意為立法會議員，就應當認真作好議員的工作。如果自己出席立法會會議的時間都沒有，就應當考慮是否要繼續參加立法會的工作，立法會也應當依法解決這樣的問題。

（二）立法會法案、議案的通過辦法

這裏所指的法案、議案的通過辦法即法案、議案的表決程序。基本法規定：除本法另有規定外，立法會的法案、議案由全體議員過半數通過。如前所述，立法會舉行全體會議的法定人數為不少於全體議員的二分之一，以第一屆立法會為例，立法會總人數為二十三人，過半數即為十二人。法案、議案的通過必須由全體議員的過半數，則也為十二人，這樣的規定是嚴肅慎重、又切實可行的。

有種意見認為："立法會的法律要由全體議員的絕對多數通過"，這種意見對基本法規定的由全體議員的過半數通過持"保留"態度。⑤ 那就是要求法律都由全體議員三分之二以上多數通過。這一要求顯然又過高了，以第一屆立法會為例，全體議員的三分之二即為十六人，如果所有的法律都要求有這樣的贊成人數，就會產生許多問題和困難，不少法案將難以通過，可能會引發一些新的矛盾。一般議會的立法程序中也很難見到這樣的規定。

基本法規定的法定程序，並不是所有法案、議案都只要全體議員過半數通過，它還規定了"除本法另有規定外"，就是指有些表決程序不能由全體議員過半數通過，而要基本法另外的規定。這些規定是：第 51 條關於立法會再以全體三分之二多數通過行政長官發回立法會重議的法案、第 54 條關於重選的立法會仍以全體三分之二多數通過所爭議的原法案、第 71 條關於立法會以全體三分之二多數通過對行政長官的彈劾案、第 144 條關於澳門特別行政區修改基本法的議案須經立法會全體議員三分之二多數與澳門特別行政區全國人民代表大會代表三分之二多數以及行政長官的同意、附件一中 2009 年及以後行政長官產生辦法如需修改須經立法會全體議員三分之二多數

---

⑤ 《〈中華人民共和國澳門特別行政區基本法（草案）徵求意見稿〉諮詢意見報告書》，中華人民共和國澳門特別行政區基本法諮詢委員會，1991 年 11 月 21 日，第 129 頁。

通過、附件二中 2009 年及以後立法會的產生辦法如需修改須經立法會全體議員三分之二多數通過。這些規定都是澳門特別行政區的重大問題，當然要經過立法會全體議員三分之二多數的決定比較適當。

（三）立法會議事規則的制定

基本法規定的議事程序只是一些最主要的程序，不能作更加詳細具體的規定，要使立法會的工作程序更加詳細、具體和規範化，作為基本法的具體補充規程，就需要制定立法會的議事規則。因此基本法第 77 條規定：立法會議事規則由立法會自行制定，但不得與本法相抵觸。

基本法一方面指出要自行制定議事規則，另一方面又指出，立法會議事規則不能與基本法相抵觸。基本法在澳門特別行政區的效力高於特別行政區自行制定的法律的效力，因此，立法會議事規則必須與基本法相一致。

現在澳門也有類似的立法會規程，它的內容包括主席團的組成和職責；視需要而成立的委員會組織；立法會會議的表決方式；法律提案的提交條件及供審議的應遵期限；立法會議員的權利、豁免權的規章等。

（四）法案的簽署、公佈、生效

許多國家的法律在議會通過以後，要經過國家元首簽署、公佈，才能發生法律效力。基本法也規定了類似的內容：澳門特別行政區立法會通過的法案，須經行政長官簽署、公佈，方能生效。這是將簽署與公佈作為一種立法程序，沒有經過這一程序，就是立法程序沒有完成，法律還不能生效。法律在立法會通過以後，必須送交行政長官簽署、公佈，在行政長官簽署、公佈以後，法律才算正式有效。當然，有的法律從公佈之日起即生效，有的法律又規定了具體生效日期，或者在公佈後的某年某月某日生效。

現在澳門也有類似規定，即總督簽署法律及命令，並命令公佈之，須經總督簽署而欠缺簽署的法律與法令，在法律上不存在。就是說法律的簽署、公佈權屬於總督，須經總督簽署而總督沒有簽署的法律，不能公佈，也沒有法律效力。

六

議員的權利與議員資格的喪失

（一）議員的權利

作為一個立法機關與代表機關的成員，他的工作性質與地位，決定法律應賦予其一定的權利，以完成好立法工作及其他職責。因此，基本法規定了立法會議員應當享有的權利，這些權利主要包括以下內容：

1. 提案權。基本法規定：澳門特別行政區立法會議員依照本法規定和法定程序提出議案。凡不涉及公共收支、政治體制或政府運作的議案，可由立法會議員個別或聯名提出。凡涉及政府政策的議案，在提出前必須得到行政長官的書面同意。這一規定指出立法會議員在立法會中享有提案權，只要依照基本法的規定和法律規定的程序，就可以提出議案。議案又可分為兩大類，一是不涉及公共收支等內容的都可以提；二是涉及政府政策的也可以提，但在提出前要得到行政長官的書面同意。可見，議員的提案權是廣泛的。

為什麼涉及公共開支、政治體制、政府的運作的提案不能提？因為公共開支在立法會審核、通過財政預算時，立法會議員已經發表過意見，立法會已作出決議，政府已經按照立法會通過的財政預算執行，所以不能由立法會議員經常提出公共開支議案。政治體制是基本法規定的重要內容，它的原則與模式在起草基本法過程中已經逐步形成和確定，因此議員不能再就政治體制問題提出提案，經常改變基本法規定的政治體制。政府運作純屬政府日常的管理方式和方法，其中涉及許多高科技和專門性的問題，這些問題只有行政機關最熟悉、最瞭解，不宜由議員提出議案，而應由政府有關部門提出意見。

至於涉及政府政策的提案，為什麼要取得行政長官的書面同意？這主要是從行政與立法的合理分工出發，另外，也有利於行政與立法之間的配合。因為行政機關主要是執行立法會通過並已生效的法律，依法進行各項行政管理工作，為了行使行政權，有權依法制定政策。制定政策要依照法律，而不能違背法律，制定政策是使法律更好地具體化，更好地貫徹執行法律，做好行政管理工作。如果立法會既有權制定法律，又有權提出關於政策的提案，則必然影響行政工作的積極性與效率，影響行政與立法之間的合理分工，影響行政的主導作用。議員提出涉及政府政策的提案，如果行政長官不同意，還可通過各種方式，溝通情況和意見，進行協調，解決分歧，這將有利於行政與立法之間的互相配合。

如果說這樣就限制了立法權，立法權受到削弱，這是不能成立的。因為澳門特別行政區立法會享有立法權，只有它能制定法律，這一點是沒有任何限制的，現在澳門立法會只享有部分立法權，還有葡萄牙與總督都可為澳門立法，以此與澳門特別行政區立法會享有完全的立法權的簡要比較，就可以清楚地看出，澳門特別行政區立法會的立法權既沒有受限制，也沒有太小的問題。而且行政長官每年要向立法會作施政報告，立法會議員有提出質詢和對政府報告提出意見的權利。議員既可以對政府的重大方針政策進行辯論，也可以對具體政策發表意見，這種辯論和發言都受法律保護，怎能認為限制了議員的提案權！所以說基本法對提案權的規定只是使行政與立法之間保持應有的合理的分工與有利於二者之間的配合而已。

2．質詢權。基本法規定：澳門特別行政區立法會議員有權依照法定程序對政府的工作提出質詢。政府是澳門特別行政區的行政機關，以行政長官為首的主要官員等所組成的政府上受中央人民政府的授權和委託，行政長官又為澳門各界代表人物組成的選舉委員會選出，應對中央人民政府和廣大澳門居民負責，應當接受中央人民政府的監督和管轄，也應當對主要由選舉產生的澳門特別行政區立法會負責。因此，立法會議員對行政長官的施政報告和政府的工作有提出質詢的權利。質詢是指具有質詢權者對國家機關及其公職人員提出質問和要求答覆，是立法機關對行政機關的一種監督形式。質詢的內容通常是比較重大的問題。質詢與詢問二者不同，詢問是指對一些比較具體、簡單的問題的查詢。各國對質詢案的規定比較嚴格，對質詢的時間和內容規定得比較詳細具體。基本法規定的質詢權與一般議會制國家中的質詢權則又有不同，與中國人民代表大會制所實行的質詢權也有不同，議會制國家和中國對質詢權的規定也比較嚴格。基本法規定的質詢權是從澳門的實際情況出發，澳門不是一個國家，立法會也不是一個國家的議會，澳門現在的立法會議員"得對總督或當地行政當局任何行為提出書面諮詢"，"可就公共行政事務問題聽取任何……官方機構的意見，向其提出諮詢或索取資料"，對於上述"請求解釋或諮詢，如基於國家機密方得拒絕作答，但各官方機構未預先獲得總督許可時，概不得作答。"可見這種質詢主要是向總督或行政當局就行政事務問題進行諮詢、要求解釋。將來澳門特別行政區立法會議員的質詢權也大體上類似現在的做法，以符合澳門實際、體現與一個國家的議會的區別。

3．豁免權。根據議會或代表機關的性質與地位，各國法律一般都對其議會議員賦予豁免權，即為了使議會的議員能夠便於完成其受選民的委託而應當履行的職責所賦予的一種特權。這主要體現在兩個方面：一是在議會會議上的發言不受法律追究；二是在一定情況下有不受逮捕的權利。但是各國對此具體規定並不完全相同，視各國的實際情況而定。澳門現在立法會的規定是："立法會議員不因其在任期內作出的意見或表決而受侵犯"。"未得立法會許可，任何議員不得遭受拘捕、羈押或監禁，但如其罪係屬重刑罰或同等刑罰、且係現行犯時，則不在此限。"

　　參考各國議會的規定與澳門現在的規定，同時也參考了中國內地的做法，中國《憲法》第 74 條規定，全國人民代表大會代表，非經全國人民代表大會會議主席團許可，在全國人民代表大會閉會期間非經全國人民代表大會常務委員會許可，不受逮捕或者刑事審判；憲法第 75 條規定，全國人民代表大會代表在全國人民代表大會各種會議上的發言和表決，不受法律追究。基本法第 79 條規定：澳門特別行政區立法會議員在立法會會議上的發言和表決，不受法律追究。這一規定是保障議員在會議上能充分發表意見，行使議員應履行的職責，享有應有的權利。但是，這一規定又有明確的界限，即在立法會會議之外，如在大街上、公園等公共場所所發表的言論，違反法律，則應不在保障之內。基本法第 80 條規定：澳門特別行政區立法會議員非經立法會許可不受逮捕，但現行犯不在此限。因為立法會議員受澳門居民的委託而履行其職責，如果平時均可對其進行逮捕，則不能參加立法會的工作。為了保證議員能行使其職責，對其逮捕就必須得到立法會的許可，否則就是侵犯議員的權利。但是基本法又明確指出，如果立法會某一議員係現行犯，即正在實施犯罪或犯罪後即被發覺者，則不在須經立法會許可之內。

（二）議員資格的喪失

　　為了保證澳門特別行政區立法會的權威、尊嚴與立法工作的正常進行，基本法第 81 條規定：澳門特別行政區立法會議員如有下列情況之一，經立法會決定，即喪失其立法會議員的資格，這也是對立法會議員的應有與起碼的要求，如果達不到這些要求，就喪失了作為議員的資格。因此，基本法作出規定，遇有下列情況，只要立法會作出決定，就可以使有下列情況之一的議員喪失其資格，這些情況是：

1．因嚴重疾病或其他原因無力履行職務。這是指身體健康上的原因，因為患有嚴重的疾病，或者其他相類似的原因，已經無力堅持議員的工作，不能履行議員的職務。

2．擔任法律規定不得兼任的職務。為了履行議員職務，有些國家規定其議員不得兼任某種職務，例如有些國家的法律規定議員不得兼任公務人員，澳門現在的立法會也有與此相同的規定。中國憲法亦有規定，如《憲法》第 65 條規定全國人民代表大會常務委員會的組成人員不得擔任國家行政機關、審判機關和檢察機關的職務。基本法的這一規定也是為了保證議員能正常地履行其職務。

3．未得到立法會主席同意，連續五次或間斷十五次缺席會議而無合理解釋。這是為了保證立法會的正常工作、維護立法會議員應當自覺遵守的法紀而作出的規定，特別是澳門將來的立法會議員人數又不多，如果隨意不出席會議，澳門特別行政區立法會的工作將難以進行。現在澳門立法會也有"無充分理由連續五次或間斷十五次會議缺席"即由主席團宣佈該議員"喪失其委任"的規定，基本法也參考了澳門立法會現在的情況。

4．違反立法會議員誓言。澳門特別行政區立法會議員行使立法權，負有重要責任。因此，基本法規定立法會議員要宣誓效忠，在本章第二節中已有闡述。宣誓效忠具有法律效力，違背誓言，應負法律責任，同時也喪失了作為議員的起碼要求和資格，因此，基本法在第 81 條又作了這一規定。

5．在澳門特別行政區內或區外犯有刑事罪行，被判處監禁三十日以上。這是指已判刑的罪犯當然應撤銷其議員資格。

（原載《一國兩制與澳門特別行政區基本法》，北京大學出版社 1993 年版）

第十一章

行政長官制是單一制下新的澳門特別行政區地方政權形式

一

地方政權形式和行政長官制的概念

政權形式是政權的組織形式，又稱政體、政治制度。它是國家政權進行管理、保護人民所採取的組織形式。沒有政權組織形式就不成其為國家。

國體與政體是互相聯繫的，國體即國家的性質，也就是各階級、各階層在國家中的地位。它決定政權組織形式，有什麼樣的國體，通常有和它相適應的政權組織形式。同時政權的組織形式又對國體有一定的反作用，它可以促進、保障或阻礙國體的發展。一般說來，封建制國家多採取君主專制的政權組織形式，資本主義國家大多採取共和制或君主立憲制的形式。這些政權組織形式又不是消極、被動、無所作為的，而是對國體起鞏固、促進作用，推進國體的發展。

地方政權形式就是在單一制國家中隸屬於中央管轄下的各級地方政權所採取的組織形式。在聯邦制國家成員或州所管轄的各級地方政權所採取的組織形式也是地方政權形式。澳門特別行政區不是一個國家，它是中華人民共和國不可分離的部分，是在中央人民政府直接管轄下、享有高度自治權的特別行政區，它是一個地方行政區。因此，澳門特別行政區的政權形式是一種地方政權形式。這種特別行政區地方政權形式有幾個特點：第一，中央與它仍然是管轄與被管轄的關係，在法律上不是平等的關係，它必須依法服從中央的領導，而決不能與中央相對抗；第二，全國的政權形式與特別行政區地方政權形式是全局與局部的關係，中央不干預特別行政區自治範圍的事物，一般來說，特別行政區必須服從全國的利益，決不能將局部利益凌駕於全局之上；第三，中央與地方政權形式是管轄與支持的關係，中央對地方既管轄又給予支持，支持特別行政區依法實行高度自治。

行政長官制是以具有較高法律地位和較大決策權的行政長官為核心的特

別行政區地方政權形式，也就是澳門特別行政區的政治體制。它的內容主要包含有四點：第一，它是以行政長官爲核心，在這個地方政權形式下，行政長官佔有核心地位和中心地位，特別行政區其他國家機關沒有這樣的地位。第二，它是特別行政區地方政權形式，不是一般的地方行政區域的政權形式，這種政權形式只有在特殊的地區才有，在中國的局部地區才有。第三，在這一地方政權形式下它實行的政治、經濟、法律等方面的制度、方針和政策，不同於內地各地方行政區域的制度、方針和政策。第四，在這一地方政權形式下它與中央的關係及它內部行政與立法的關係都和內地各地方行政區域不同。

二

一國兩制下新的
澳門特別行政區地方政權形式

澳門特別行政區地方政權形式由於是實行"一國兩制"下的地方政權形式，是史無前例的。所以它具有許多新內容：一、它是中國單一制下直轄於中央人民政府的地方行政區域，但又享有高度自治權；二、它是我們社會主義國家的地方政權形式，但其經濟基礎又是資本主義，它所保護的是資本主義經濟；三、它既實行直接選舉和間接選舉制度，又實行部分議員委任制度；四、它既是中國的地方政權形式，但又實行基本上不同於內地的司法制度和法律制度；五、它突破了古典的以美國爲代表的分權制形式；六、它突破了西方傳統的以英國爲代表的議會制形式；七、它也是突破了中國人民代表大會制的新形式；八、它是改變了舊的總督制的新形式。現將這些新內容分述於後。

　　（一）澳門特別行政區政權形式是中國單一制下直轄於中央人民政府的地方行政區域，但又享有高度自治權。單一制國家是按照普通的行政區域單位組成的單一主權國家，與聯邦制國家不同，單一制國家中，全國只有一個立法機關、一個中央政府、一部憲法、統一的國籍，行政區域按地區劃分，少數民族聚居地區的民族建立民族自治區，在各行政區域內建立的各級地方政府都是地方行政區域，受中央政府的統一領導，是國家不可分離的部分。在國際關係中，中央政府是國際法的唯一主體。澳門特別行政區與香港特別行政區一樣，雖然都是特別行政區，但都是中國的地方行政區域，因此中國憲法第 30 條規定"中華人民共和國的行政區域劃分如下：（一）全國分爲省、自治區、直轄市；……"第 31 條規定 "國家在必要時得設立特別行政區。在特別行政區內實行的制度按照具體情況由全國人民代表大會以法律規定。"第 59 條規定 "全國人民代表大會由省、自治區、直轄市、特別行政區和軍隊選出的代表組成。各少數民族都應當有適當名額的代表。" 這些都說明澳門特別行政區和其他省、自治區、直轄市、香港特別行政區一樣都是地方自治性質的自治，這是這些地方行政區域的共同點，澳門特別行政區地方政權形式享有的自治權也是地方自治的性質。這個政權形式之所以是新的，其內容主要有二：（一）它是特別行政區的政權形式，在政治、經濟、文化、法律等各個方面都具有特色，它不同於主要在經濟方面具有一定特色的經濟特區，它是不同於內地各省、自治區、直轄市的特別行政區。（二）它新在享有高度自治權：包括享有行政管理權、立法權、獨立的司法權和終審權，除外交、防務屬於中央管理外，澳門特別行政區政府和立法機關均由當地人組成，行政長官在澳門通過選舉或協商產生，報中央人民政府任命，主要官員由行政長官提名，報中央人民政府任命，澳門現行社會、經濟制度不變，生活方式不變，法律基本不變，澳門特別行政區可以 "中國澳門" 的名義單獨同各國、各地區及有關國際組織保持和發展經濟、文化關係，並簽訂有關協定等。這種新的高度自治權就新在它比一般的地方自治權要高，比民族區域自治地方的自治權要高,有的自治權甚至比聯邦制國家的成員國家的權力還大,如澳門特別行政區可以發行澳門元,而聯邦制的成員國也不享有這種權力。這裏體現了"一國兩制"下的高度靈活性,這使澳門的居民能夠接受"一國兩制",也適當照顧了葡萄牙的利益,有利於中國的統一和領土完整,各方面都比較滿意。澳門特別行政區雖享有高度自治權,但它又不是完全自治,完全自治就意味着可以分離出去,可以獨立,中央對特別行政區的事一點也不能過問,這是違反基本法的。

(二)澳門特別行政區地方政權形式是中國社會主義國家的地方政權形式,但其經濟基礎是資本主義,它所保護的是資本主義,表現了它的新內容。我們的國家是社會主義國家,政權形式是上層建築,歸根結底,政權形式也是中國的社會主義經濟基礎決定的,正如中國憲法所規定:中國的社會主義經濟制度的基礎是生產資料公有制,國家在社會主義初級階段,堅持公有制爲主體、多種所有制經濟共同發展的基本經濟制度,堅持按勞分配爲主體,多種分配方式並存的分配制度。這是中國政權形式的經濟基礎,而這種政權形式又是爲經濟基礎服務。但是澳門特別行政區的政權形式是爲資本主義的經濟基礎所決定,並爲資本主義經濟的發展服務的,澳門特別行政區政治體制設計原則之一,就是"有利於澳門的經濟發展和社會穩定,兼顧各階層的利益。保持澳門經濟的發展與穩定是制定基本法的目的之一,……澳門的發展,離不開工商業者的努力,離開他們的努力經營,就很難有澳門經濟的發展"。[①] 這裏所說的有利於澳門的經濟發展和社會的穩定當然是指資本主義經濟的發展,因此說離不開工商業者的努力。在澳門基本法附件一規定的由選舉委員會選舉行政長官中,選舉委員會由 300 人組成,其中工商、金融界即佔 100 人,佔總人數的三分之一,人數眾多,足見對發展資本主義的重

---

① 蕭蔚雲:《論澳門基本法》,北京大學出版社,2003 年,第 132 頁。

視。澳門基本法序言中也提到爲了維護國家的統一和領土完整，有利於澳門的社會穩定和經濟發展，才決定設立澳門特別行政區，實行"一國兩制"，不實行社會主義的制度和政策，保持原有的資本主義制度和生活方式五十年不變，以法律保護私有財產權，實行自由貿易政策，保障貨物、無形財產和資本的流動自由，根據本地整體利益自行制定旅遊娛樂業的政策，這些情況充分說明在一個社會主義國家中澳門特別行政區政權形式保護和發展資本主義經濟的新內容，完全不同於內地各省、自治區、直轄市地方政權形式。

（三）澳門特別行政區政權形式的產生，既實行直接選舉與間接選舉，又實行部分議員由委任產生，體現了政權形式產生方式的多樣性和新內容。根據憲法和法律的規定，中國實行按地區和人口一人一票的直接選舉產生縣、不設區的市、市轄區、鄉、民族鄉、鎮的人民代表大會，省、直轄市、設區的市的人民代表大會則由下一級人民代表大會間接選舉產生，全國人民代表大會由省、自治區、直轄市、特別行政區和軍隊選出的代表組成，也是實行間接選舉，所以中國是實行普遍、平等、直接與間接選舉同時並舉、無記名秘密投票的選舉制度。澳門特別行政區地方政權形式的產生方式則有多種不同形式，澳門特別行政區行政長官在當地通過選舉或協商產生，既有選舉，又可協商，除第一任行政長官外，第二任、第三任行政長官由一個具有廣泛代表性的選舉委員會依照澳門基本法間接選舉產生，由中央人民政府任命，2009 年及以後行政長官的產生辦法如需修改，須經立法會全體議員三分之二多數通過，行政長官同意，並報全國人民代表大會常務委員會批准。澳門立法會議員多數由選舉產生，少數由行政長官任命，除第一屆立法會外，第二屆立法會由 27 人組成，其中直接選舉的議員 10 人，間接選舉的議員 10 人，委任的議員 7 人，第三屆及以後各屆立法會由 29 人組成，其中直接選舉的議員 12 人，間接選舉的議員 10 人，委任的議員 7 人，2009 年及以後澳門特別行政區立法會的產生辦法如需修改，須經立法會全體議員三分之二多數通過，行政長官同意，並報全國人民代表大會常務委員會備案。澳門特別行政區各級法院的法官，根據當地法官、律師和知名人士組成的獨立委員會的推薦，由行政長官任命，澳門特別行政區各級法院的院長由行政長官從法官中選任，終審法院法官和院長的任免須報全國人民代表大會常務委員會備案。澳門特別行政區檢察長由行政長官提名，報中央人民政府任命。可見澳門特別行政區政權形式的產生方式是多樣的，是不同於省、自治區、直轄市政權形式的產生的新方式。

（四）澳門特別行政區地方政權形式基本上實行與內地各省、自治區、直轄市不同的司法和法律制度。這說明澳門特別行政區地方政權形式是“一國兩制”下新的地方政權形式。根據中國憲法和法律的規定，中國設立最高人民法院、地方各級人民法院和軍事法院等專門人民法院，中華人民共和國人民法院是國家審判機關，人民法院依照法律規定獨立行使審判權，不受行政機關、社會團體和個人的干涉，人民法院實行四級二審，第二審為終審級，最高人民法院是最高審判機關，最高人民法院監督地方各級人民法院和專門人民法院的審判工作，上級人民法院監督下級人民法院的審判工作，縣級以上的地方各級人民代表大會選舉並且有權罷免本級人民法院院長，全國人民代表大會有權選舉和罷免最高人民法院院長，全國人大常委會根據最高人民法院院長的提請，任免最高人民法院副院長、審判員、審判委員會委員和軍事法院院長，最高人民法院對全國人大及其常委會負責，地方各級人民法院對產生它的國家權力機關負責。中國的人民檢察院是國家的法律監督機關，中國設立最高人民檢察院、地方各級人民檢察院和軍事檢察院等專門人民檢察院，人民檢察院依照法律規定獨立行使檢察權，不受行政機關、社會團體和個人的干涉，最高人民檢察院是最高檢察機關，全國人大有權選舉和罷免最高人民檢察院檢察長，全國人大常委會根據最高人民檢察院檢察長的提請，任免最高人民檢察院副檢察長、檢察員、檢察委員會委員和軍事檢察

院檢察長，批准省、自治區、直轄市的人民檢察院檢察長的任免，縣級以上
地方各級人大選出或者罷免人民檢察院檢察長，須報上級人民檢察院檢察長
提請該級人大常委會批准，最高人民檢察院領導地方各級人民檢察院和專門
人民檢察院的工作，上級人民檢察院領導下級人民檢察院的工作，最高人民
檢察院對全國人大和它的常委會負責，地方各級人民檢察院對產生它的國家
權力機關和上級人民檢察院負責，在少數民族聚居或者多民族共同居住的地
區，應當用當地通用的語言進行審理，各民族公民都有用本民族語言文字進
行訴訟的權利，人民法院和人民檢察院對於不通曉當地通用的語言文字的訴
訟參與人，應當爲他們翻譯。澳門特別行政區設立初級法院、中級法院和終
審法院，澳門特別行政區終審權屬於澳門特別行政區終審法院。澳門特別行
政區設立行政法院，行政法院管轄行政訴訟和稅務訴訟，不服行政法院裁決
者可向中級法院上訴，澳門特別行政區各級法院法官由獨立委員會推薦，由
行政長官任命，各級法院院長由行政長官從法官中選任，終審法院法官和
院長的任免須報全國人大常委會備案。澳門特別行政區檢察官由行政長官任
命，檢察長由行政長官提名，報中央人民政府任命。由此可見，澳門特別行
政區的司法制度是不同於內地各省、自治區、直轄市的新的司法制度，它是
符合澳門實際情況的，也不同於澳門回歸前的情況。在"一國兩制"下澳門
特別行政區的法律制度也是不同於內地的法律制度，內地各省、自治區、直
轄市以及較大的市有制定地方性法規、自治條例的權力，不能制定法律，澳
門特別行政區則有制定民法、刑法、民事訴訟法、刑事訴訟法、商法的權
力，只要報全國人大常委會備案，澳門特別行政區立法會的立法權比內地
省、自治區、直轄市的立法權要大得多。

（五）澳門特別行政區地方政權形式突破了古典的以美國爲代表的分權
制形式。十七、八世紀古典的資產階級分權學說是美國三權分立制的來源。
英國的哲學家、古典自然法學派代表之一洛克提出兩權分立，即國家權力分

爲立法權和執行權（行政權），他還提出對外權的概念，但對外權和執行權實際上是難分的，他沒有提出司法權的分立。古典自然法學派代表人物之一法國啟蒙思想家、法學家孟德斯鳩繼洛克之後提出三權分立的學說。孟德斯鳩認爲只有劃分權力的國家，自由才能得到保障，如果權力不劃分，就不會有"溫和的"政體，哪裏權力不劃分，哪裏的國家就必然傾向專制制度。[②] 他認爲國家權力可分爲立法權、行政權、司法權三種，這三種權力分屬於三個不同的國家機關。一切有權力的人都容易濫用權力，要防止濫用權力，保障人民的自由，就必須以權力約束權力，即立法、行政和司法三種權力分立。他認爲自由不容許兩權由同一國家機關掌握，如果立法權同行政權合併，頒佈法律的機關在適用法律時，就不會嚴守法律規定，而縱容違法行爲，造成專政現象，司法權同行政權、司法權同立法權也不應合併在一起。如果這三種權力中任何兩權集中在同一人或同一機關之手，自由便不復存在，如果同一人或同一機關掌握這三種權力，那就一切都完了。他又認爲不能將三種權力截然分開，而應彼此均衡，相互作用，各種權力在某種程度上要彼此牽制。孟德斯鳩的分權學說後來反映在 1787 年的美國憲法、1791 年法國人權宣言中，人權宣言第 16 條宣稱："凡權利無保障或分權未確立的社會，就沒有憲法。" 美國憲法可以說是體現古典自然法學派的三權分立學說的典型。美國的立法、行政、司法的分權及相互制衡的作用表現在：一、立法權由國會行使，總統對國會通過的法案有權拒絕簽署，法院可以通過司法審查權宣佈國會通過的某項立法不適用於某案。二、美國總統行使行政權，受國會和法院制衡。總統締結條約和任命高級官員，須經參議院同意，總統設置新行政機關，事先要有國會立法的依據，總統在行政開支方面的撥款，要經國會批准，國會有權彈劾總統，法院對總統的行政措施有違憲審查權。三、法院的設立須經國會立法批准，最高法院法官人數由國會決定，除聯邦最高法院

---

② 《政治學說史》中冊，法律出版社，1960 年，第 13 頁。

第一審管轄權以外，國會決定聯邦各級法院的管轄權，總統提名法官須經參議院同意，國會對聯邦法院法官有彈劾、免職的權力。[③] 澳門特別行政區地方政權形式是以行政爲主導的行政長官制，提出了行政、立法、司法三權互相制衡，又互相配合，重在配合，這就完全突破了以美國爲代表的體現古典自然法學派的三權分立原則的模式。

　　（六）澳門特別行政區地方政權形式突破了西方傳統的以英國爲代表的議會制形式。英國議會起源於封建時代的等級會議，中世紀時英國君主與封建領主進行激烈鬥爭，十三世紀初由於英王約翰實行嚴厲的封建專制，引起諸侯與僧侶的不滿和武力反抗，在戰爭中英王遭到失敗，與諸侯簽訂了《大憲章》，該憲章限制了王權，給予貴族許多特權，規定了教會自由、封建爵位的權利、國王不得隨意徵稅、不得任意監禁和逮捕人。十三世紀中葉，西門‧德‧孟福爾伯爵領導反國王的鬥爭並取得勝利，國王約翰被俘，孟福爾於 1265 年召開了有領主、騎士、市民參加的等級會議，後被看作英國議會的開端。隨着資本主義的發展，資產階級向國王提出，"不出代議士不納賦稅"，在早期的議會中，出現了資產階級的代表。1343 年在英國議會內部開始形成兩種勢力，一種是代表貴族和高級教士，另一種是代表各地的騎士、市民和資產階級化的貴族。到十四世紀中葉逐漸成爲兩院，即貴族院和平民院。1603 年國王詹姆士即位，他竭力加強英國國教，迫害清教徒，以鞏固其封建王朝，宣稱："議論上帝是瀆神，議論君王是叛逆。" 1628 年查理一世爲了籌款被迫召開國會，國會向國王提出了《權利請願書》。1642 年查理一世宣佈討伐國會，後失敗被處死，英國建立了共和國，克倫威爾執政。克倫威爾死後查理二世被立爲國王，爲了反對國王的殘酷壓迫，國會於 1679 年通過《人身保護法》，1688 年國王詹姆士二世被推翻，國會迎立威廉爲國

---

③ 《中國大百科全書》（法學），中國大百科全書出版社，1984 年，第 499 頁。

王，英國歷史上稱爲"光榮革命"，1689年國會通過《權利法案》，從此英國確立君主立憲制，確立了議會的權威。威廉三世時，輝格黨人是1688年政變的主要發動者，所以英王依靠輝格黨人爲樞密大臣，負責處理政務，漢諾威王朝時，國王經常不出席樞密院會議，樞密院逐漸脫離國王的控制，而成爲管理全國政務的內閣，到渥爾波執政時期（1721—1742），當時沒有首相的名稱，但渥爾波實際已經成爲後來的首相，在他之後，首相已經成爲內閣領導者。④可見英國的議會制是在長期的資產階級反封建的鬥爭形成的。這種英國議會制的主要內容和特點是：一、議會由上院（貴族院）和下院（平民院）組成；二、內閣首相由下院的多數黨領袖擔任，其他內閣成員由首相在他的多數黨內成員中提名，呈請國王任命，組成政府；三、內閣掌握行政權，對議會負責；四、議會可以對內閣提出不信任案，要求內閣辭職，內閣如不願辭職，可以呈請國王解散議會，重新舉行大選，大選後由新的議會組成新的內閣。⑤澳門特別行政區地方政權形式雖然設有立法會，由立法會議員組成，行政長官有權解散立法會，但是它不是議會制，澳門特別行政區沒有政黨，行政長官也不是立法會中的多數黨的領袖，立法會更沒有對行政長官、主要官員投不信任票的權力，所以澳門特別行政區地方政權形式完全突破了西方傳統的英國議會制的形式，成爲"一國兩制"下新的地方政權形式。如果認爲澳門特別行政區地方政權形式是一種議會制，那就不正確了。

（七）澳門特別行政區地方政權形式也是突破了中國人民代表大會制的新形式。中國的人民代表大會制的形成和發展經歷了較長的過程，在二十世紀二十年代建立的農民協會、罷工工人代表大會是人民代表大會的萌芽，1931年在江西瑞金召開了第一次全國工農兵代表大會，這是在農民協會基礎

---

④ 蕭蔚雲等：《憲法學概論》，北京大學出版社，2004年，第15、16頁。

⑤ 《中國大百科全書》（法學），中國大百科全書出版社，1984年，第702頁。

上的進一步發展，它通過了《中華蘇維埃共和國憲法大綱》和土地法、勞動法等法律。抗日戰爭時期在各抗日根據地成立了各級參議會，1941 年 11 月陝甘寧邊區參議會通過了《陝甘寧邊區施政綱領》，這是邊區具有憲法性的文件。在解放戰爭時期各解放區建立了人民代表會議，1946 年 4 月陝甘寧邊區第三屆參議會第一次大會通過了《陝甘寧邊區憲法原則》，確認了新民主主義政權形式 —— 各級人民代表會議。1954 年 9 月召開了第一屆全國人民代表大會第一次會議，通過中國第一部憲法，確立人民代表大會制度是中國的根本政治制度，是中國的政權形式。中國的一切權力屬於人民，人民行使國家權力的機關是全國人大和地方各級人大，全國人大和地方各級人大都由民主選舉產生，對人民負責，受人民監督，國家行政機關、審判機關、檢察機關都由人民代表大會產生，對它負責，受它監督。澳門特別行政區地方政權形式不實行人民代表大會制，特別行政區僅選舉全國人大代表，參與決定國家事務。在特別行政區只實行以行政為主導，行政長官、行政機關、立法機關、司法機關的產生辦法與內地各省、自治區、直轄市的地方國家權力機關、行政機關和司法機關的產生辦法不同。澳門特別行政區行政長官、行政機關、立法機關、司法機關之間的相互關係與內地各省、自治區、直轄市國家權力機關、行政機關、司法機關之間的相互關係也不相同，澳門特別行政區地方政權形式主要是為保障、發展資本主義經濟服務，內地的地方政權形式主要是為保障、發展社會主義基本經濟制度服務的。這些都顯示了澳門特別行政區地方政權形式是不同於內地實行的以人民代表大會制為代表的地方政權形式，它是“一國兩制”下新的地方政權形式。

（八）澳門特別行政區的地方政權形式是改變了舊的總督制的新形式。如前所述，澳門特別行政區地方政權形式與澳門回歸前的總督制首先在性質上有根本不同，後者是殖民主義的統治形式，前者是“一國兩制”下實現國家統一、高度自治、“澳人治澳”的新的地方政權形式。澳門總督是葡萄牙總統委任的在澳門的代表，澳門特別行政區行政長官是由澳門各界選舉或協商產生的、由中央人民政府任命、對中央人民政府和澳門特別行政區負責的澳門行政區的首長，是經中央授權、由澳門人實現當家作主的體現。行政長官的權力比澳門總督的權力要小，澳門總督有立法權，行政長官沒有立法權。澳門特別行政區立法會比澳門回歸前的立法會的權力要大，澳門特別行政區立法會有彈劾行政長官的權力，有迫使行政長官辭職的權力，澳門回歸前澳門立法會不享有這些權力。回歸前澳門的司法機關不享有終審權。澳門特別行政區地方政權形式雖然吸收了澳門回歸前實行行政主導的一些做法，但從根本性質上與澳門總督制又有區別，行政長官、行政機關、立法機關、司法機關產生的辦法和它們之間的相互關係又有不同，體現了澳門特別行政區地方政權形式是改變了舊的總督制的新形式。

三

行政長官制的由來

行政長官制這一名稱是怎樣來的？有各方面的因素和原因，具體說來有以下幾個方面。

（一）主要來源於中英關於香港問題的聯合聲明及其附件一和中葡關於澳門問題的聯合聲明及其附件一。在起草香港基本法時，根據中英關於香港問題的聯合聲明極其詳細地對香港特別行政區的政治體制，行政長官的法律地位及其職權，行政長官與行政機關、立法機關、司法機關之間的相互關係，進行了反覆的討論、研究、調查、諮詢和修改，確立了行政長官制，這就是行政長官制最初的由來。澳門的情況與香港大體相同，因此在起草澳門基本法時，根據中葡關於澳門問題的聯合聲明及其附件一的相關規定、參考了香港基本法，對澳門特別行政區的政治體制，行政長官的法律地位及其職權，行政長官與行政機關、立法機關、司法機關之間的相互關係進行了反覆討論，確立了在澳門特別行政區實行行政長官制。

準確地說，根據中英、中葡兩個聯合聲明應該是指根據中英關於香港問題的聯合聲明中的中國政府對於香港的基本政策及其具體說明、中葡關於澳門問題的聯合聲明中的中國政府對於澳門的基本政策及其具體說明，而不應該籠統地指根據中英關於香港問題的聯合聲明、中葡關於澳門問題的聯合聲明。因為上述兩個聯合聲明是國際文件和條約，不是起草兩個基本法的法律依據，而只是其中中國政府對香港問題、澳門問題的基本政策的聲明才是其法律依據。

具體地說，中葡關於澳門問題的聯合聲明正文第二點中國政府對澳門的基本政策中的第（三）點規定：“行政長官在澳門通過選舉或協商產生，由中央人民政府任命。擔任主要職務的官員由澳門特別行政區行政長官提名，報中央人民政府任命。”中葡關於澳門問題的聯合聲明的附件一《中華人民共和國政府對澳門的基本政策的具體說明》的第二部分也規定了行政長官的產生和“擔任主要職務的官員（相當於原‘政務司’級官員、檢察長和警察部門主要負責人）由澳門特別行政區行政長官提名，報請中央人民政府任命”。這些規定和附件一的其他有關規定都是設計和確立行政長官制的法律依據。澳門特別行政區基本法起草委員會正是這樣開始設計行政長官制的。

（二）明確規定來源於澳門基本法。基本法起草委員會在確定澳門特別行政區政治體制時，經過研究，認為中葡聯合聲明中提出了行政長官、行政機關、立法機關、司法機關，行政長官與行政、立法、司法之間不是平等的法律地位和關係，行政長官的法律地位應當高於行政機關、立法機關和司法機關，行政長官有比較大的職權。行政長官在對外對內的事務上，他有代表澳門特別行政區的權力。如外國國家元首、政府首腦來訪問澳門，應由行政長官代表澳門特別行政區接待，而不是由立法機關或司法機關的負責人員接待；如代表澳門特別行政區向中央人民政府述職，應由行政長官代表澳門特別行政區進行，而不是由立法會主席或終審法院院長述職。按照基本法的規定，行政長官有權決定政府政策，提名並報請中央人民政府任命主要官員、檢察長，有權建議免除他們的職務；有權委任部分立法會議員，依照法定程序任免各級法院院長和法官，任免檢察官；任免行政會委員；依照法定程式任免公職人員；代表澳門特別行政區政府處理中央授權的對外事務和其他事務；依法頒授澳門特別行政區獎章和榮譽稱號；依法赦免或減輕刑事罪犯的刑罰等，這些都說明行政長官有高於行政機關、立法機關、司法機關的法律地位和權力，顯示了行政長官制的特色。澳門基本法還在二十多處規定了行政主導，體現了行政的決策權，更加具體地表現了行政長官制的特色。如基本法第 45 條規定 "澳門特別行政區行政長官是澳門特別行政區的首長，代表澳門特別行政區，依照基本法的規定對中央人民政府和澳門特別行政區負責"；"領導澳門特別行政區"，"負責執行本法和依照本法適用澳門特別行政區的其他法律"，在這裏明確突出行政長官代表澳門特別行政區、是澳門特別行政區的首長、領導特別行政區，負責執行基本法，而不只是行政機關的首長。又如基本法規定行政長官簽署立法會通過的法案，公佈法律，簽署立法會通過的財政預算案，將財政預算、決算報中央人民政府備案。這些規定說明行政長官是以澳門特別行政區首長的身份行使簽署立法會通過的法案和財政預算案，否則就不能完成立法和通過財政預算案的法定程序，這也是有意突出行政主導。又如基本法規定，行政長官有權批准向立法會提出有關財政收入或支出的動議，根據國家和澳門特別行政區的安全或重大公共利益的需要，決定政府官員或其他負責政府公務的人員是否向立法會或其他所屬的委員會作證和提供證據。這些規定說明向立法會提出財政收支的動議，必須經過行政長官的批准；政府官員到立法會作證，必須由行政長官決定而且要根據國家安全和澳門安全的需要，這些都是突出行政主導的作用。又如基本法規定，行政長官有權在一定的程序下解散立法會，在行政長官下可設立協助行政長官決策的行政會，行政機關可委派官員列席立法會會議聽取意見或代表政府發言，行政機關可根據需要設立諮詢組織，立法會根據政府提案決定稅收，批准由政府承擔的債務，應行政長官的要求將政府提出的議案優先列入議程，應行政長官的要求立法會可召開緊急會議，這些規定都是突出行政主導。更爲明顯的是基本法第 75 條規定："澳門特別行政區立法會議員依照本法規定和法定程序提出議案。凡不涉及公共開支、政治體制或政府運作的議案，可由立法會議員個別或聯名提出。凡涉及政府政策的議案，在提出前必須得到行政長官的書面同意。"這一規定主要是限制議員的提案權，限制立法會議員爲了爭取選票，提出不適當的議案。這裏十分明顯地規定涉及公共開支、政治體制、政府運作的議案，議員不能提出。因爲公共開支已由立法會通過，因此議員不能再提出議案，政治體制涉及基本法第四章共七節的全部條文，因此議員也不能提出關於政治體制議案，政府運作是政府根據法律法規的運作，因此議員也不能提出關於政府運作的議案。這一規定同時是突出行政長官的作用。誰來確定什麼是公共開支、政治體制、政府運作？既然立法原意是突出行政主導，這些問題的確定當然是行政長官而不是立法會主席，涉及政府政策的議案在提出前要得到行政長官的書面同意。那麼確定什麼是公共開支、政治體制與政府運作？當然應由行政長官來認定。有人提出立法會議員可否對公共開支、政治體制、政府運作議案提出修正案？應該說不可以，如果允許議員可以對公共開支、政治體制、政府運作議案提出修正案，那就等於允許議員可以提出關於公共開支、政治體制、政府運作的議案，這和突出行政主導的立法願意是不相符的。在司法領域內除保持司法獨立外，也突出了行政的主導作用，基本法規定澳門各級法院的法官，根據當地法官、律師和知名人士組成的獨立委員會的推薦，由行政長官任命，法官只有在無力履行其職責或行爲與其所任職務不相稱的情況下，行政長官才可根據終審法院院長任命的不少於三名當地法官組成的審議庭的建議，予以免職，終審法院法官的免職由行政長官根據澳門特別行政區立法會議員組成的審議委員會的建議決定，澳門特別行政區檢察長由澳門永久性居民中的中國公民擔任，由行政長官提名，報中央人民政府任命，檢察官經檢察長提名，由行政長官任命。關於突出行政主導的內容，澳門基本法中還有一些規定，說明了行政長官制的特色，這裏不一一例舉。

　　（三）吸收了澳門回歸前原有政治體制中行之有效的作法 —— 以行政爲主導。澳門回歸以前，澳門是實行總督制，總督是政權的中心，可以說是總督專權，澳門基本法只是吸收了其中行之有效的部分，即以行政爲主導，行政長官並沒有總督那樣大的權力。按照《澳門組織章程》的規定，葡萄牙共和國的主權機關除法院以外，在澳門以總督爲代表，就是說葡萄牙對澳門的統治主要是通過總督來進行的，在政治上總督向共和國總統負責，總督的職級相等於共和國政府的部長級，與外國發生關係及締結國際協定或國際公約時，代表澳門之許可權屬於葡萄牙共和國總統，而涉及專屬澳門地區利益的事宜，葡萄牙共和國總統得將代表澳門之權授予總督，總統任命總督時應預先諮詢當地居民的意見，主要通過立法會及在社會基本利益方面有代表性的機構進行。[⑥] 按照《澳門組織章程》的規定，總督的許可權是：（1）在對內關係上代表澳門；（2）簽署和公佈法律及法令；（3）訂定澳門內部安全政策，確保其執行，並訂立負責執行有關政策的實體的組織、運作及紀律；（4）公共秩序在澳門地區任何地方受嚴重威脅或騷亂影響時，在聽取諮詢會意見後，採取必要及適當措施迅速恢復秩序；當有需要臨時限制或臨時中止憲法的權利、自由及保障時，應先諮詢立法會，且盡可能立即通知共和國總統；（5）提請憲法法院審議立法會發出的任何規定有否違憲或違法；（6）向共和

---

⑥ 《澳門組織章程》，澳門政府印刷署，1993 年，第 71－72 頁。

國議會提出修改或取代本章程的建議，並對共和國議會修改其建議發表意見；（7）行使法律賦予的其他權力。⑦《澳門組織章程》還規定：根據葡萄牙憲法及本章程的規定，非保留予葡萄牙共和國主權機關而屬於總督的執行職能的許可權主要爲：（1）指導當地的總政策；（2）領導整個公共行政；（3）爲實施在當地生效但欠缺規章的法律及其他法規而制訂規章；（4）保障司法當局的自由、執行職務的全權性，以及其獨立性；（5）管理當地財政；（6）訂定貨幣及金融市場的結構、並管制其運作；（7）爲了公共利益，依法拒絕嚴重不適宜內部或國際秩序的本國人或外國人入境或驅逐其出境。⑧爲了行使執行職能，總督應發出訓令並在政府公報上公佈。按照《澳門組織章程》的規定，總督不但享有廣泛的執行權，而且享有部分立法權：（1）總督之立法權限以法令行使，其立法範圍包括所有未保留予葡萄牙共和國主權機關或立法會的事宜，但不得違反《澳門組織章程》第 31 條關於立法會的立法事項的規定；（2）當立法會賦予總督立法許可或於解散後，其立法權限亦屬於總督；（3）總督具專屬許可權充實共和國主權機關的綱要法，以及核准執行機關的架構和運作之法規。⑨1991 年通過的《澳門司法組織綱要法》又規定總督可根據澳門司法高等委員會和司法委員會的建議，負責委任澳門各級法院的院長、法官，以及檢察院助理總檢察長、檢察長和檢察官，使總督的權力延伸到司法領域，進一步強化以行政爲主導的體制。爲了發展澳門的經濟，維護澳門社會的穩定，澳門基本法保留了澳門回歸前原有的以行政爲主導的做法，這是行政長官制的又一來源。

（四）澳門基本法起草委員會參考了香港特別行政區行政長官的名稱。香港基本法在起草時，起草委員會政治體制小組反覆研究了香港特別行政區

---

⑦《澳門組織章程》，澳門政府印刷署，1993 年，第 73 頁。

⑧《澳門組織章程》，澳門政府印刷署，1993 年，第 75 頁。

⑨《澳門組織章程》，澳門政府印刷署，1993 年，第 74 頁。

首長的名稱：一是稱爲主席，但覺得主席有大有小，大到國家主席，小到一個會的主席，而且自治區也有主席，這一名稱不很理想；二是稱區長，但是覺得直轄市、市和縣的下面也設有區，其負責人也叫區長，這一名稱也不很理想；三是稱爲市長，但覺得直轄市、較大的市、市、經濟特區的市都叫其負責人爲市長，如果特別行政區的負責人也稱市長，不能顯示特別行政區的特點；四是稱爲行政長官，因爲行政長官的名稱是中英關於香港問題的聯合聲明簽訂時採用的，而且簽訂以後，這一名稱已經叫習慣了，已經爲人們所接受，現在中國內地也沒有行政區域採用這一名稱，能夠顯示出特別行政區的特點。考察歷史上也出現過這樣的名稱，第二次世界大戰後中國收回台灣，當時台灣的負責人稱爲行政長官，中國從英國收回租借地威海衛時，也曾經任命威海衛的負責人爲行政長官，所以後來香港基本法起草委員會將香港特別行政區的首長命名爲行政長官，並在香港基本法第四章政治體制第一節中專門規定行政長官制，這就是香港基本法中行政長官名稱的由來。澳門基本法起草在香港基本法之後，澳門基本法起草委員會參考了香港基本法的規定，將澳門特別行政區的首長也稱爲行政長官，並規定在基本法第四章第一節中，這也是澳門特別行政區行政長官制的由來之一。

（五）澳門特別行政區的政治體制是以行政長官爲核心，由於行政長官的法律地位高與決策權力大的這一核心作用，所以我們稱之爲行政長官制，這是行政長官制的又一主要來源。這種核心作用表現在：(1) 行政長官作爲特別行政區首長的地位和與行政機關、立法機關、司法機關的相互關係上，立法機關不但要與行政長官互相制衡，而且立法機關要與行政長官互相配合，立法機關、行政機關與司法機關的工作要圍繞和服務於行政長官的依法施政工作進行，每年行政長官依據基本法提出的施政報告，立法機關除享有監督、制約權之外，還要着重支援和配合行政長官提出的施政方針。司法機關通過其審判工作，也要服務和維護澳門的經濟發展和社會穩定，服務於行政長官所提出的政策、方針，這裏顯示出行政長官的核心作用。（2）行政長官的權力還延伸到立法機關、司法機關，表現了他的核心作用。行政長官不僅依法享有管理行政工作的權力，如領導特別行政區政府，決定政府政策，發佈行政命令，制定並頒佈行政法規，報請並提名中央人民政府任免主要官員，任免行政會委員，依法任免公職人員，執行中央人民政府就基本法規定的有關事務發出的指令，而且他的權力還延伸到立法機關和司法機關，如委任部分立法會議員，依照法定程序解散立法會，立法會議員在提出涉及政府政策的議案時，在提出前必須得到行政長官的書面同意，立法會通過的法案必須經行政長官簽署、公佈，方能生效，澳門各級法院法官要依照法定程序由行政長官任免，終審法院法官的免職由行政長官依法決定，各級法院院長由行政長官從法官中選任，檢察長由行政長官提名，報中央人民政府任命，檢察官經檢察長提名，由行政長官任命等。這些情況也顯示出行政長官的核心作用。（3）在對內與對外事務方面，代表澳門特別行政區，顯示出行政長官的核心作用。行政長官是澳門特別行政區的首長，對內只有他才能代表澳門特別行政區，其他機關都沒有這一權力，他在對外方面，在一些禮儀上他可以代表澳門特別行政區，在中央授權處理的對外事務和其他事務上也只有行政長官能代表澳門特別行政區。（4）在與中央的聯繫和溝通上，行政長官起着重要的作用。行政長官承上啟下，可以將中央依照基本法及其附件作出的指示傳達給澳門特別行政區，協助中央實施"一國兩制"和基本法，同時又將澳門特別行政區的實際情況和居民的意願如實反映給中央，使"一國兩制"和基本法能在澳門特別行政區得到正確貫徹，使中央與澳門特別行政區的關係得到良好、和諧的發展，行政長官在這種聯繫和溝通關係中起了重要的作用。

四

行政長官制的特點

　　"一國兩制"下行政長官制有許多不同於內地各省、自治區、直轄市的政治體制的特點。

　　(一)行政長官制享有內地各民族自治地方所不享有的高度自治權。依據憲法的規定,自治區、自治州和自治縣都是中國的民族自治地方。[⑩]中國憲法第三章第六節規定了民族自治地方和自治機關,規定民族區域自治地方依法享有人事權、立法權、財權、經濟建設、文化教育建設、組織本地方公安部隊的權力,如憲法規定自治區、自治州、自治縣的人大常委會中應當有實行區域自治的民族的公民擔任主任或者副主任,自治區主席、自治州州長、自治縣縣長由實行區域自治的民族的公民擔任,自治區、自治州、自治縣的自治機關依照憲法、民族區域自治法和其他法律規定的許可權行使自治權,根據本地方實際情況貫徹執行國家的法律、政策,民族自治地方的人民代表大會有權依照當地民族的政治、經濟和文化特點,制定自治條例和單行條例,民族自治地方的自治機關有管理地方財政的自治權,凡是依照國家財政體制屬於民族自治地方的財政收入,都應當由民族自治地方的自治機關自主地安排使用,民族自治地方的自治機關在國家計劃的指導下,自主地安排和管理地方性的經濟建設事業,民族自治地方的自治機關自主地管理本地方的教育、科學、文化、衛生、體育事業,依照國家的軍事制度和當地的實際需要,經國務院批准,可以組織本地方維持社會治安的公安部隊。[⑪]如前所

---

⑩　見《中華人民共和國憲法》第 112 條。

⑪　見《中華人民共和國憲法》第 112—120 條。

述，"一國兩制"下的澳門特別行政區行政長官制享有高度自治權，包括行政管理權、立法權、獨立的司法權和終審權，這種自治權遠遠大於民族自治地方的自治權，甚至在某些方面大於聯邦成員國的權力，如特別行政區有自行發行貨幣的權力，而聯邦的成員國則沒有這一權力，這裏顯示了澳門特別行政區行政長官制的特點。

（二）行政長官制下政府官員產生辦法有不同特點。澳門特別行政區行政長官、行政機關、立法機關、司法機關的產生方式與內地不同。內地的各級地方人大、省長、自治區主席、直轄市市長、自治州州長、市長、區長、縣長、鄉長、鎮長由間接選舉或直接選舉產生。澳門特別行政區行政長官、行政機關、立法機關、司法機關則採取多種選舉方式和委任產生，第一任行政長官由推選委員會在當地通過協商或協商後提名選舉產生，報中央人民政府任命，第二、三任行政長官則由一個具有廣泛代表性的選舉委員會提名選舉產生，報中央人民政府任命，2009 年及以後行政長官按基本法附件一的規定產生。政府主要官員由行政長官提名，報中央人民政府任命。澳門特別行政區第一屆立法會按照全國人大《關於澳門特別行政區第一屆政府、立法會和司法機關產生辦法的決定》，由回歸前直接和間接選舉產生的最後一屆16 名立法會議員可依照全國人大這一決定、經澳門特別行政區籌備委員會確認，即可成為澳門特別行政區第一屆立法會議員，由澳門總督委任的最後一屆 7 名立法會議員則不能過渡，須由行政長官委任新的 7 名議員。第二、三屆立法會議員按照澳門基本法附件二由間接選舉、直接選舉和委任產生，2009 年及以後立法會按基本法附件二的規定產生。澳門特別行政區法院由澳門特別行政區籌委會依照基本法負責籌組，各級法院法官由獨立委員會推薦，行政長官任命，院長由行政長官從法官中選任，終審法院院長、法官的任免須報全國人大常委會備案。

　　（三）行政長官制與中央關係有不同的特點。根據中國憲法規定，中國國家機構實行民主集中制原則，中央和地方的國家機構職權的劃分，遵循在中央的統一領導下，充分發揮地方的主動性、積極性的原則。[12]國家行政機關、司法機關都由人大產生，對人大負責，全國人大是最高國家權力機關，它的常設機關是全國人大常委會，國務院是中央人民政府，是最高國家行政機關，統一領導全國地方各級國家行政機關的工作。澳門特別行政區也是中國的地方行政區域，直轄於中央人民政府，但中央人民政府只負責管理與澳門特別行政區有關的外交事務和它的防務，依法任免行政長官、主要官員和檢察長，澳門特別行政區立法機關制定的法律要報全國人大常委會備案，財政預算、決算要報中央人民政府備案，行政長官要定期向中央人民政府述職，其餘大都是澳門特別行政區的高度自治權。這裏顯示了澳門特別行政區行政長官制與中央的關係同內地各省、自治區、直轄市與中央的關係的不同特點。

　　（四）澳門特別行政區行政長官制下解釋澳門基本法具有不同的特點。依照中國憲法的規定，澳門基本法屬於全國人大制定的基本法律，法律的解釋權屬於全國人大常委會，澳門基本法第 143 條第 1 款明確規定了這一點，在內地關於法律的解釋權完全遵循憲法的這一規定。澳門基本法第 143 條第 2 款的新規定的特點是："全國人民代表大會常務委員會授權澳門特別行政區法院在審理案件時對本法關於澳門特別行政區自治範圍內的條款自行解釋。"全國人大常委會這種授權對內地各級地方法院來說是不存在的，這說明內地各級地方法院是沒有這一權力的，而且澳門基本法第 143 條第 3 款還規定："澳門特別行政區法院在審理案件時對本法的其他條款也可解釋。但如澳門

12　見《中華人民共和國憲法》第 3 條。

特別行政區法院在審理案件時需要對本法關於中央人民政府管理的事務或中央和澳門特別行政區關係的條款進行解釋，……應由澳門特別行政區終審法院提請全國人民代表大會常務委員會對有關條款作出解釋"，在內地各級地方人民法院也沒有獲得這樣的授權，它們對全國人大及其常委會制定的法律都沒有解釋權。

（五）澳門特別行政區修改澳門基本法的提案與內地各省、自治區、直轄市有不同的特點。按照《中華人民共和國全國人民代表大會組織法》規定，可以向全國人民代表大會提出屬於全國人大職權範圍內的議案的有全國人大主席團、全國人大常委會、全國人大各專門委員會、國務院、中央軍事委員會、最高人民法院、最高人民檢察院、一個代表團或者三十名以上的代表，也就是說上述單位和代表都有權向全國人大提出關於修改法律的議案；但是澳門基本法第 144 條第 2 款規定，只有全國人大常委會、國務院和澳門特別行政區才有修改澳門基本法的提案權，其他各省、自治區、直轄市、香港特別行政區的代表或者三十名以上的代表都無權提出修改澳門基本法的議案，而且澳門特別行政區的議案，須經澳門特別行政區全國人大代表三分之二多數、澳門特別行政區立法會全體議員三分之二多數和澳門特別行政區行政長官的同意後，交由澳門特別行政區出席全國人大的代表團向全國人大提出，這就顯示了與內地各省、自治區、直轄市不同的特點。

（六）澳門特別行政區行政長官制在處理中央授權對外事務上的特點。根據澳門基本法的規定，與澳門特別行政區有關的外交事務由中央人民政府負責管理，而澳門特別行政區則享有中央授予的處理對外事務的權力，如澳門特別行政區政府的代表可作為中國政府代表團的成員，參加由中央人民政府進行的同澳門特別行政區有關的外交談判，澳門特別行政區可在經濟、貿易、金融、航運、通訊、旅遊、文化、科技、體育等適當領域以"中國澳門"

的名義，單獨地同世界各國、各地區及有關國際組織保持和發展關係，簽訂和履行有關協定，澳門基本法對以國家爲單位參加的、不以國家爲單位參加的國際組織和國際會議，澳門特別行政區應如何參加作了規定，對中國和澳門已參加，中國未參加而澳門已參加的國際組織，澳門特別行政區應如何繼續參加作了規定，對中國已締結的、中國尚未參加但已適用於澳門的國際協定，是否適用於澳門特別行政區作了規定，澳門基本法對中央政府授權澳門特別行政區政府簽發護照、旅行證件和實行出入境管制作了規定，澳門基本法還對談判和簽訂互免簽證協定、在外國設立官方或半官方的經濟和貿易機構、外國在澳門特別行政區設立領事機構或其他官方與半官方機構等問題作了規定。[13] 在內地，各省、自治區、直轄市則無權處理上述對外事務。

五

行政長官制的重要意義

（一）行政長官制是貫徹 "一國兩制" 和澳門基本法的重要保證

　　"一國兩制" 和澳門基本法都是嶄新的事物，和香港基本法一樣，都是史無前例的，如鄧小平所說，它們具有深遠的歷史意義和國際意義，說它們具有歷史意義，不僅指過去、現在，而且包括將來；說它們有國際意義，不僅指第三世界，而且包括全人類。對於這樣具有創造性的法律的貫徹，對於這樣史無前例的 "一國兩制" 方針的貫徹，必然有一個極其艱巨複雜的過

---

[13] 《中華人民共和國澳門特別行政區基本法》第 135－142 條。

程，有一個不斷探索的過程。澳門同胞絕大多數是愛國的，但是在 400 多年外國勢力的佔領和殖民主義的影響下，國家觀念和民族觀念相對薄弱，各種勢力比較複雜，要保持澳門特別行政區的經濟發展和社會穩定，還會遇到各種困難和挑戰，如何才能保證 "一國兩制" 方針和澳門基本法的順利貫徹，對我們的國家和澳門特別行政區都是一個嶄新的理論和實踐問題，實行行政長官制就是貫徹 "一國兩制" 方針和澳門基本法的重要保證。這具體表現在以下幾個方面：

1．從擔任行政長官的資格要求來保證。擔任行政長官有嚴格的資格，如年齡必須滿若干周歲，既不偏大，亦不過於年輕，以保證行政長官有能力、有經驗來貫徹 "一國兩制" 方針和澳門基本法。又如擔任行政長官要有一定的居住期限，必須住滿若干年，必須是當地人，而不是澳門非永久性居民，以保證 "澳人治澳"，避免內地人來澳門後，短期內即有資格當行政長官。又如擔任行政長官的資格之一必須是中國公民，不能是外國人，這裏體現了中國的主權，以貫徹 "一國兩制" 方針。

2．從行政長官的產生辦法來保證。行政長官要民主產生。回歸前澳門的總督是外國委派的，談不上任何民主，回歸後澳門行政長官的產生，必須貫徹民主的原則。這種民主要符合澳門實際，要循序漸進，要有利於澳門資本主義的發展和社會穩定，要符合澳門各階層的利益，有利於各階層的民主參與，有利於正確處理中央與澳門特別行政區的關係。這種民主不是照搬、照抄外國的模式，在澳門特別行政區的民主選舉產生行政長官人選後，由中央人民政府任命，爲中央人民政府所接受，這就從行政長官的產生辦法上保證了對 "一國兩制" 方針的貫徹。

3．從行政長官的就職宣誓上來保證。宣誓是指國家公職人員在開始履行職務時宣讀誓言向國家和政權表示忠誠的一種法律行爲，誓言包含一定的忠誠內容，就職期間必須遵守，不得違反，違反誓言即爲違法，要承擔法律責任，承擔法律後果。澳門特別行政區行政長官在履行職務時，必須依法宣誓,遵守誓言,他不但要維護澳門基本法,效忠中華人民共和國澳門特別行政區,而且要效忠中華人民共和國,不能因爲實行"兩制",就可以不效忠中華人民共和國,不能將國家和特別行政區完全割裂開來。對行政長官這種嚴格的宣誓要求,就是要求行政長官必須愛國愛澳,是忠實的愛國者,只有愛國愛澳才能擔任澳門特別行政區行政長官,這就從宣誓上保證了行政長官必須貫徹"一國兩制"方針。

4.從行政長官的身份和地位上來保證。要在澳門特別行政區貫徹史無前例的"一國兩制"方針,行政長官必須有較高的身份和法律地位,有了這種較高的身份和地位,加上他是中央人民政府任命的,這就加強了行政長官的權威,一方面有利於行政長官和中央的溝通,瞭解中央的指示精神,支援中央的建議,貫徹中央依照澳門基本法作出的決定,另一方面有利於樹立特別行政區政府的權威,使行政長官和特別行政區政府更有效地進行工作,從而達到保證貫徹"一國兩制"方針的目的。

5.從行政長官與行政、立法、司法機關的相互關係上來保證。行政長官制不但因爲行政長官有較高的身份和法律地位有利於保持和加強中央與特別行政區的關係,而且因爲正確地處理了行政長官與三個機關之間的關係,突出了行政主導而不是立法主導或司法主導,妥善地解決了特別行政區內部各機關之間關係,既不主張立法會議員對行政長官、主要官員有投不信任票,迫使他們辭職下台的權利,也不主張終審法院有對法律實行司法審查和廢除該項法律的權力。這樣還可以使立法機關與行政長官、行政機關互相配合,司法機關與行政長官、行政機關互相協調,提高行政長官、行政機關的工作效能與穩定,提高立法機關與司法機關的功能,較好地保證"一國兩制"方針在澳門特別行政區的貫徹。

6.從行政長官與行政機關必須嚴格執行澳門基本法和法律來保證。行政長官的一項重要任務是負責執行澳門基本法和依照基本法適用於澳門特別行政區的其他法律,行政機關必須遵守法律,執行立法會通過並已生效的法律。[14]基本法自始至終貫徹了"一國兩制"方針,基本法序言的第二段即明確規定了"一國兩制"方針,總則又從政治、經濟、法律及其他幾個方面貫徹了"一國兩制"方針,從第二章以後各章,基本法更具體地從不同的方面貫穿了"一國兩制"方針,只要行政長官和行政機關嚴格地遵守基本法,執行基本法和其他法律,就一定能保證貫徹"一國兩制"的方針。

　　7.澳門回歸五年來的實踐證明。"一國兩制"方針五年來在澳門得到全面貫徹,澳門特別行政區既維護了國家的統一和主權,又維護了"兩制",維護了澳門的高度自治和"澳人治澳",特別行政區呈現一片欣欣向榮的景象,特別行政區採取了多項措施,高舉愛國愛澳的旗幟,增強愛國思想和熱情,充分發揮了廣大澳門居民當家作主的積極性。中央與特別行政區的關係是親密、融洽的,中央支持特別行政區的工作,多次指出支持特別行政區行政長官和政府的工作,相信他們能做好工作,並對行政長官的工作給予高度評價,不干預特別行政區的高度自治範圍內的事務。特別行政區一貫尊重中央的領導,行政長官定期向中央述職,認真執行中央依法作出的指示,擁護和支持駐澳中國人民解放軍,增強了澳門特別行政區的防務。澳門特別行政區行政與立法的關係既互相制約,又配合得很好,立法會主席曹其真認爲立法會有效地配合了特區政府的施政。在澳門特別行政區既維護了司法獨立,又堅持了特區的整體利益。行政長官既發揮了行政會的作用,又得到公務人員的支持,發揮了行政機關的效能。

(二)行政長官制是維護中央直轄澳門特別行政區的重要體制

　　澳門特別行政區直轄於中央人民政府,中央直轄澳門主要通過兩種措

---

[14]《中華人民共和國澳門特別行政區基本法》第50條第(二)項和第65條。

施，一是通過法律和方針政策，中央主要依靠法律來管轄澳門，首先是依
靠“一國兩制”方針和澳門基本法，這是管轄澳門的依據；其次是根據基本
法直接行使的權力，如外交與防務，都由中央負責管理，行政長官、主要官
員和檢察長都由中央人民政府任命，財政預算和法律要報中央備案，在一定
情況下中央人民政府可發佈命令將有關全國性法律在澳門特別行政區實施，
全國人大常委會有權解釋基本法，全國人大有權修改基本法等。二是依靠體
制，就是依靠行政長官制，依靠這一新的地方政治制度，它包含了一系列維
護中央直轄的制度，如特別行政區是一個地方行政區域，特別行政區行政長
官選舉制度，行政長官宣誓制度，行政長官對中央人民政府負責的制度，行
政長官與主要官員的任免制度，特別行政區應當向中央報備案的制度，行政
長官述職制度，中央依法宣佈戰爭或緊急狀態的制度，中央任免檢察長的制
度，外國在澳門特別行政區設立領事機構或其他官方、半官方機構，須經中
央人民政府批准的制度等。又如行政長官的選舉制度中又包括一些具體制
度，在法定時間內實行間接選舉的制度，選舉實行一定人數的提名制度，選
舉時須有一個廣泛代表性的選舉委員會制度，選舉委員會選舉行政長官實行
一人一票無記名投票制度。上述制度保證了特別行政區直轄於中央人民政府
的明確性、穩定性、長期性，使中央的直轄能得到長期有效的保證。

（三）行政長官制是行政長官統一領導特別行政區、維護特別行政區經濟發展和社會穩定的根本制度

　　行政長官制不僅是一個維護中央直轄特別行政區的重要體制，而且是一
個維護統一領導特別行政區和經濟發展、社會穩定的根本制度。行政長官的
法律地位高於立法會主席和終審法院院長，他的決策權也較大，這就便於他
在一定程度上依法對特別行政區統一實行領導，凝聚各方面的力量，團結一

致建設澳門特別行政區。在澳門特別行政區的行政機關、立法機關、司法機關三者的職權有適當的劃分和分工，但是這一政治體制的重心不是突出行政與立法的制約，而是立法應與行政長官互相配合，立法和司法應當支援行政長官依法施政，維護國家的主權和統一，維護澳門特別行政區的經濟發展和社會穩定，這才是澳門基本法的立法原意。行政與立法不能各行其是，經常矛盾，互不協調。司法機關也不能自行其是，將其權力凌駕於行政之上，這將有損於澳門特別行政區的發展和穩定，不符合行政主導的規定和要求。澳門特別行政區政治體制的重要目的之一就是要使澳門特別行政區政治體制符合澳門資本主義經濟的發展和社會穩定，保護和促進澳門資本主義經濟的發展和社會穩定，而不是離開它或反其道而行之。換言之，行政長官制的目的和優點之一就是維護資本主義經濟的發展和社會的穩定，所以說行政長官制是維護澳門特別行政區經濟發展和社會穩定的根本制度。

（四）行政長官制是對馬克思主義國家學説的重大理論創新

資本主義上升時期一些國家的學者都認爲國家的產生與階級無關，盧梭認爲國家是人們在自然狀態下訂立的社會契約的結果，洛克認爲在自然狀態下人類爲保障財產與自由而締結契約組成國家，到十九世紀狄驥提出國家是爲人與人之間的社會連帶關係服務的，國家是超階級的。馬克思主義認爲國家是階級矛盾不可調和的產物，當人類出現了私有財產和階級才有國家。[⑮]這就是說國家是一個階級對另一個階級的統治機關，揭示了國家的起源，使國家學說成爲真正的科學。"一國兩制"構想的提出，行政長官制的建立，使馬克思主義國家學說與時俱進，是它的重大理論創造和發展。

⑮ 《列寧選集》第 3 卷，人民出版社，1972 年，第 175 頁。

　　1．馬克思主義認爲，國家政權形式是爲國家本質服務的，一個國家只有一種政權形式，全國與地方都是採取同一種政權形式，如巴黎公社形式、蘇維埃形式。然而在"一國兩制"下的特別行政區，即在一個國家的局部地區，可以實行與全國不同的政權形式，這在世界上是沒有先例的，而且這種局部的地方政權形式又有利於全國政權，在實行"一國兩制"下的行政長官制地方政權形式，不但無損於中國社會主義國家政權，而且有利於中國經濟的發展。廣東珠江三角洲的迅速發展，香港、澳門在內地的大量投資，促進了內地經濟的發展，有利於國家政權的鞏固，就是一個證明。

　　2．在行政長官制政權形式下中國實行兩種不同的經濟制度和平共處，即在全國實行社會主義的經濟制度，在局部地區即特別行政區實行資本主義經濟制度。在一定的情況和條件下，這兩種不同的經濟制度和平共處，不怕資本主義吃掉社會主義，而是使社會主義更加壯大和發展，局部的資本主義更加繁榮，這是馬克思主義國家學說下的新創造。

　　3．在行政長官制下，中國實行多種法律並存。澳門特別行政區立法會有權制定法律，澳門特別行政區實行與全國不同的法律制度，可以自行制定民法、民事訴訟法、刑法、刑事訴訟法、商法等重要法律，全國性的法律除列於澳門基本法附件三者外，不在澳門特別行政區實施。這些法律有利於澳門特別行政區經濟的發展和保護澳門居民的權利和自由，在"一國兩制"下多種法律共存的情況將在中國長期存在。

　　4．在行政長官制下中國公民的國籍問題得到既堅持原則又根據實際情況的靈活處理，可以依法取得中國國籍，並使用外國旅行證件。全國人大常委會於1998年12月29日對《中華人民共和國國籍法》作了解釋："一、凡具有中國血統的澳門居民，本人出生在中國領土（含澳門）者，以及其他符合《中華人民共和國國籍法》規定的具有中國籍的條件者，不論其是否持有葡萄牙旅行證件或身份證件，都是中國公民。凡具有中國血統但又具有葡萄牙血統的澳門特別行政區居民，可根據本人原願，選擇中華人民共和國國籍或葡萄牙共和國國籍，確定其中一種國籍，即不具有另一種國籍。……二、凡持有葡萄牙旅行證件的澳門中國公民，在澳門特別行政區成立後，可繼續使用該證件去其他國家或地區旅行，但在澳門特別行政區和中華人民共和國其他地區不得因持有上述葡萄牙旅行證件而享有葡萄牙的領事保護的權利。"這是對"一國兩制"下的國籍問題的創造性發展。

5．對"一國兩制"下澳門特別行政區居民的基本權利和自由的創造性發展。在澳門基本法中沒有用"公民"的基本權利和自由，而是用"居民"，"居民"又分爲永久性居民與非永久性居民，居民中包括外國人，他們中的永久性居民享有選舉權和被選舉權。這與內地的選舉制度不同，澳門居民享有極廣泛的權利和自由，而基本義務只有遵守法律一條，這與內地的規定也有不同。

6．在"一國兩制"下，澳門特別行政區政府有權實行出入境管理制度。澳門特別行政區可以對世界各國或各地區的人入境、逗留和離境進行管理，還可根據中央人民政府的授權依法給持有澳門特別行政區居民永久性居民身份證的中國公民，簽發中華人民共和國澳門特別行政區護照，給在澳門特別行政區的其他合法居留者簽發中華人民共和國澳門特別行政區的其他旅行證件，上述護照和旅行證件，前往各國和各地區有效，並載明持有人有返回澳門特別行政區的權利。[16]這些都是創造性的發展。

---

⑯　見《中華人民共和國澳門特別行政區基本法》第 139 條。